"十三五"职业教育国家规划教材

21世纪高职高专精品教材 会计系列

第五版

会计学基础

孙凤琴　谢新安／主编

中国人民大学出版社
·北京·

第五版前言

在越来越多的公司通过媒体向社会公众披露会计信息的今天，人们面对着大量的会计术语，如果不是业内人士，要读懂这些信息，恐怕并不容易。

这是一本会计入门教材，旨在告诉人们会计是什么、会计干什么、会计怎么干。

本教材的编写以最新企业会计准则为指导，并注意遵循教育学方面的规律。著名的会计学家娄尔行教授曾说过："一本好的会计学教材，应严格遵循和妥善运用会计学和教育学两方面的规律，后者容易被编写者忽视，教材应以教学为本，易教易学。"

本教材的主要特色是：实例引领、理论简明、强化实务、同步启发、贴心助学、自测巩固。

为了帮助学生真正掌握会计知识，本教材对每章结构都做了精心设计：每章都有明确的学习目标和重点难点提示；每章章首都以一个实例作引例，不仅将学科知识与现实经济联系起来，激发学生的学习兴趣，而且将正确的价值观教育和职业道德教育融入其中，帮助学生明辨是非；每一小节后都设计了具有挑战性的同步思考题，引导深度学习；每章结束均有一篇关于学习方法建议或难点释疑的贴心提示，以解答学习困惑；每章都有配套的自测题，帮助巩固练习。

在教学内容的编写中，本教材对基本概念的表述力求简明准确，对基本原理的阐述力求深入浅出，对基本方法的描述力求通俗易懂，由浅入深、先简后繁，尽可能通过恰当的例子来诠释会计理论、演示会计实务，使学生逐步理解会计知识。

教材编写团队还编写了《会计学基础（第五版）》配套实训（扫描教材封底二维码可获取），提供教学中所需要的基础会计技能实训项目，涉及的空白凭证、账簿、表格等均已设计好，非常便于实际操作。学生通过填制凭证、登记账簿、编制报表等模拟实训，可以进一步理解教学内容，真正掌握会计基本技能。

本教材相关教学资源包括教学课件、自测题答案及配套实训（含参考答案），任课教师可以通过登录中国人民大学出版社官网获取；本书"同步思考"参考答案可通过扫描章前二维码获取。

本教材由孙凤琴、谢新安担任主编，第一、二、三、四、五章由孙凤琴编写，第六、七、八、九、十一章由谢新安编写，第十章由张海梅编写。孙凤琴负责对全书进行总纂和定稿。

本教材是江苏省高等学校立项精品教材。希望它能为愿意获取会计基础知识的读者提供学习上的帮助，并希望能得到读者的喜欢。让教材的使用者喜欢是一个很高的目标，但这正是本教材编写者所努力追求的。

由于水平有限，书中错漏难免，欢迎指正，以便完善。

编者

目　录

第一章

总　　论

同步思考
参考答案

本章学习目标

通过本章的学习，学生应能够说出会计的基本职能，能够描述会计的目标、八项会计信息质量要求、四项会计假设以及企业会计准则体系。

重点与难点

1. 会计的基本职能
2. 会计的目标和会计信息质量要求
3. 企业会计准则体系
4. 会计假设

引例

重视会计——稻盛和夫拯救日航的一大利器

2010 年 2 月 1 日，应日本政府之邀，日本四大“经营之圣”之一的稻盛和夫（另三位分别是松下公司的创始人松下幸之助、索尼公司的创始人盛田昭夫、本田公司的创始人本田宗一郎）担任日本航空公司董事长，零薪水出征拯救申请破产保护的日本航空公司。他 1932 年出生于日本鹿儿岛，1955 年毕业于鹿儿岛大学工学部，1959 年创办京都陶瓷株式会社，1984 年创办第二电电株式会社，这两家公司都进入了世界 500 强。

来到日航后，让稻盛先生大为吃惊的是，日航这么一个巨型公司，虽然人才济济，但是经营层居然不懂甚至不重视会计。财务报表要迟三个月才能出来，出来的也只是“盖浇饭”式的笼统数据。他们不晓得经营企业必须依据正确、及时反映企业真实状况的数据，正如飞行员驾驶飞机必须看仪表盘一样。稻盛先生认为，这样的经营者连一家蔬菜铺也经营不好。于是，在向日航注入灵魂——正确的经营哲学的同时，让日航的管理者学习经营的实学——简明的会计原则，就成为重建日航的当务之急。

哲学、实学双管齐下，见效之快令人惊叹不已。不到半年，日航就开始大幅度扭亏为盈，到 2010 年年底，就创造了日航历史上空前的 1 580 亿日元的巨额利润。

纯粹的理想主义和彻底的现实主义高度完美的结合，这就是稻盛和夫的哲学和实学，稻盛先生的成功不可阻挡。

——《稻盛和夫的实学》

第一节　会计的含义

如果你是一位股东，你一定关心你所投资的公司或将要投资的公司的情况；如果你是一位经理，你一定关心你所经营的企业或项目的业绩如何。这些都离不开会计。

如果你是一名员工，你肯定有过与单位会计打交道的经历；如果你是一名学生，说不定毕业以后就会从事会计工作。会计其实离我们很近。

会计这个词对于我们来讲并不陌生，但要说清楚什么是会计，并不容易。

一、会计的产生与发展

会计是适应人类生产活动的客观需要而产生的。随着生产力的不断发展，会计经历了一个由简单到复杂、由低级到高级的不断发展和完善的过程。

在我国，远在原始社会末期，人类为记录劳动成果的数量，采用了“结绳记事”“垒石计数”等方法，这是人类会计的雏形。当然，那时的会计只是生产职能的附带部分，还没有成为一项独立的专门工作。独立的会计职能出现于西周时期，当时，随着奴隶制经济的繁荣发展，出现了“司会”之职和“会计”这个词，会计两字的基本意思是：每月零星计算为“计”，年终总合计算为“会”。唐代元和二年（公元807年）李吉甫撰写的《元和国计簿》和大和元年（公元827年）韦处厚所作《大和国计》是我国最早的会计专著。宋朝开始运用“元管”“新收”“已支”“见在”之间的关系来反映财产的增减变化情况，明初概括为“四柱清册”（旧管＋新收－开除＝实在）。到明末清初，进一步出现了“龙门账”，它将账目划分为进、缴、存、该四大类，分别编制“进缴表”和“存该表”，运用“进－缴＝存－该”的平衡公式，两表计算的盈亏应该相等，称为“合龙门”。到清代，又产生了“天地合账”，它要求一切账项都要在账簿上记录两笔，既登记“来账”，又登记“去账”，账簿分上下两格，垂直书写，上格记“收”，称为“天”，下格记“付”，称为“地”，上下两格所记数额必须相等，称为“天地合”。“四柱清册”“龙门账”“天地合账”是我国历史上传统中式簿记的主要特色。

在国外，会计的产生与发展也经历了漫长的过程。在古代印度公社早期就已经出现了记账员，专门记载与农业生产有关的事项。13至15世纪，地中海沿岸一些城市的手工业和商业日趋发达，经济繁荣，从而诞生了科学的借贷记账法。1494年，意大利数学家帕乔利所著的《算术、几何、比及比例概要》一书问世，书中系统地论述了借贷复式记账法，复式簿记遂得以在世界广为流传。帕乔利的著作对欧美各国产生了很大影响，传入欧洲大陆形成大陆式会计，传入英国和美国形成英美式会计。日本明治维新后从英国学得西式簿记，20世纪初清政府派员赴日学习，英美式的复式记账由日本传入我国。

18世纪至19世纪英国爆发了工业革命，以后相继波及其他西方国家，大工厂逐步取代了手工作坊，出现了对大批量生产的产品进行成本计算的要求，成本会计应运而生。19世纪英国在产业革命的影响下，产生了所有权和经营权相分离的公司组织，为适应股份公司对外公开财务信息的需要，在簿记的基础上，逐步出现了资产、负债、资本的计量，收益的确定，财务报表的编制与审核等内容，从而完成了簿记向会计的过渡。进入 20 世纪，一方面，为了使会计工作规范化，提高会计信息的真实性，西方国家开始研究和制定会计准则，会计理论与实务得到新的发展；另一方面，科学技术的突飞猛进和市场竞争的日趋激烈，既要求企业内部管理更加合理化、科学化，又要求企业对外界情况具有灵活的反应和高度的适应能力，这样一个新的会计分支——管理会计，开始从成本会计基础上发展起来，并从传统会计中分离出来。20 世纪 90 年代以来，信息技术与网络技术的飞速发展和知识经济社会的到来，大大地改变了会计的环境，这种改变不仅使会计的形式和内容发生了翻天覆地的变化，而且使会计作用的空间更大。

综上所述，会计的产生与发展离不开生产的发展。实践证明，经济越发展，会计越重要。

二、会计的基本职能

会计的职能是指会计具有的功能，即会计客观上能干什么。会计的基本职能是：会计核算和会计监督。

（一）会计核算职能

会计核算是指对各单位的经济活动进行确认、计量、记录、报告，将经济活动的内容转换成会计信息，提供给各信息使用者。其主要有以下特点。

1. 从数量方面核算

会计最初就是从数量上计算、记录财物的收支。对经济活动的计量，可用三种量度，即劳动量度（如生产工时）、实物量度（如千克、件）、货币量度（如人民币元）。由于劳动量度存在复杂性，实物量度存在差异性，只有货币量度才具有同质性、可加性、可比性，因此现实中会计主要利用货币计量单位，通过价值形式核算各单位经济活动的过程和结果。

【例 1-1】 某水果店有苹果 100 千克、橘子 50 千克、香蕉 80 千克、电子秤一台、货架一个，另有现金 800 元。

若要计算这家水果店总共有多少东西，我们无法将这些东西直接相加得到需要的结果。只有将它们都以货币来计量，如苹果 100 千克价值 200 元，橘子 50 千克价值 90 元，香蕉 80 千克价值 160 元，电子秤一台价值 50 元，货架一个价值 300 元，加上现金 800 元，才能计算出这家水果店总共有价值 1 600 元的东西。

2. 核算已经发生的交易或事项

各单位必须依据实际发生的交易或事项进行会计核算。会计核算的具体内容包括：款项和有价证券的收付，财物的收发、增减和使用，债权债务的发生和结算，资本、基金的增减，收入、支出、费用、成本的计算，财务成果的计算和处理以及其他事项。每项经济业务发生或完成后，都应取得和填制会计凭证，审核无误后才能进入账簿系统进行加工，以保证会计信息的可靠性。

【例 1-2】 某单位打算购买 10 台电脑，这笔业务由采购部的王先生和张小姐负责。王先生和张小姐先去市场考察了一遍，没有买到合适的电脑；两天后他们又去市场，买回

5 台电脑，总价款 20 000 元，以支票付讫，电脑已验收。还有 5 台准备等举办电脑展销会时再买。

该单位打算购买 10 台电脑和有关人员进行市场考察这些事项，都不能进行会计核算。买回的 5 台电脑则应进行会计核算，从销售方取得的发票、付给销售方的支票存根、电脑验收的单据等都是会计核算的凭据，可以验证。

3. 会计核算具有完整性、连续性、系统性

完整性是指空间上会计要全面核算单位的经济业务，不能有任何遗漏；连续性是指按时间顺序进行核算，不能间断；系统性是指采用科学的方法对会计信息进行加工处理，将大量分散的数据进行分类、汇总，使之成为易于理解的、有序的、能说明全面情况的会计信息。

（二）会计监督职能

会计监督是指依据国家会计规范和单位内部财务会计制度，利用价值形式，对单位的各项经济活动进行监督，以保证其合法、合理、高效地运行。其主要有以下特点。

1. 会计监督与会计核算相伴相随

会计核算过程中，必然要根据国家有关规定、单位内部财务会计制度对经济业务进行审核和处理，这实际上就体现了会计监督职能。同时会计核算是一项程序性很强的工作，有关人员职责权限的分工分离及相互制约也是会计监督的要求。

2. 会计监督主要通过价值指标进行

各单位为了实现自身的目标，在管理上都会制定一些价值指标，利用价值形式进行会计监督，以便有效地控制单位的经济活动，使其朝着预定的目标运行。

3. 会计监督贯穿单位经济活动的全过程

会计监督包括事后监督、事中监督和事前监督。事后监督是指对已经发生的经济活动及结果进行分析，审查有关指标的执行情况，找出差异的原因，提出改进的措施；事中监督是指对正在发生的经济活动进行审查，及时纠正偏差，发挥控制经济活动进程的作用；事前监督是指对尚未发生的经济活动进行监督，即审查将要发生的经济活动是否符合有关法令、法规，是否符合经济规律的要求。

会计的两项基本职能是相辅相成、辩证统一的关系，会计核算是会计监督的基础，会计监督又是会计核算质量的保证。

三、会计的对象

会计的对象是指会计核算和会计监督的内容，企业会计核算和监督的内容就是企业发生的能够以货币表现的经济活动，即资金运动。

企业的资金运动从筹集资金开始，企业筹集资金有两种基本方式：一种方式是投资者投入资金，另一种方式是向债权人借入资金。投资者投入的资金是企业的资本金，它是企业从事生产经营活动最原始、最基本的资金来源，企业实现资金增值后应向投资者分配利润。负债经营是现代企业普遍的做法，向债权人借入资金可以增加企业的资金，扩大企业规模，但企业必须按照约定还本付息。所以，筹集资金会引起企业一系列的资金活动，如

资金投入、利润分配、债务发生与偿还、利息支付等，这些活动是企业会计核算和会计监督的重要内容。

企业取得资金以后，要按照企业的经营目标运用资金，不同企业资金的具体用途不一样。以工业企业为例，产品加工过程可能比较简单，如食品、服装等，也可能比较复杂，如汽车、家电等，但无论是简单还是复杂，资金在经营过程中一般都要经过采购、生产、销售三个阶段，周而复始地循环周转，资金在运动中不断地改变形态，由货币资金转化为储备资金，由储备资金转化为生产资金，由生产资金转化为成品资金，再由成品资金转化为货币资金，同时这些资金形态在空间上是并存的。企业运用资金的目的是收回更多的资金，实现资金的增值，取得经济效益，所以，运用资金也会引起企业一系列的资金活动，如材料的采购、产品生产成本的归集、销售收入的实现、各项费用的发生、利润的确认、税金的缴纳等，这些活动也是企业会计核算和会计监督的重要内容。

四、会计的含义

关于会计的含义有两种说法：一种说法认为会计是一个以提供财务信息为主的信息系统；另一种说法认为会计是一种以价值管理为主要特征的经济管理活动。前者是根据会计工作的环节和目的来描述会计的，从取得原始数据进行加工处理到输出财务信息，需要经过会计确认、计量、记录和报告等一系列的工作环节，提供财务信息是会计工作的直接目的。后者则强调了会计在经济管理中的重要性，任何经济单位为了加强管理，均需要建立有效的管理信息系统，会计信息系统是其中涉及面最广的子系统，在管理组织体系中会计部门居于非常重要的地位，在预测、决策、组织、控制、检查分析等管理活动中发挥着重要作用。所以，这两种说法只是认识的角度不同，其实并不矛盾，将会计定义为会计信息系统应该更接近会计的本质。

⇨ 同步思考

某单位规定职工出差每天住宿费标准不得超过 300 元。如果每天住宿费超过规定标准，超过部分不予报销；如果每天住宿费低于规定标准，则按节约部分的 10%给予出差人员奖励。你认为该单位的这项规定可以起什么作用？

第二节 会计的目标

会计的目标是指会计信息系统运行所要达到的目的，具体的问题是向谁提供信息和提供什么样的信息。以下以企业会计信息系统为例说明会计的目标。

一、会计信息系统的服务对象

每个企业在经营过程中都不可避免地要和许多利益主体打交道，图 1-1 列示了与企业打交道的主要利益关系人。

从图 1-1 可以看出，企业的会计信息系统应该服务于以下两个层面。

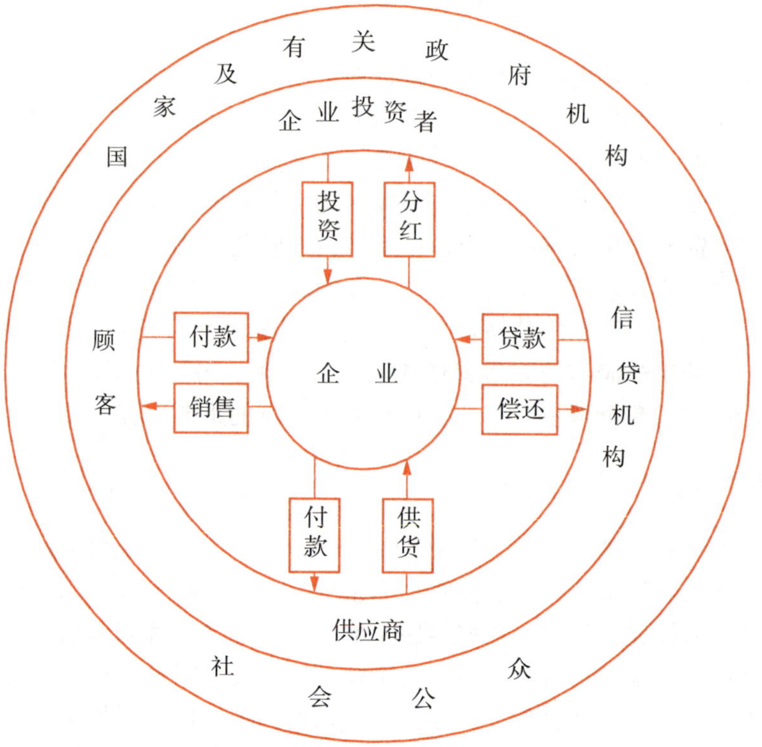

图 1-1 企业相关利益主体

（一）投资者、债权人、政府及其有关部门和社会公众等

投资者是企业资本的提供者，没有投资者提供资本，企业不可能存在，投资者投资的目的是实现资本的保值增值。近年来，我国企业改革持续深入，产权日益多元化，资本市场快速发展，机构投资者及其他投资者队伍日益壮大，他们需要会计信息来帮助他们做出决策，比如决定是否应当买进、持有或者卖出企业的股票或者股权，他们还需要信息来帮助其评估企业支付股利的能力等。由于现代企业主要采用公司组织形式，公司组织所有权和经营权相分离的基本特点，决定了投资者还需要借助会计信息来及时了解企业管理层保管、使用资产的情况，以便于评价企业管理层的责任履行情况和经营业绩，并决定是否需要调整投资、是否需要加强企业内部控制和其他制度建设、是否需要更换管理层等。所以，向投资者提供信息是企业会计信息系统的必尽之责和首要任务。

企业贷款人、供应商等债权人通常十分关心企业的偿债能力和财务风险，他们需要了解企业的信誉、资产与负债情况、资产的质量、获利能力以及产生现金流量的能力等信息，借此来评估企业能否如期支付贷款本金及其利息、能否如期支付所欠购货款等。所以，企业若要获得贷款或商业信用，必然要向债权人提供会计信息，企业的会计信息是债权人进行贷款决策和信用决策的重要依据。

企业生产经营的好坏和经济效益的高低直接影响整个国民经济的稳定和发展。国家进行宏观经济管理和调控，必须关注经济资源的公平分配、市场经济秩序的公正有序、宏观决策信息的真实可靠等，有关政府机构，如财政、税收、审计、行业主管部门、证券监管部门等，代表国家履行相应的管理职能，企业应及时向其提供相关的会计信息，以满足国家宏观经济管理和调控的需要。

社会公众越来越关心企业的生产经营活动，如他们会关注企业的实力、形象、服务，关注企业产品的价格、质量等，也会关注企业对社会经济做出的贡献等信息，因此企业提供有关发展前景及其能力、经营效益及其效率等方面的信息，可以满足社会公众的需要。另外企业的顾客、员工等也是企业会计信息的使用者。

以上这些信息使用者的许多信息需求是共同的，由于投资者是企业的出资人，通常情况下，如果能够满足这一群体的会计信息需求，也就可以满足其他使用者的大部分信息需求。从投资者需要出发，企业所提供的信息应当如实反映企业所拥有或者控制的经济资源及其来源情况，如实反映企业的经营成果和现金流量等，从而帮助他们正确、合理地评价企业，并据以做出理性的决策。

（二）企业内部管理层

会计信息系统是企业管理信息系统最重要的组成部分，是企业经营决策和日常经营管理最重要的信息支持系统，会计信息是企业加强经营管理、提高经济效益的重要基础。所以满足企业内部经济管理的需要也是会计的重要目标。

上述第一方面的会计信息使用者是企业外部的信息使用者，第二方面的会计信息使用者是企业内部的信息使用者，他们所需的会计信息并不完全相同，而是各有侧重。因此，企业的会计信息系统又有两大分支：财务会计系统和管理会计系统。财务会计的目标是向投资者、债权人、政府及其有关部门和社会公众等外部信息使用者提供与企业财务状况、经营成果和现金流量等有关的会计信息，反映企业管理层受托责任履行情况，有助于他们做出经济决策。财务会计系统侧重为企业外部信息使用者服务，故又称为对外报告会计，其主要信息载体是财务报告。管理会计的目标是向企业内部管理层提供经营管理的详细信息，侧重为企业内部信息使用者服务，其信息不对外公开，故又称为对内报告会计。

本教材主要介绍财务会计的基本理论与方法，不涉及管理会计。

二、会计信息的质量要求

会计信息质量要求是对企业财务报告中所提供会计信息质量的基本要求。会计信息要对信息使用者进行经济决策有用，应该达到的基本要求包括可靠性、相关性、可理解性、可比性、实质重于形式、重要性、谨慎性和及时性八个方面。

（一）可靠性

可靠性要求企业以实际发生的交易或者事项为依据进行确认、计量和报告，如实反映符合确认和计量要求的各项会计要素及其他相关信息，保证会计信息真实可靠、内容完整。

可靠性要求企业的会计信息必须能确切地反映经济活动的本来面貌，必须是真实的、可核实的。如果企业提供的会计信息是虚假的、歪曲的，没有如实反映企业的实际情况，其危害性很大，甚至会误导信息使用者，导致决策的失误。因此，可靠性是会计信息的生命。

为了贯彻可靠性要求，企业应当做到：

（1）以实际发生的交易或者事项为依据进行确认、计量和报告，不得根据虚构的、没有发生的或者尚未发生的交易或者事项进行确认、计量和报告。

（2）在符合重要性和成本效益原则的前提下，保证会计信息的完整性。财务报告的内容应当保持完整，不能随意遗漏或者减少应予披露的信息，与使用者决策相关的信息都应当充分披露。

（二）相关性

相关性要求企业提供的会计信息应当与信息使用者的经济决策需要相关，有助于他们对企业过去、现在或者未来的情况做出评价或者预测。

会计信息是否有用、是否具有价值，关键是看其与使用者的决策需要是否相关，是否有助于他们的决策。相关的会计信息应当能够有助于使用者评价企业过去的决策，证实或者修正过去的有关预测，因而具有反馈价值；相关的会计信息还应当具有预测价值，有助于使用者根据财务报告所提供的会计信息预测企业未来的财务状况、经营成果和现金流量。

因此，企业在提供会计信息的过程中，应当充分考虑信息使用者的信息需求。但相关性是以可靠性为基础的，也就是说，会计信息在可靠性的前提下，尽可能地做到相关性，以满足信息使用者的决策需要。如果将两者对立起来，追求会计信息的相关性而不具备可靠性，或者会计信息是可靠的但与决策无关，对决策者都没有实际意义。

（三）可理解性

可理解性要求企业提供的会计信息应当清晰明了，便于信息使用者理解和使用。会计信息要对使用者有用，前提是应能够被使用者理解，不能理解的信息，质量再好也没有用。而信息的可理解性，不仅取决于信息本身的特性，而且与使用者的理解力有关。我们不能假设信息使用者都精通会计专业知识，也不能假设他们对一般经济常识一无所知。因此，提供的会计信息，对于那些对企业经济活动具有合理程度的知识，并愿意用合理的精力去研究信息的使用者来说，应当是可以理解的。即使是某些复杂的信息，如交易本身较为复杂或者会计处理较为复杂，企业也应当在财务报告中予以充分披露。

（四）可比性

可比性要求企业提供的会计信息应当相互可比，这主要包括两层含义。

1. 同一企业不同时期可比

可比性要求同一企业不同时期发生的相同或者相似的交易或者事项，应当采用一致的会计政策，不得随意变更。目的是便于信息使用者比较企业不同时期的会计信息，了解企业财务状况、经营成果、现金流量的变化趋势，客观地评价过去、预测未来，从而做出决策。但是，满足这一可比性要求，并非表明企业永远不能变更会计政策，如果按照规定或者在会计政策变更后可以提供更可靠、更相关的会计信息，可以变更会计政策，同时应将有关会计政策变更的情况在财务报告中加以说明。

2. 不同企业相同会计期间可比

可比性还要求不同企业发生的相同或者相似的交易或者事项，应当采用规定的会计政策，确保会计信息口径一致、相互可比。如果一个企业的信息与其他企业的同类信息相互可比，该信息的有用性会大大提高，可更好地帮助信息使用者比较、评价不同企业的财务状况、经营成果和现金流量情况，便于他们更好地决策。

（五）实质重于形式

实质重于形式要求企业应当按照交易或者事项的经济实质进行会计确认、计量和报告，不应仅以交易或者事项的法律形式为依据。

企业发生的交易或事项在多数情况下其经济实质和法律形式是一致的，但在有些情况下也会出现不一致。例如一家航空公司向某租赁公司融资租赁了 20 架飞机，虽然这些飞机在租赁期间内从法律上来看所有权属于租赁公司，但实质上由该航空公司控制，所以应当按照经济实质对其进行会计处理。

（六）重要性

重要性要求企业提供的会计信息应当反映与企业财务状况、经营成果和现金流量有关的所有重要交易或者事项。

企业的经济活动纷繁复杂，不分轻重主次地将所有经济数据全部转化为会计信息提供给信息使用者，既不符合成本效益原则，也是没有必要的。但是如果企业将应提供的会计信息省略、遗漏、错报，影响了信息使用者的判断和决策，则该信息就是重要的，必须提供。重要性的应用需要依赖职业判断，企业应当根据其所处环境和实际情况，从项目的性质和金额大小两方面加以判断。

（七）谨慎性

谨慎性要求企业对交易或者事项进行会计确认、计量和报告时保持应有的谨慎，不应高估资产或者收益、低估负债或者费用。

市场经济环境下，企业的生产经营活动面临着许多不确定性，谨慎性要求企业在面临不确定因素的情况下，应当保持谨慎，充分考虑各种风险和损失，不高估资产或者收益，不低估负债或者费用。如考虑应收款项可能收不回来，企业应估计坏账损失；考虑售出产品可能发生返修等情况，企业应对售出商品所提供的产品质量保证责任加以估计。

谨慎性要求与可靠性要求从表面上看有些冲突，但实质上它是对风险的充分考虑，而风险是客观存在的，所以谨慎性要求也不是允许企业设置秘密准备。如果企业故意低估资产或者收入，或者故意高估负债或者费用，扭曲企业实际的财务状况和经营成果，将有违可靠性和相关性要求，会对信息使用者的决策产生误导，这是违背会计信息质量要求的。

（八）及时性

及时性要求企业对于已经发生的交易或者事项，应当及时进行确认、计量和报告，不得提前或者延后。

及时性是指在失去对决策的影响能力以前将信息提供给决策者。即使是可靠的、相关的会计信息，如果不及时提供，也失去了时效性，对于使用者的效用就大大降低，甚至不再具有实际意义。为了避免原本与决策相关可靠的信息失去效用，应及时提供会计信息。一方面，企业对发生的交易或者事项要及时进行会计处理；另一方面，要把会计信息及时传递给信息使用者。

上述八个方面中，可靠性、相关性、可理解性和可比性是会计信息的首要质量要求，是企业财务报告所提供的会计信息应具备的基本质量特征；实质重于形式、重要性、谨慎性和及时性是会计信息的次级质量要求，是对可靠性、相关性、可理解性和可比性等要求的补充和完善，尤其是在对某些特殊交易或者事项进行处理时，需要根据这些要求来把握其会计处理原则；另外，及时性还是会计信息相关性和可靠性的制约因素，企业需要在相关性和可靠性之间寻求一种平衡，以确定信息及时披露的时间。

同步思考

1. 2020 年 4 月 2 日，上市公司瑞幸咖啡宣布，在审计 2019 年年报发现问题后，董事会成立了一个特别调查委员会，发现公司 2019 年二季度至四季度期间，伪造了 22 亿元人民币的交易额，相关的成本和费用也相应虚增。你认为瑞幸咖啡在被调查前发布的会计信息不符合上述哪项要求？

2. 企业有 100 台电脑，原始购入成本是 50 万元，按目前市场价格并考虑其新旧程度，它们的价值已经大幅降低。你认为会计上要核算其减值损失吗？为什么？

第三节　会计规范

企业对外披露的会计信息是一种公共产品，在证券市场日益发达的今天，它对社会资源的配置和社会公众的利益影响重大，同时，它又是用来沟通的商业语言，直接影响国内国际经济合作与交流。因此，企业财务会计工作必须遵循统一的规范。

一、会计法

《中华人民共和国会计法》（以下简称《会计法》）于 1985 年 1 月 21 日第六届全国人民代表大会常务委员会第九次会议通过，同年 5 月 1 日起实施，后于 1993 年 12 月 29 日经第八届全国人民代表大会常务委员会第五次会议修正，于 1999 年 10 月 31 日经第九届全国人民代表大会常务委员会第十二次会议修订，于 2017 年 11 月 4 日经第十二届全国人民代表大会常务委员会第三十次会议修正，自 2017 年 11 月 5 日起施行。《会计法》是我国最高层次的会计规范，是规范我国会计活动的法律，其他的会计规范均应以它为基础。

《会计法》的核心内容包括：总则、会计核算、公司和企业会计核算的特别规定、会计监督、会计机构和会计人员、法律责任等。

二、企业会计准则

我国企业会计准则体系包括基本准则和具体准则。

基本准则以《会计法》为主要制定依据，是企业会计准则体系的概念基础，在整个企业会计准则体系中具有统驭地位。制定基本准则的目的是规范企业会计行为，保证会计信息质量。我国《企业会计准则——基本准则》于 2006 年 2 月 15 日财政部以第 33 号部长令的形式对外公布，自 2007 年 1 月 1 日起施行，2014 年 7 月 23 日财政部令第 76 号公布了对其的最新修改。其核心内容包括：财务报告目标、会计基本假设、会计基础、记账方法、会计信息质量要求、会计要素分类及其确认与计量、财务会计报告等。

具体准则是以基本准则为依据，对会计确认、计量、相关信息披露以及会计工作具体内容的规定。2006 年 2 月 15 日财政部发布了 38 项具体会计准则，自 2007 年 1 月 1 日起施行，具体包括共性业务准则、特殊业务准则、财务报告准则三类。近几年来，随着经济形势的发展变化，财政部新增和修订了若干准则，将来还会继续新增和修订。我国现行企业具体会计准则如表 1－1 所示。

表 1－1　我国企业会计准则——具体准则

准则名称	最新变化	准则名称	最新变化
企业会计准则第 1 号——存货		企业会计准则第 22 号——金融工具确认和计量	2017 年 3 月 31 日修订
企业会计准则第 2 号——长期股权投资	2014 年 3 月 13 日修订	企业会计准则第 23 号——金融资产转移	2017 年 3 月 31 日修订
企业会计准则第 3 号——投资性房地产		企业会计准则第 24 号——套期会计	2017 年 3 月 31 日修订
企业会计准则第 4 号——固定资产		企业会计准则第 25 号——原保险合同	
企业会计准则第 5 号——生物资产		企业会计准则第 26 号——再保险合同	
企业会计准则第 6 号——无形资产		企业会计准则第 27 号——石油天然气开采	
企业会计准则第 7 号——非货币性资产交换	2019 年 5 月 9 日修订	企业会计准则第 28 号——会计政策、会计估计变更和差错更正	
企业会计准则第 8 号——资产减值		企业会计准则第 29 号——资产负债表日后事项	
企业会计准则第 9 号——职工薪酬	2014 年 1 月 27 日修订	企业会计准则第 30 号——财务报表列报	2014 年 1 月 26 日修订
企业会计准则第 10 号——企业年金基金		企业会计准则第 31 号——现金流量表	
企业会计准则第 11 号——股份支付		企业会计准则第 32 号——中期财务报告	
企业会计准则第 12 号——债务重组	2019 年 5 月 16 日修订	企业会计准则第 33 号——合并财务报表	2014 年 2 月 17 日修订
企业会计准则第 13 号——或有事项		企业会计准则第 34 号——每股收益	
企业会计准则第 14 号——收入	2017 年 7 月 5 日修订	企业会计准则第 35 号——分部报告	
企业会计准则第 15 号——建造合同		企业会计准则第 36 号——关联方披露	
企业会计准则第 16 号——政府补助	2017 年 5 月 10 日修订	企业会计准则第 37 号——金融工具列报	2017 年 5 月 2 日修订
企业会计准则第 17 号——借款费用		企业会计准则第 38 号——首次执行企业会计准则	

续表

准则名称	最新变化	准则名称	最新变化
企业会计准则第 18 号——所得税		企业会计准则第 39 号——公允价值计量	2014 年 1 月 26 日新增
企业会计准则第 19 号——外币折算		企业会计准则第 40 号——合营安排	2014 年 2 月 17 日新增
企业会计准则第 20 号——企业合并		企业会计准则第 41 号——在其他主体中权益的披露	2014 年 3 月 14 日新增
企业会计准则第 21 号——租赁	2018 年 12 月 7 日修订	企业会计准则第 42 号——持有待售的非流动资产、处置组和终止经营	2017 年 4 月 28 日新增

与企业会计准则有关的重要会计规范有很多，比如 2007 年 1 月 1 日起施行的财政部根据基本准则和具体准则制定的《企业会计准则——应用指南》，除了第 15、25、26、29、32、36 号具体准则外，其他每项具体准则均有相应的应用指南。为了深入贯彻实施企业会计准则，解决执行中出现的问题，财政部在 2007 年到 2019 年间还制定了第 1 号—第 13 号《企业会计准则解释》。

另外，为了规范小企业会计确认、计量和报告行为，促进小企业可持续发展，发挥小企业在国民经济和社会发展中的重要作用，财政部于 2011 年 10 月 18 日根据《会计法》及其他有关法律和法规，制定了《小企业会计准则》，自 2013 年 1 月 1 日起在小企业范围内施行。

⇨ 同步思考

新年伊始，阿芳将 100 万元的积蓄投资设立一个服装厂，租了厂房，购买了设备和原材料，招聘了 30 名员工后正式营业。你认为这个服装厂应该执行《小企业会计准则》吗？

第四节　会计基本假设和会计基础

一、会计基本假设

会计基本假设是企业会计确认、计量和报告的前提，是对会计核算所处时间、空间环境等所作的合理设定。会计基本假设包括会计主体、持续经营、会计分期和货币计量四个方面。

（一）会计主体

会计主体是指企业会计确认、计量和报告的空间范围。在会计主体假设下，企业应当对其本身发生的交易或者事项进行会计确认、计量和报告。企业是一个特定的主体，是独立于所有者和其他企业之外的经济实体，在企业会计处理时不能将它们之间的经济业务混淆起来，这样才能客观、准确地反映企业的财务状况、经营成果和现金流量，才能向财务报告使用者提供反映企业本身这个特定对象的会计信息。

明确界定会计主体是开展会计确认、计量和报告工作的重要前提，只有明确会计主体，才能划定会计所要处理的各项交易或事项的范围边界，才能将某个会计主体的经济活动与其所有者的经济活动以及其他会计主体的经济活动区分开来。例如，企业所有者向银行借款 100 万元投入企业作为企业的资本，那么企业只要确认、计量和报告收到所有者的投入资本，而不必处理所有者向银行借款的事项，向银行借款是企业所有者的经济活动，不是企业的行为。

会计主体不同于法律主体。一般来说，法律主体必然是一个会计主体，例如，一个企业作为一个法律主体，应当建立财务会计系统，独立反映其财务状况、经营成果和现金流量。但是会计主体不一定是法律主体，例如就企业集团而言，为了全面反映企业集团的财务状况、经营成果和现金流量，有必要将企业集团作为一个会计主体，编制合并财务报表，但是企业集团却不是法律主体。

（二）持续经营

持续经营是指在可以预见的将来，企业将会按当前的规模和状态继续经营下去，不会停业，也不会大规模削减业务。在持续经营假设下，会计确认、计量和报告应当以企业持续、正常的生产经营活动为前提。虽然会计主体客观上存在不确定性，既可能持续经营下去，也可能终止，但持续经营应是企业生存过程中基本和主要的状态。持续经营假设从时间上规定了会计处理的正常范围。

我国企业会计准则体系是以企业持续经营为前提加以规范的。企业成立以后持续经营期间资产将按照预计寿命使用，负债按照约定偿还，收入、费用按照正常的影响确认为各期损益，但如果企业终止清算了，显然不能再按持续经营假设选择会计确认、计量和报告的原则与方法，否则会误导会计信息使用者的经济决策。

（三）会计分期

会计分期是指将一个企业持续经营的期间划分为一个个连续的、长短相同的会计期间。在会计分期假设下，企业应当划分会计期间，分期结算账目和编制财务报告。会计分期的目的在于将持续经营的期间划分成连续、相等的期间，据以结算盈亏，按期编报财务报告，从而及时向财务报告使用者提供有关企业财务状况、经营成果和现金流量的信息。

会计分期假设是在会计主体持续经营的前提下，为了让信息使用者及时了解企业的情况而将持续经营的整个区间人为地加以划分。会计期间通常分为年度和中期。我国《会计法》明确规定：会计年度自公历 1 月 1 日起至 12 月 31 日止。中期是指短于一个完整的会计年度的报告期间，包括半年度、季度和月度等，其起讫日期均按公历起讫日期确定。

（四）货币计量

货币计量是指会计主体在会计确认、计量和报告时以货币为计量单位，反映会计主体的生产经营活动。我国《会计法》明确规定：会计核算以人民币为记账本位币，业务收支以人民币以外的货币为主的单位，可以选定其中一种货币作为记账本位币，但是编报的财务会计报告应当折算为人民币。

在有些情况下，统一采用货币计量也存在缺陷，某些影响企业财务状况和经营成果的因素，如企业经营战略、研发能力、市场竞争力、人力资源等，往往难以用货币来计量，而这些信息对于使用者决策来讲也很重要，企业可以通过在财务报告中披露有关非财务信息来弥补。

上述四项会计假设具有相互依存的关系，会计主体明确了会计确认、计量、报告的空间范围，它是其他假设的基础，没有会计主体，就不会有持续经营，没有持续经营，就不会有会计分期；持续经营和会计分期明确了特定主体会计确认、计量、报告的时间范围，货币计量为特定主体会计确认、计量、报告提供了计量手段。

二、会计基础

持续经营的企业应当以权责发生制为基础确认、计量、报告各会计期间的财务状况和经营成果。权责发生制的运用详见第四章。

⇨ 同步思考

王先生投资 20 万元开了一个便民超市，你认为有没有必要将这个超市的资金活动和王先生个人的资金活动区分开来？这个超市有没有必要进行分期会计核算？

第五节　会计核算方法

会计从取得原始数据进行加工处理到输出财务信息，需要经过会计确认、计量、记录和报告等一系列的工作环节，在各环节中都有专门的方法。会计核算方法一般包括设置会计科目和账户、复式记账、填制和审核会计凭证、登记账簿、成本计算、财产清查、编制财务报表等。这些方法是一个完整的体系，它们相互联系，紧密配合，既保证会计工作的有序进行，又能够实现会计工作的目标。

一、设置会计科目和账户

由于会计对象包含的内容纷繁复杂，需要通过设置若干会计科目和账户，对会计对象的具体内容进行分类核算，这样才能全面、连续、系统地反映企业的经济活动。

二、复式记账

复式记账是对每一项经济业务都要在两个或两个以上相关账户中进行记录的一种专门方法。采用复式记账方法，可以相互联系地反映企业经济活动全貌，可以揭示企业资金运动的来龙去脉。

三、填制和审核会计凭证

会计凭证是交易或事项的书面证明，是记账的依据。填制和审核会计凭证是保证会计资料真实的有效手段，有利于保证会计信息的可靠性。

四、登记账簿

根据会计凭证，在账簿上连续地、系统地、完整地记录交易或事项，是会计核算的一种专门方法。通过登记账簿并定期进行对账、结账，可以提供完整的、系统的会计资料，也为编制财务报告提供依据。

五、成本计算

成本计算就是对应计入一定对象的全部耗费进行归集、计算，它实际上是一种会计计量活动。通过成本计算，一方面能正确计量有关资产的价值，另一方面能为计量企业的经营成果提供数据。

六、财产清查

财产清查是对企业各项财产物资进行盘点、核对，以查明其实有数额与会计账簿记录是否相符的专门方法。若账实不符，应该及时调整账簿记录，使账存数与实存数保持一致，并查明账实不符的原因，明确责任。财产清查不仅是保证会计核算资料真实、正确的有效手段，而且有利于保护企业财产物资的安全与完整。

七、编制财务报表

编制财务报表是定期、总括地反映企业财务状况、经营成果和现金流量的一种专门方法。通过编制、报送或披露财务报表，可以为信息使用者提供有利于决策的会计信息。

同步思考

你认为每个企业的会计工作细节都一样吗？

贴心提示

学好这门课程对我们有什么帮助？

学好本课程，既可以知道会计这项工作的原理、流程和方法，又可以明白企业资金运动的轨迹和结果，对于我们以后学习其他课程来讲是打基础，非常重要。即使我们不从事会计工作，会计知识也是非常有用的。谁能不和钱打交道呢？就拿以后遇到投资理财的事情来说，懂不懂会计、会不会看报表，结果可能很不一样。

怎么才能学好本课程？建议大家一定要联系实际，多思考、多观察、多练习，这样才能加深对基本原理的理解，真正掌握会计的方法，并能够学以致用。

自测题一

一、单项选择题

1. 规范我国会计工作的基本法律是（　　）。

A.《企业会计准则》　　B.《企业财务会计报告条例》
C.《企业会计制度》　　D.《中华人民共和国会计法》

2. 企业应当以（　　）为会计基础。

A. 权责发生制　　B. 持续经营　　C. 会计主体　　D. 财务报告

3. 会计核算采用的主要计量单位是（　　）。

A. 货币　　B. 实物　　C. 工时　　D. 人民币

4. 会计的对象是（　　）。

A. 资金运动　　B. 货币收支　　C. 经营成果　　D. 会计工作

5. 下列不属于会计假设的是（　　）。

A. 会计主体　　B. 持续经营　　C. 会计分期　　D. 权责发生制

6. 借贷记账法产生于（　　）。

A. 中国　　B. 意大利　　C. 埃及　　D. 印度

二、多项选择题

1. 会计的基本职能是（　　）。

A. 管理　　B. 核算　　C. 控制　　D. 监督

2. 下列属于会计核算方法的是（　　）。

A. 复式记账　　B. 财产清查
C. 成本计算　　D. 填制和审核会计凭证

3. 企业会计信息系统按照服务对象不同分为（　　）。

A. 财务会计　　B. 管理会计　　C. 成本会计　　D. 税务会计

4. 会计信息的首要质量要求包括（　　）。

A. 可靠性　　B. 相关性　　C. 可理解性　　D. 重要性

5. 会计监督包括（　　）。

A. 事前监督　　B. 事中监督　　C. 事后监督　　D. 核算监督

6. 下列属于会计假设的有（　　）。

A. 会计主体　　B. 持续经营　　C. 会计分期　　D. 货币计量

三、判断题

1. 可比性要求是指企业不同经济业务要按照同样的会计方法处理。（　　）

2. 企业合理估计资产的减值损失符合会计信息的质量要求。（　　）

3. 我国宋朝出现的“龙门账”标志着中式会计已达到比较科学、系统、完善的地步。（　　）

4. 法律上不属于企业所有但实质上由企业控制的资源可以作为企业的资产核算。
（　　）
5. 会计主体必须是独立的企业法人。（　　）
6. 谨慎性要求是指会计人员在工作中要做到谦虚谨慎、不骄不躁。（　　）

四、简答题

1. 简述财务会计的目标。
2. 简述会计信息的质量要求。
3. 简述会计四项基本假设。
4. 简述我国企业会计规范的内容。

第二章

会计要素与会计等式

同步思考
参考答案

本章学习目标

通过本章的学习，学生应能够说出六个会计要素的名称、含义和内容，能够写出会计等式，能够分析经济业务对会计等式的影响。

重点与难点

1. 会计要素的含义、特征
2. 会计等式
3. 经济业务类型

引例

中国中车集团有限公司 2016 年度财务收支等情况审计结果摘要

根据《中华人民共和国审计法》的规定，2017 年 5 月至 6 月，审计署对中国中车集团有限公司（以下简称中车集团）2016 年度财务收支等情况进行了审计，重点审计了中车集团总部及青岛四方机车车辆股份有限公司、中车长春轨道客车股份有限公司（以下分别简称四方股份、长客股份）等 10 家二级单位，对有关事项进行了延伸和追溯。

中车集团成立于 2015 年，主要从事铁路运输设备和城市轨道交通制造及相关技术研究、服务等。据其 2016 年度合并财务报表反映，中车集团 2016 年底拥有全资和控股子公司 401 家、参股公司 109 家；资产总额 3 588.7 亿元，负债总额 2 306.95 亿元，所有者权益 1 281.75 亿元，资产负债率 64.3%；当年营业总收入 2 330.93 亿元，利润总额 163.84 亿元，净利润 133.3 亿元，净资产收益率 10.9%；国有资本保值增值率 111.2%。

审计发现，中车集团在财务管理和会计核算方面存在的主要问题有：

（1）2016 年，所属天津南车投资租赁有限公司等两家企业少计提坏账准备，多计利润 5.16 亿元。

（2）2016 年，所属四方股份多计提存货跌价准备，少计利润 8 481.5 万元。

（3）2016 年，所属四方股份等 4 家企业超工资总额列支补贴等工资性支出 6 479.25 万元。

(4) 2016 年，所属中车四方车辆有限公司未将维修费结转成本，多计利润 3 764.08 万元。

(5) 2016 年，所属中车株洲电力机车研究所有限公司提前确认尚未发生的咨询费，造成少计利润 600 万元。

资料来源：审计署网.

第一节 会计要素

会计的对象是资金运动，企业的资金运动内容繁多、涉及面广，必须对它们进行分类。会计要素是对会计对象进行的分类。

一、会计要素的内容

会计要素具体包括资产、负债、所有者权益、收入、费用和利润。

（一）资产

1. 资产的定义及确认条件

资产是指企业过去的交易或者事项形成的、由企业拥有或者控制的、预期会给企业带来经济利益的资源。

符合上述定义的资源，在与该资源有关的经济利益很可能流入企业并且它的成本或者价值能够可靠地计量时，确认为企业的资产。

2. 资产的分类

资产按流动性可分为流动资产和非流动资产，资产的流动性是指资产的变现、出售或耗用时间长短，资产变现、出售或耗用时间短的流动性强，资产变现、出售或耗用时间长的流动性弱。

流动资产是指预计在一年或超过一年的一个正常营业周期内变现、出售或耗用的资产。货币资金流动性最强，变现一般针对应收账款等而言，出售一般针对商品存货等而言，耗用一般针对原材料存货等而言。一个正常营业周期，是指企业从购买用于加工的资产起至实现现金或现金等价物的期间。一般企业的正常营业周期通常短于一年，但也存在正常营业周期长于一年的情况，如房地产开发企业开发的用于出售的房地产开发产品，造船企业制造的用于出售的大型船只等，从购买原材料进入生产，到制造出产品出售并收回现金或现金等价物的过程，往往超过一年。在这种情况下，与生产循环相关的产成品、应收账款、原材料尽管超过一年才变现、出售或耗用，仍应确认为流动资产。当正常营业周期不能确定时，应当以一年即 12 个月作为正常营业周期。

非流动资产是指除流动资产以外的资产，包括固定资产、无形资产等。固定资产是指为生产商品、提供劳务或经营管理而持有的使用寿命超过一个会计年度的有形资产。无形资产是指企业拥有或者控制的没有实物形态的可辨认非货币性资产。例如一家服装厂的厂房建筑物、机器设备、运输车辆等是其固定资产，持有的专利权、商标权、土地使用权等是其无形资产，货币资金、应收账款、原材料、在产品、库存商品等是其流动资产。

3. 资产的特征

（1）资产必须是现实存在的资源。

现实存在的资产才能明确其归属，才能给企业带来经济利益。只有过去已经发生的交易或事项，包括购买、生产、建造、接受投资等才可能会形成现实的资产，企业预期在未来发生的交易或者事项不形成资产。

例如企业计划购买 10 台电脑但尚未购买，就不能将这 10 台电脑确认为企业的资产，若买回来 5 台电脑，则这 5 台电脑应确认为企业的资产；投资人打算对企业投入 1 000 000 元，只有在他将这笔资金真正投入到企业时才能确认为企业的资产。

（2）资产必须是企业所拥有或控制的资源。

由企业拥有或者控制是指企业享有某项资源的所有权，或者虽然不享有它的所有权，但它能被企业所控制。只有企业拥有或控制的资源，其产生的经济利益才能够排他性地流入企业。

例如一家航空公司自己购买了 60 架飞机，还向某租赁公司长期租赁了 20 架飞机，因这 80 架飞机产生的经济利益都归属于该航空公司，那么它们自然都应该被确认为该航空公司的资产。

（3）资产预期会直接或间接地给企业带来经济利益。

资产预期会给企业带来经济利益，是指资产直接或者间接导致现金或现金等价物流入企业的潜力。这种潜力可以来自企业日常的生产经营活动，也可以是非日常活动；带来经济利益可以是现金或者现金等价物形式，也可以是能转化为现金或者现金等价物的形式，或者是可以减少现金或者现金等价物流出的形式。

例如一家服装厂的货币资金、厂房设备、面料辅料、生产完工的服装和正在加工中的服装等都是该企业的资产，因为货币资金可用于企业的各项支付，厂房设备、原材料等可用于企业的生产经营过程制造商品，商品对外出售后收回货款，货款即为企业所获得的经济利益，但如果是已经毁损不能销售的服装或已经毁损不能使用的设备，就不能将其确认为企业的资产。

（二）负债

1. 负债的定义及确认条件

负债是指企业过去的交易或者事项形成的，预期会导致经济利益流出企业的现时义务。

符合上述定义的义务，在与该义务有关的经济利益很可能流出企业并且未来流出的经济利益的金额能够可靠地计量时，确认为企业的负债。

2. 负债的分类

负债按流动性可分为流动负债和非流动负债。负债的流动性是指偿还时间长短，偿还时间短的流动性强，偿还时间长的流动性弱。

流动负债是指将在一年（含一年）或超过一年的一个正常营业周期内偿还的债务，包括短期借款、应付票据、应付账款、预收账款、应付职工薪酬、应交税费、应付股利、其他应付款等。

非流动负债是指除流动负债以外的负债，即长期负债，包括长期借款、应付债券等。

例如某企业向银行借款 1 000 000 元，其中期限为 9 个月的借款 300 000 元，期限为 3 年的借款 700 000 元，前者是该企业的流动负债，后者是该企业的长期负债。

3. 负债的特征

（1）负债必须是企业承担的现时义务。

现时义务是指企业在现行条件下已承担的义务；未来发生的交易或者事项形成的义务，不属于现时义务，不应当确认为负债。这里所指的义务可以是法定义务，也可以是推定义务。法定义务是指具有约束力的合同或者法律法规规定的义务，通常必须依法执行，例如企业购买原材料形成的应付账款、向银行借入款项形成的借款、按照税法规定应当缴纳的税款等，均属于企业的法定义务，需要依法予以偿还。推定义务是指根据企业多年来的习惯做法、公开的承诺或者公开宣布的政策而导致企业将承担的责任，例如某企业多年来对于售出商品提供一定期限内的售后保修服务，那么保修期内为售出商品提供的保修服务就属于推定义务，应当将其确认为负债。

（2）负债预期会导致经济利益流出企业。

预期会导致经济利益流出企业也是负债的一个本质特征，只有企业在履行义务时会导致经济利益流出企业的，才符合负债的定义，如果不会导致企业经济利益流出，就不符合负债的定义。在履行义务清偿负债时，导致经济利益流出企业的形式多种多样，例如用现金偿还或以实物资产形式偿还，以提供劳务形式偿还，以部分转移资产、部分提供劳务形式偿还，将负债转为资本等。

（3）负债必须是由企业过去的交易或者事项形成的义务。

只有过去已经发生的交易或者事项才形成企业的现时义务，企业计划中或谈判中的交易不能确认为企业的负债，企业将在未来发生的承诺、签订的合同等交易事项，不能确认为负债。

（三）所有者权益

1. 所有者权益的定义及确认条件

所有者权益是指企业资产扣除负债后由所有者享有的剩余权益，是所有者对企业净资产的所有权。公司的所有者权益又称为股东权益。

所有者权益反映所有者在企业资产中的剩余权益，因此所有者权益的确认主要依赖于资产和负债的确认，所有者权益的金额取决于资产和负债的计量。例如，企业接受投资者投入的资产，在该资产符合企业资产确认条件时，就相应地符合了所有者权益的确认条件；当该资产的价值能够可靠计量时，所有者权益的金额也就可以确定。

2. 所有者权益的分类

所有者权益包括所有者投入的资本和在经营中实现的留存收益等。所有者投入的资本既包括所有者投入企业的构成企业注册资本或者股本的金额，也包括投入资本超过注册资本或者股本部分形成的资本公积。留存收益是企业历年实现的净利润留存于企业的部分，包括累计计提的盈余公积和未分配利润。

3. 所有者权益的特征

（1）所有者权益反映的是产权关系，即企业归谁所有，企业没有偿还所有者权益的义务。企业清算时，只有清偿所有的负债后，剩余财产才返还所有者。

（2）所有者权益的确认与计量主要依赖于资产和负债的确认与计量。

（3）随着企业增资和利润的实现，企业的所有者权益将会增加，而企业减资、发生亏损和分配利润，自然会减少所有者权益。例如某企业由A、B、C三方各投入600 000元、450 000元、450 000元货币资金注册成立，通过一年经营该企业盈利300 000元，那么该企业设立时的所有者权益为1 500 000元，一年后为1 800 000元。

（四）收入

1. 收入的定义及确认条件

收入是指企业在日常活动中形成的、会导致所有者权益增加的、与所有者投入资本无关的经济利益的总流入。日常活动是指企业为完成其经营目标所从事的经常性活动以及与之相关的活动，例如工业企业制造并销售产品、商业企业销售商品、软件企业为客户开发软件、商业银行对外贷款、租赁公司出租资产等，均属于企业的日常活动。

收入只有在经济利益很可能流入从而导致企业资产增加或者负债减少，且经济利益的流入额能够可靠计量时，才能予以确认。

2. 收入的分类

企业的收入按照来源渠道不同，分为销售商品取得的收入、提供劳务取得的收入、让渡资产使用权取得的收入等；按照业务的主次，收入又分为主营业务收入和其他业务收入，例如工业企业制造并销售产品的收入属于主营业务收入，对外出售不需用的原材料取得的收入则属于其他业务收入。

3. 收入的特征

（1）收入从企业日常经营活动中产生，而不是来自偶发的交易或事项。

（2）收入导致企业资产增加或负债减少，或二者兼而有之。

（3）收入会导致所有者权益增加，但与所有者投入资本无关。

（五）费用

1. 费用的定义及确认条件

费用是指企业在日常活动中发生的、会导致所有者权益减少的、与向所有者分配利润无关的经济利益的总流出。

费用只有在经济利益很可能流出从而导致企业资产减少或者负债增加，且经济利益的流出额能够可靠计量时，才能予以确认。

2. 费用的分类

费用是与收入相对应的概念，是企业在日常活动中为取得收入而付出的代价，通常包括营业成本、税金及附加、销售费用、管理费用、财务费用等，营业成本又分为主营业务成本和其他业务成本。

3. 费用的特征

（1）费用是由企业日常经营活动引起的经济利益流出，而不是由于偶发的交易或事项引起的经济利益流出。

（2）费用导致企业资产减少或负债增加，或二者兼而有之。
（3）费用会引起所有者权益减少，但与向所有者分配利润无关。

（六）利润

利润是指企业在一定会计期间的经营成果，是收入与费用配比之后的结果，企业偶然获取的利得（即营业外收入）和发生的损失（即营业外支出）对当期利润也会产生影响。

利润的确认与计量取决于收入和费用、直接计入当期利润的利得和损失的确认与计量。若偶发交易或事项较少，利润主要取决于收入与费用相减后的净额，收入大于费用为盈利，将引起所有者权益增加，收入小于费用为亏损，将引起所有者权益减少。

利润有三个层次，包括营业利润、利润总额和净利润。营业利润是日常经营活动中实现的各项收入与相应的费用配比之后的结果，利润总额由营业利润和营业外收支净额构成，净利润是利润总额扣除所得税费用后的金额。

以上六个会计要素可分为两大类，即反映企业财务状况的会计要素和反映企业经营成果的会计要素。资产、负债和所有者权益反映企业的财务状况，收入、费用和利润反映企业的经营成果。会计要素之间有着十分密切的联系。

二、会计要素的计量

符合确认条件的会计要素应当按照规定的会计计量属性进行计量，确定其金额。会计计量属性主要包括以下几个。

（一）历史成本

在历史成本计量下，资产按照购置时支付的现金或者现金等价物的金额，或者按照购置资产时所付出的对价的公允价值计量。负债按照因承担现时义务而实际收到的款项或者资产的金额，或者承担现时义务的合同金额，或者按照日常活动中为偿还负债预期需要支付的现金或者现金等价物的金额计量。

（二）重置成本

在重置成本计量下，资产按照现在购买相同或者相似资产所需支付的现金或者现金等价物的金额计量。负债按照现在偿付该项债务所需支付的现金或者现金等价物的金额计量。

（三）可变现净值

在可变现净值计量下，资产按照其正常对外销售所能收到现金或者现金等价物的金额扣减该资产至完工时估计将要发生的成本、估计的销售费用以及相关税费后的金额计量。

（四）现值

在现值计量下，资产按照预计从其持续使用和最终处置中所产生的未来净现金流入量的折现金额计量。负债按照预计期限内需要偿还的未来净现金流出量的折现金额计量。

（五）公允价值

在公允价值计量下，资产和负债按照市场参与者在计量日发生的有序交易中，出售资产所能收到或者转移负债所需支付的价格计量。

企业在对会计要素进行计量时，一般应当采用历史成本，采用重置成本、可变现净值、现值、公允价值计量的，应当保证所确定的会计要素金额能够取得并可靠计量。

⇨ 同步思考

A公司计划购买一台机器，2月份与B公司签订一份购销合同，约定于5月份交货，机器价款为100 000元。5月20日收到订购的机器，经安装调试于25日交付使用，货款于30日转账支付。你认为A公司应何时确认固定资产？B公司应何时确认销售收入？

第二节　会计等式

一、会计等式概述

任何一个企业为了进行生产经营活动，都需要拥有一定的资产，资产不可能凭空产生，其形成必然有一定的来源，要么是企业的投资者提供的，要么是债权人提供的。由于企业的投资者和债权人为企业提供了资产，他们就对企业的资产拥有权益，他们提供了多少资产，相应就拥有多少权益。资产与权益是相互依存的，没有无资产的权益，也没有无权益的资产，即资产等于权益。投资者作为企业的所有者拥有企业的产权，其权益是所有者权益；而债权人则对企业资产具有优先求偿权，其权益是债权人权益，债权人权益从企业来看就是企业的负债。所以资产、负债、所有者权益之间必然存在以下关系：

资产＝负债＋所有者权益　　　　(2-1)

等式（2-1）称为会计等式。

随着企业生产经营活动的进行，资产、负债、所有者权益会不断发生变化。企业一方面取得收入，因而增加了资产或减少了负债；另一方面发生费用，因而减少了资产或增加了负债；收入减去费用为利润。所以动态地看，会计等式可以表述为以下形式：

资产＝负债＋所有者权益＋（收入－费用）　　　　(2-2)

资产＝负债＋所有者权益＋利润　　　　(2-3)

由于企业实现的利润按规定程序分配给投资者之后，剩余的留存收益又归属于所有者权益，这样等式（2-2）或等式（2-3）又恢复到等式（2-1）的形式。

二、经济业务对会计等式的影响

经济业务是指企业发生的引起会计要素增减变动的交易或事项。企业发生的经济业务千变万化、多种多样，下面举例说明。

【例2-1】 王先生于3月31日投资100 000元现金开设一个星星商店。4月1日商店购进商品70 000元备售，其中40 000元商品款已经支付，暂欠供货方30 000元。至4月29日，商店购进的商品全部售出，全部销售款均已收回，共计现金80 000元，另支付人员工资、房租、水电及其他杂费 4 500 元。4 月 30 日商店又购进 90 000 元商品，货款尚未支付。

星星商店在 3 月 31 日至 4 月 30 日间发生了投资者投资、购进商品、销售商品、支付费用等经济业务，这些经济业务对各会计要素的影响如表 2－1 所示。

表 2－1

单位：元

时间	资产	负债	所有者权益	收入	费用
3.31	100 000		100 000		
4.1	100 000＋70 000－40 000＝130 000	30 000	100 000		
4.1—4.29	130 000＋80 000－70 000－4 500＝135 500	30 000	100 000	80 000	70 000＋4 500＝74 500
4.30	135 500＋90 000＝225 500	30 000＋90 000＝120 000	100 000＋5 500＝105 500		

【例 2－2】 某企业 1 月份发生以下经济业务：

（1）1 月 2 日购入原材料 8 000 元，货款暂欠。

这笔经济业务发生后，使资产中原材料增加 8 000 元，使负债中应付账款增加 8 000 元，会计等式两边同时增加了 8 000 元。

（2）1 月 4 日接收某投资者追加投资 500 000 元，存入银行。

这笔经济业务发生后，使资产中银行存款增加 500 000 元，使所有者权益中资本增加 500 000 元，会计等式两边同时增加了 500 000 元。

（3）1 月 10 日以银行存款归还短期借款 200 000 元。

这笔经济业务发生后，使资产中银行存款减少 200 000 元，使负债中短期借款减少 200 000 元，会计等式两边同时减少了 200 000 元。

（4）1 月 15 日从开户银行提取现金 800 元。

这笔经济业务发生后，使资产中库存现金增加 800 元，银行存款减少 800 元，会计等式左边资产内部项目有增有减，增减金额均为 800 元。

（5）1 月 20 日经有关各方同意，将前欠某银行的 300 000 元长期借款转为该银行对本企业的投资，已办理相关手续。

这笔经济业务发生后，使负债中长期借款减少 300 000 元，使所有者权益中资本增加 300 000 元，会计等式右边负债及所有者权益项目有增有减，增减金额均为 300 000 元。

以上经济业务对会计等式的影响如表 2－2 所示。

表 2－2

经济业务	资产	＝	负债	＋	所有者权益
（1）	＋8 000		＋8 000		
（2）	＋500 000				＋500 000
（3）	－200 000		－200 000		
（4）	＋800－800				
（5）			－300 000		＋300 000

虽然经济业务多种多样，但分析它们对会计要素和会计等式的影响不外乎以下四种基本类型：

（1）使等式两边即资产和负债及所有者权益双方同时等额增加；

（2）使等式两边即资产和负债及所有者权益双方同时等额减少；

（3）使等式左边即资产内部有的项目增加，有的项目减少，增减的金额相等；

（4）使等式右边即负债及所有者权益内部有的项目增加，有的项目减少，增减的金额相等。

以上四种基本类型还可以再细分为九种情形，如表 2-3 所示。

表 2-3

基本类型	资产	=	负债	+	所有者权益
第 1 种类型（等式两边同增）	+		+		
	+				+
第 2 种类型（等式两边同减）	−		−		
	−				−
第 3 种类型（等式左边有增有减）	+−				
第 4 种类型（等式右边有增有减）			+−		
					+−
			+		−
			−		+

综上所述，经济业务发生后，无论是对会计等式两边产生影响，还是只影响会计等式一边，都不会改变会计等式的平衡关系，会计等式两边的金额永远相等，所以会计等式又称为会计恒等式。会计等式是复式记账、试算平衡、编制财务报表等的理论基础。

⇨ 同步思考

1. 企业将成本为 10 000 元的库存商品销售出去，售价为 12 000 元，货款已经收到存入银行，这项业务对会计要素和会计等式有什么影响？若售价为9 000元，对会计要素和会计等式有什么影响？

2. 例 2-2 中的五笔经济业务分别属于哪种类型？

贴心提示

怎样理解会计要素和会计等式？

会计要素是对资金运动的分类，会计等式反映了会计要素之间的联系，它是会计这个大厦的基石。理解“资产=负债+所有者权益”这个会计等式并不难。例如三个人各出资 50 万元（甲出货币、乙出房屋、丙出技术）办一个企业，企业设立时就拥有了 150 万元的资产，同时这 150 万元是所有者的权益；若企业随后向银行借款 100 万元，这时企业的资产就会增加 100 万元，企业拥有的资产变为了 250 万元，从其来源来看这 100 万元是负债形成的，150 万元是所有者投入的；若企业购买原材料 20 万元，货款暂欠供应商，这时企业的资产又增加了 20 万元，变成了 270 万元，此时企业的负债为 120 万元，所有者权益不变。

有一个能够帮助大家进一步理解的通俗易懂的表述：资产是你口袋里所有的钱，负债是你借来的钱，所有者权益是你自己的钱，你口袋里所有的钱等于你借来的钱与你自己的钱之和。当然这里的钱不是狭义的概念，对企业而言就是能够用货币表现的资金。

自测题二

一、单项选择题

1. 下列项目中属于负债类的是（　　）。

A. 实收资本　　B. 应收账款　　C. 预付账款　　D. 应交税费

2. 向银行借入短期借款，会引起（　　）。

A. 资产减少　　B. 负债增加　　C. 收入增加　　D. 所有者权益增加

3. 下列经济业务影响资产总额变动的是（　　）。

A. 收回应收账款存入银行　　B. 偿还到期借款

C. 职工出差前预借差旅费　　D. 从银行提取现金

4. 某企业期初资产总计 100 万元，负债 60 万元，本期所有者追加投资 40 万元，此时企业所有者权益总计为（　　）万元。

A. 40　　B. 100　　C. 80　　D. 140

5. 下列项目中属于资产类的是（　　）。

A. 实收资本　　B. 资本公积　　C. 预付账款　　D. 预收账款

6. 下列经济业务不会引起会计等式两边总额变动的是（　　）。

A. 购买材料，货款同时支付　　B. 偿还到期借款

C. 收到所有者投入资本　　D. 购买材料，货款尚未支付

二、多项选择题

1. 下列项目中属于资产类的是（　　）。

A. 购进的原材料　　B. 生产的产品　　C. 库存现金　　D. 各项应收款

2. 企业归还银行短期借款 200 000 元，这笔业务引起（　　）。

A. 资产增加　　B. 资产减少　　C. 负债增加　　D. 负债减少

3. 所有者权益包括（　　）。

A. 投入资本　　B. 资本公积　　C. 盈余公积　　D. 未分配利润

4. 下列业务影响所有者权益增减变动的有（　　）。

A. 所有者投入资本　　B. 购买材料

C. 发生费用　　D. 分配利润

5. 下列业务可归为同一类型的有（　　）。

A. 收到所有者投资　　B. 支付以前所欠的材料款
C. 预收销货款存入银行　　D. 用资本公积转增资本
6. 费用的发生可能伴随（　　）。
A. 资产增加　　B. 负债增加　　C. 资产减少　　D. 所有者权益增加

三、判断题

1. 某企业正常营业周期为 2 年，则偿还期在 2 年内的负债可以确认为流动负债。（　　）
2. 资产可以是有实物形态的，也可以是无形的。（　　）
3. “资产＝负债＋所有者权益” 这个平衡公式是恒等式。（　　）
4. 收到购货单位预付的货款会导致资产和负债同时增加。（　　）
5. 企业的所有者在企业清算时对资产具有优先要求权。（　　）
6. 负债是指企业过去的交易或者事项形成的、预期会导致经济利益流出企业的现时义务，包括法定义务，亦包括推定义务。（　　）
7. 收入的发生可能伴随资产的增加，也可能伴随负债的减少。（　　）
8. 要将某项财产物资确认为企业的一项资产，其所有权必须属于企业。（　　）

四、简答题

1. 举例说明经济业务的四种类型。
2. 为什么 “资产＝负债＋所有者权益” 是恒等式？
3. 以一个超市为例，说出其具体有哪些资产、负债、所有者权益项目。
4. 简述反映企业经营成果的会计要素。

五、综合业务题

习题一

目的：理解经济业务的类型和会计等式。

资料：某企业发生如下经济业务：

1. 用银行存款购买材料，价款 20 000 元。
2. 用银行存款支付前欠某单位货款 30 000 元。
3. 向银行借入 3 年期借款 400 000 元，存入银行。
4. 用银行存款归还到期短期借款 200 000 元。
5. 收到所有者投入的设备，价值为 300 000 元。
6. 某职工因临时急需，经批准向单位借现金 2 000 元。
7. 收到购买单位前欠账款 8 000 元，存入银行。
8. 经有关各方同意，企业以前向某单位的借款 1 000 000 元转为该单位对企业的投资。

要求：分析以上经济业务的类型，将经济业务序号填入表 2-4。

表 2-4

类型		经济业务序号
第 1 种类型（等式两边同增）	一项资产增加，一项负债增加	
	一项资产增加，一项所有者权益增加	

续表

类型		经济业务序号
第 2 种类型（等式两边同减）	一项资产减少，一项负债减少	
	一项资产减少，一项所有者权益减少	
第 3 种类型（等式左边有增有减）	一项资产增加，另一项资产减少	
第 4 种类型（等式右边有增有减）	一项负债增加，另一项负债减少	
	一项所有者权益增加，另一项所有者权益减少	
	一项负债增加，一项所有者权益减少	
	一项负债减少，一项所有者权益增加	

习题二

目的：理解会计要素的含义和相互间的关系。

资料：

王先生于 1 月 31 日拿出 10 000 元个人积蓄，投资开设一家名为兴盛的商店。2 月 1 日商店购进 8 000 元商品备售，其中 6 000 元已经支付，暂欠供货方 2 000 元。2 月 11 日，王先生向一位朋友借款 10 000 元用于商店经营。2 月 15 日归还所欠供货方的商品款 2 000 元。至 2 月 28 日，商店购进的商品全部售出，全部销售款均已收回，共计现金 12 000 元。2 月 28 日以现金支付人员工资、房租、水电及其他杂费 2 500 元。2 月 28 日商店又购进 15 000 元商品，其中 7 000 元已经支付，暂欠 8 000 元。

要求：

1. 根据资料计算兴盛商店 2 月份的收入、费用和利润。
2. 确认不同时点兴盛商店资产、负债和所有者权益的金额，填入表 2 - 5。

表 2 - 5

时间	资产	负债	所有者权益
1.31			
2.1			
2.11			
2.15			
2.16—2.28			

习题三

目的：练习经济业务的发生对会计等式的影响。

资料：大华工厂 8 月 31 日资产总计 600 000 元，负债总计 200 000 元，所有者权益总计 400 000 元，9 月份发生如下经济业务：

1. 3 日购入设备一台，价款 15 000 元，以银行存款支付。
2. 6 日投资者投入货币资金 100 000 元，存入银行。
3. 8 日归还短期借款 50 000 元。
4. 10 日从银行提取现金 2 000 元备用。
5. 14 日以银行存款偿还前欠供应单位货款 100 000 元。
6. 19 日职工王飞出差预借差旅费 1 000 元，以现金支付。

7. 22 日向银行借入长期借款 100 000 元。

8. 28 日收到购货单位前欠货款 60 000 元，存入银行。

要求：分析上述经济业务对会计等式的影响，并计算 9 月末资产总计、负债总计和所有者权益总计，在表 2－6 中完成。

表 2－6

时间	资产	负债	所有者权益
8. 31			
9. 3			
9. 6			
9. 8			
9. 10			
9. 14			
9. 19			
9. 22			
9. 28			
9. 30			

第三章

会计科目、账户、记账方法

同步思考
参考答案

本章学习目标

通过本章的学习，学生应能够初步理解会计科目的含义和内容，熟记一些常用的会计科目名称，能够画出T形账户的基本结构，能够描述借贷记账法记账符号的含义，能够运用借贷记账法编写会计分录，能够编制试算平衡表。

重点与难点

1. 会计科目
2. 账户的结构
3. 借贷记账法

引例

会计科目一字之差　资产负债严重不实

2010年11月下旬，江苏省盱眙县审计局对某水建公司会计信息失真、资产负债严重不实行为进行了处罚。

该水建公司是一个专业从事水利、水电建筑安装工程的有限公司。在承建工程时，公司财务将预付给工程队的工程款挂“预付账款”，工程完工结转损益时，冲减“预付账款”，列“工程施工支出”。但由于大多数工程工期较长，财务在进行损益核算时，按照工程进度预估工程完工成本时未冲减对应的“预付账款”，而是虚挂“应付账款”，造成当期资产、负债虚高，账实不符，且该公司在会计年度终了时亦未及时清查资产、核实债务。截至2010年6月末，账面“预付账款”余额达1.25亿元，“应付账款”余额达1.11亿元，资产、负债不实达80%。

资料来源：江苏省审计厅网.

第一节　会计科目和账户

一、会计科目

会计科目是对会计要素的具体内容进行的分类。以资产为例，企业的资产既包括现金、银行存款、各种应收款，又包括库存材料物资、厂房、机器设备、运输车辆等，它们各有特点，具体用途不同，管理要求也不相同。因此，为了将纷繁复杂的经济活动转化为有序的、系统的会计信息，满足会计信息使用者的需要，必须对会计要素的具体内容进一步分类，分别冠以不同的项目名称，为分类核算和管理奠定基础。

（一）设置会计科目的原则

统一性和灵活性相结合是企业设置会计科目应遵循的基本原则。

为了保证会计科目的科学性、会计信息的可比性，企业必须根据国家统一规定设置会计科目。财政部颁布的《企业会计准则——应用指南》中明确规定了156个会计科目的名称、编号及各科目的用途，这些科目涵盖了各类企业的交易或者事项。

企业可以在不违反会计准则中确认、计量和报告规定的前提下，根据本单位的实际情况设置会计科目，也可以自行增设、分拆、合并会计科目，企业不存在的交易或者事项，可以不设置相关会计科目。会计科目编号供企业填制会计凭证、登记会计账簿、查阅会计账目、采用会计软件系统参考，企业可结合实际情况自行确定会计科目编号。

（二）会计科目的分类

1. 按反映的经济内容分类

一般企业涉及的会计科目按其经济内容不同，可以分为资产类、负债类、共同类、所有者权益类、成本类、损益类。本教材根据工业企业的基本经济业务特点，列出资产类、负债类、所有者权益类、成本类、损益类常用会计科目，如表3-1所示。

表3-1　常用会计科目表

顺序	会计科目名称
	一、资产类
1	库存现金
2	银行存款
3	应收票据
4	应收账款
5	其他应收款
6	预付账款
7	原材料
8	库存商品
9	固定资产

续表

顺序	会计科目名称
10	累计折旧
11	无形资产
12	待处理财产损溢
	二、负债类
13	短期借款
14	应付票据
15	应付账款
16	预收账款
17	应付职工薪酬
18	应付利息
19	应付股利
20	应交税费
21	其他应付款
22	长期借款
	三、所有者权益类
23	实收资本（或股本）
24	资本公积
25	盈余公积
26	本年利润
27	利润分配
	四、成本类
28	生产成本
29	制造费用
	五、损益类
30	主营业务收入
31	其他业务收入
32	营业外收入
33	主营业务成本
34	税金及附加
35	其他业务成本
36	销售费用
37	管理费用
38	财务费用
39	营业外支出
40	所得税费用
41	以前年度损益调整

（1）资产类科目分为流动资产、非流动资产两类，流动资产类科目包括库存现金、银行存款、应收票据、应收账款、原材料、库存商品等，非流动资产类科目包括固定资产、累计折旧、无形资产等。

（2）负债类科目分为流动负债、非流动负债两类，流动负债类科目包括短期借款、应付票据、应付账款、应付职工薪酬、应付利息、应交税费等，非流动负债类科目包括长期借款等。

（3）所有者权益类科目包括实收资本（或股本）、资本公积、盈余公积、本年利润和利润分配等。

（4）成本类科目包括生产成本、制造费用等。

（5）损益类科目包括收入和费用两类，收入类科目包括主营业务收入、其他业务收入等，费用类科目包括主营业务成本、其他业务成本、管理费用等。

2. 按反映经济内容的详细程度分类

会计科目按反映经济内容的详细程度，可分为总分类科目和明细科目。总分类科目又称为一级科目，它是对某一会计要素的具体内容进行的总括分类，上述会计科目表中的会计科目都是总分类科目。明细科目又可分为二级明细科目和三级明细科目，有些企业根据需要甚至可以设置四级、五级明细科目；二级明细科目是对总分类科目做进一步的分类，三级明细科目是对二级明细科目的进一步分类，以此类推。

例如“应交税费”科目是总分类科目，反映企业应交税费的汇总情况，该科目可以按企业应交的税费项目设置“应交增值税”“应交消费税”“应交所得税”等若干二级明细科目，反映企业具体应交的各种税费。在“应交增值税”二级明细科目下，应设置“进项税额”“销项税额”等三级明细科目，更加详细地反映企业应交增值税的情况。再如“库存商品”科目是总分类科目，反映企业库存商品的汇总情况，其下可以根据不同的商品类别设置二级明细科目，再按品种设置三级明细科目，以反映各类商品、各种商品的具体情况。

明细科目的设置，企业也要遵循统一性和灵活性相结合的原则。对于有些总分类科目应当设置哪些明细科目，财政部有统一规定，企业应当按照要求设置，例如“盈余公积”总分类科目应当下设“法定盈余公积”“任意盈余公积”科目；对于没有统一规定名称的明细科目，企业可以根据需要自行设置。

二、账户

（一）设置账户的意义

会计科目仅仅是对会计核算的内容进行分类，为了全面、连续、系统地反映企业的资金运动，还必须根据会计科目在账簿中开设账户。账户是根据会计科目设置的、具有一定的格式和结构的、用于分类核算会计要素具体内容增减变动情况及结果的载体，它是会计最基本的汇总工具。根据总分类科目设置的，称为总分类账户，对经济业务进行总分类核算；根据明细科目设置的，称为明细账户，对经济业务进行明细核算。总分类账户以货币为计量单位，提供总括的核算指标；明细账户以货币为主要计量单位的同时，可以辅之以实物量度和劳动量度，提供详细的核算指标。

例如“原材料”账户是总分类账户，用来核算企业库存材料总的金额增减变动情况及结果，其下应按材料的保管地点和材料的类别、品种、规格设置若干材料明细账户，材料明细账户既记载各种材料的金额增减变动情况，又记载各种材料的实物数量增减变动情况，为企业管理提供详细的信息。

账户与会计科目是两个不同的概念，它们之间既有联系又有区别。其联系在于账户是根据会计科目设置的，账户所核算的具体内容是由会计科目决定的，会计科目是账户的名称。没有会计科目，账户就无法进行分类核算。不设置账户，会计科目就无法发挥作用。其区别在于会计科目只是对会计要素的具体内容的分类，只是项目名称，它本身并不能记载和汇总，而账户有一定的格式和结构，能够用来全面、连续、系统地记载会计要素具体内容的增减变动情况及结果。由于会计科目是账户的名称，因此在实务中对两者常常不加以严格区分。

（二）账户的格式和结构

账户用来记载会计要素具体内容的增减变动情况及结果，因此账户的格式尽管各种各样，但一般都包括以下主要内容：

（1）账户的名称，即会计科目；

（2）日期和摘要，反映账户记录的日期和经济业务的内容；

（3）凭证号数，反映账户记录的依据；

（4）账户增加和减少的金额；

（5）账户余额。

账户的核心内容是反映经济业务的数量变化情况，经济业务的数量变化不外是增加和减少两种情况，因此通常将账户中记载数量变化的部分划分为左右两方，一方登记增加额，另一方登记减少额。

账户中本期增加的金额称为本期增加发生额，本期减少的金额称为本期减少发生额，增减相抵后的差额称为余额，余额的方向一般与记录增加额的方向相同。余额按其表示的时间不同，分为期初余额和期末余额，本期的期末余额即为下期的期初余额。因此，账户中记录的金额包括期初余额、本期增加发生额、本期减少发生额和期末余额四项指标，它们之间的基本关系如下：

期末余额＝期初余额＋本期增加发生额－本期减少发生额

为了便于理解上述关系，下面举一简例。

【例3-1】 某企业“库存现金”账户1月31日余额为450元，2月3日从银行提取现金900元，2月10日一职工出差预借差旅费800元，2月20日出售废旧物资收到现金50元。

根据上述资料，可以得出该账户：

2月1日期初余额为450元；

2月份本期增加发生额为950(900＋50）元；

2月份本期减少发生额为800元；

2月末期末余额为600(450＋950－800）元。

由于账户余额的方向一般与记录增加额的方向相同，所以上述四项指标可以在如图

3－1所示的简化格式中进行描述。这个简化格式反映了账户的基本结构，由于其形状像英文的大写字母“T”而被称为T形账户，又因像汉字“丁”字而被称为丁字形账户。在这个简化格式中，如果左方记录增加，则右方记录减少，余额一般在左方；如果右方记录增加，则左方记录减少，余额一般在右方。至于究竟哪一方记增加，哪一方记减少，则取决于所采用的记账方法和账户的性质。这个简化的账户结构格式在会计学习中非常有用，但它不是实际工作中采用的账页格式，实际工作中采用的完整账页格式见第七章。

账户名称（会计科目）

（左方）　　　　　　　　　　　　　　　　（右方）

图3－1　T形账户（丁字形账户）

⇨ 同步思考

1. 企业“银行存款”账户1月31日余额为150 000元，2月1日从银行提取现金5 000元，2月10日向银行借款200 000元，2月20日支付购货款180 000元，2月23日收到销货款30 000元，2月25日支付借款利息1 500元。该企业2月份“银行存款”账户增加发生额、减少发生额、月末余额各为多少？

2. 企业“短期借款”账户1月31日余额为100 000元，2月10日向银行借入短期借款200 000元，2月20日归还银行借款50 000元。该企业2月份“短期借款”账户增加发生额、减少发生额、月末余额各为多少？

第二节　记账方法

一、单式记账法与复式记账法

设置了会计科目并根据会计科目开设账户之后，就需要采用一定的记账方法将会计要素的增减变动登记在账户中。

记账方法有两类：一类是单式记账法；另一类是复式记账法。

经济业务发生之后一般只在一个账户中进行登记的方法称为单式记账法。例如用现金购买材料，只在“库存现金”账户中登记现金的减少，而不记录材料的增加；销售商品收到现金，只在“库存现金”账户中登记现金的增加，而不记录收入的增加。这种记账方法不能反映经济业务的来龙去脉，各账户的记录之间没有联系，因而不能全面、系统地反映会计要素的增减变动情况，也不便于检查账户记录的正确性。

复式记账法是指对每一项经济业务所引起的资金运动，都要以相等的金额，同时在两个或两个以上相互联系的账户中进行登记的一种记账方法。会计等式所揭示的会计要素之间的数量平衡关系和增减变化的相互联系是复式记账法的理论基础。采用复式记账法，需要记录每笔交易或事项的双重影响。例如用现金购买材料，既要在“库存现金”账户中记录现金的减少，又要在“原材料”账户中记录原材料的增加；如果买进材料，款项尚未支付，既要在“原材料”账户中记录原材料的增加，又要在“应付账款”账户中记录应付账款的增加；用现金偿还应付账款，既要在“库存现金”账户中记录现金的减少，又要在“应付账款”账户中记录应付账款的减少。这种记账方法不但能全面、清晰地反映经济业务的来龙去脉，而且能使各账户的记录之间形成有机联系，便于相互核对和检查账户记录的正确性、真实性。

复式记账法有借贷记账法、增减记账法和收付记账法等。借贷记账法是国际上普遍采用的复式记账法，我国财政部颁布的《企业会计准则——基本准则》中明确规定会计记账应采用借贷记账法。

二、借贷记账法

借贷记账法是以“借”“贷”为记账符号，以会计等式为理论依据，对每一项经济业务都在两个或两个以上账户中，以相等的金额全面地、相互联系地加以记录的一种复式记账法。

（一）主要特点

在借贷记账法中，“借”“贷”二字只是作为记账符号来使用的，它们已失去了原来的字意。作为记账符号，“借”与“贷”有其专门的含义，在资产类账户中，“借”表示增加，“贷”表示减少；而在负债及所有者权益类账户中，“借”表示减少，“贷”表示增加。

（二）账户结构

借贷记账法下，账户的基本结构分为“借方”和“贷方”，左方为借方，右方为贷方。本期在借方登记的金额称为本期借方发生额，本期在贷方登记的金额称为本期贷方发生额。

下面分别说明各类账户的具体结构。

1. 资产类账户

资产类账户的结构是：借方记录资产的增加额，贷方记录资产的减少额，若有余额，一般为借方余额，表示资产的结余数额。

资产类账户期初余额、本期借方发生额、本期贷方发生额和期末余额的关系如下：

期末借方余额＝期初借方余额＋本期借方发生额－本期贷方发生额

图 3－2 反映借贷记账法下资产类账户的基本结构。

资产类账户

借方			贷方
期初余额	×××		
本期增加额	×××	本期减少额	×××
本期发生额合计	×××	本期发生额合计	×××
期末余额	×××		

图 3－2 资产类账户

【例 3－2】 根据【例 3－1】的资料，采用借贷记账法登记的“库存现金”账户如图 3－3 所示。

库存现金

借方		贷方	
期初余额	450		
本期增加额：从银行提现	900	本期减少额：职工出差借款	800
出售废旧物资	50		
本期发生额合计	950	本期发生额合计	800
期末余额	600		

图 3-3 “库存现金”账户

2. 负债类账户

负债类账户的结构是：贷方记录负债的增加额，借方记录负债的减少额，若有余额，一般为贷方余额，表示负债的结余数额。

负债类账户期初余额、本期借方发生额、本期贷方发生额和期末余额的关系如下：

期末贷方余额＝期初贷方余额＋本期贷方发生额－本期借方发生额

图 3-4 反映借贷记账法下负债类账户的基本结构。

负债类账户

借方		贷方	
		期初余额	×××
本期减少额	×××	本期增加额	×××
本期发生额合计	×××	本期发生额合计	×××
		期末余额	×××

图 3-4 负债类账户

【例 3-3】 某企业 1 月 1 日“短期借款”账户贷方余额为 300 000 元，1 月 10 日以银行存款归还到期短期借款 200 000 元，1 月 20 日向银行借入短期借款 150 000 元。采用借贷记账法登记的“短期借款”账户如图 3-5 所示。

短期借款

借方		贷方	
		期初余额	300 000
本期减少额：归还到期借款	200 000	本期增加额：向银行借款	150 000
本期发生额合计	200 000	本期发生额合计	150 000
		期末余额	250 000

图 3-5 “短期借款”账户

3. 所有者权益类账户

所有者权益类账户的结构是：贷方记录所有者权益的增加额，借方记录所有者权益的减少额，若有余额，一般为贷方余额，表示所有者权益的结余数额。

所有者权益类账户期初余额、本期借方发生额、本期贷方发生额和期末余额的关系如下：

期末贷方余额＝期初贷方余额＋本期贷方发生额－本期借方发生额

图 3-6 反映借贷记账法下所有者权益类账户的基本结构。

所有者权益类账户

借方		贷方	
		期初余额	×××
本期减少额	×××	本期增加额	×××
本期发生额合计	×××	本期发生额合计	×××
		期末余额	×××

图 3-6　所有者权益类账户

【例 3-4】 某企业 1 月 1 日“实收资本”账户贷方余额为 3 000 000 元，1 月 10 日接受投资者投入资金 2 000 000 元。采用借贷记账法登记的“实收资本”账户如图 3-7 所示。

实收资本

借方		贷方	
		期初余额	3 000 000
本期减少额	0	本期增加额：接受投资	2 000 000
本期发生额合计	0	本期发生额合计	2 000 000
		期末余额	5 000 000

图 3-7　“实收资本”账户

4. 成本类账户

成本类账户的结构是：借方记录发生的各项成本即成本的增加额，贷方记录完工结转的成本即成本的减少额，若有余额，一般为借方余额，表示尚未完工的在产品成本数额。

成本类账户期初余额、本期借方发生额、本期贷方发生额和期末余额的关系如下：

期末借方余额＝期初借方余额＋本期借方发生额－本期贷方发生额

图 3-8 反映借贷记账法下成本类账户的基本结构。

成本类账户

借方		贷方	
期初余额	×××		
本期增加额	×××	本期减少额	×××
本期发生额合计	×××	本期发生额合计	×××
期末余额	×××		

图 3-8　成本类账户

5. 损益类账户

损益类账户包括收入和费用两类。收入类账户的结构是：贷方记录收入的增加额，借方记录收入的减少额，期末时，应将账户贷方与借方的差额转入所有者权益类“本年利润”账户，转销数记入账户的借方，结转后无余额。

费用类账户的结构是：借方记录费用的增加额，贷方记录费用的减少额，期末时，应将账户借方与贷方的差额转入所有者权益类“本年利润”账户，转销数记入账户的贷方，结转后无余额。

图 3－9、图 3－10 分别反映借贷记账法下收入类和费用类账户的基本结构。

收入类账户

借方		贷方	
本期减少额	×××	本期增加额	×××
期末转销额	×××		
本期发生额合计	×××	本期发生额合计	×××

图 3－9　收入类账户

费用类账户

借方		贷方	
本期增加额	×××	本期减少额	×××
		本期转销额	×××
本期发生额合计	×××	本期发生额合计	×××

图 3－10　费用类账户

综上所述，借贷记账法下所有账户的基本结构都分为借方和贷方，但借方和贷方反映的内容随账户的性质不同而不同。用 T 形账户表示借贷记账法下账户的基本结构和内容，见图 3－11。

账户名称

借方	贷方
资产、成本、费用增加	负债及所有者权益、收入增加
负债及所有者权益减少	资产、成本减少
收入减少和转销	费用减少和转销

图 3－11　账户的基本结构和内容

（三）记账规则

根据第二章所述经济业务的四种类型和“借”“贷”记账符号表示的含义，每一项经济业务发生后都必定按借贷相反的方向同时记入两个或两个以上相互联系的账户，并且记入借方的金额合计一定等于记入贷方的金额合计。概括起来就是借贷记账法的记账规则：有借必有贷，借贷必相等。图 3－12 反映了采用借贷记账法对四种类型经济业务的处理。

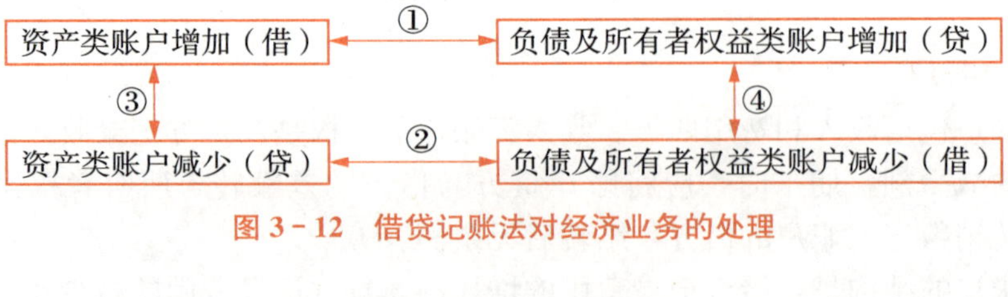

图 3－12　借贷记账法对经济业务的处理

以下举例说明借贷记账法的记账规则。

【例 3-5】 某企业发生如下经济业务：

(1) 1 月 2 日购入原材料 8 000 元，货款暂欠。

这笔经济业务发生后，使资产和负债同时增加了 8 000 元，具体应通过“原材料”账户的借方登记原材料增加 8 000 元，通过“应付账款”账户的贷方登记应付账款增加 8 000 元，见图 3-13。

原材料

借方	贷方
8 000	

应付账款

借方	贷方
	8 000

图 3-13

(2) 1 月 4 日接收某投资者追加的投资 500 000 元并存入银行。

这笔经济业务发生后，使资产和所有者权益同时增加了 500 000 元，具体应通过“银行存款”账户的借方登记银行存款增加 500 000 元，通过“实收资本”账户的贷方登记实收资本增加 500 000 元，见图 3-14。

银行存款

借方	贷方
500 000	

实收资本

借方	贷方
	500 000

图 3-14

(3) 1 月 10 日以银行存款归还短期借款 200 000 元。

这笔经济业务发生后，使资产和负债同时减少了 200 000 元，具体应通过“银行存款”账户的贷方登记银行存款减少 200 000 元，通过“短期借款”账户的借方登记短期借款减少 200 000 元，见图 3-15。

短期借款

借方	贷方
200 000	

银行存款

借方	贷方
	200 000

图 3-15

(4) 1 月 15 日从开户银行提取现金 800 元。

这笔经济业务发生后，使资产内部项目增减变动了 800 元，具体应通过“库存现金”账户的借方登记现金增加 800 元，通过“银行存款”账户的贷方登记银行存款减少 800 元，见图 3-16。

库存现金

借方	贷方
800	

银行存款

借方	贷方
	800

图 3-16

（5）1 月 20 日经有关各方同意，将前欠某银行的 300 000 元长期借款转为该银行对本企业的投资，已办理相关手续。

这笔经济业务发生后，使负债及所有者权益内部项目增减变动了 300 000 元，具体应通过“长期借款”账户的借方登记长期借款减少 300 000 元，通过“实收资本”账户的贷方登记实收资本增加 300 000 元，见图 3-17。

长期借款

借方	贷方
300 000	

实收资本

借方	贷方
	300 000

图 3-17

综上所述，在运用借贷记账法的记账规则时，通常可以按以下步骤分析经济业务：

第一步，确定经济业务发生后所影响的会计要素及其增减变动情况；

第二步，确定应记入账户的名称即会计科目；

第三步，确定应记入账户的借贷方向和金额。

（四）账户对应关系和会计分录

1. 账户对应关系

从前面业务处理可以看出，在运用借贷记账法的记账规则记录一笔经济业务时，在有关账户之间形成了应借、应贷的相互关系，账户之间的这种相互关系通常被称为账户对应关系。存在对应关系的账户互称为对应账户。

借贷记账法下的账户对应关系有以下四种情形：

（1）一个账户的借方同一个账户的贷方发生对应关系；

（2）一个账户的借方同几个账户的贷方发生对应关系；

（3）几个账户的借方同一个账户的贷方发生对应关系；

（4）几个账户的借方同几个账户的贷方发生对应关系。

上述【例 3-5】中发生的业务均使有关账户之间形成了一借一贷的对应关系。

【例 3-6】 某企业购买原材料，价款 80 000 元，已经通过银行转账支付60 000元，其余暂欠。

这笔经济业务发生后，企业资产中原材料增加了 80 000 元，应登记在“原材料”账户的借方，同时银行存款减少了 60 000 元，应登记在“银行存款”账户的贷方，负债增加了 20 000 元，应登记在“应付账款”账户的贷方。“原材料”账户的借方和“银行存款”“应付账款”账户的贷方发生对应关系，见图 3－18。

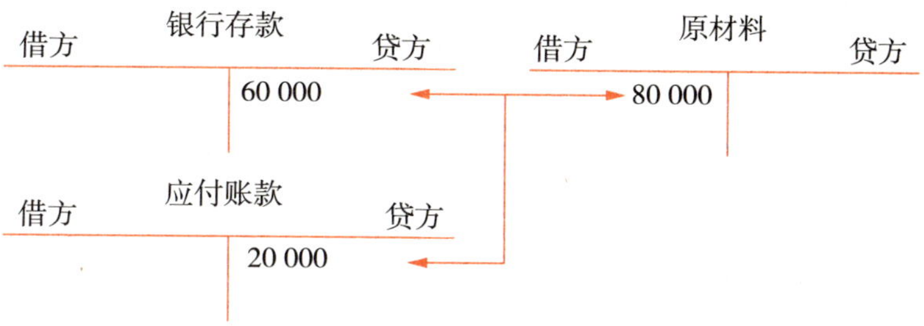

图 3－18　账户对应关系

通过账户对应关系，不仅可以全面地了解一项经济业务的来龙去脉，还可以检查经济业务的处理是否合法、合理，检查会计记录的正确性。

2. 会计分录

实际工作中，为了保证会计核算的正确性，在每项经济业务发生后，登记账户之前，应按借贷记账法的记账规则，编制记账凭证，然后再根据记账凭证在账簿中登记。记账凭证的核心是确定会计分录，会计分录是指明某项经济业务发生时所涉及的账户名称、借贷方向及其金额的记录。

按借贷记账法的记账规则，【例 3－5】中五笔经济业务在前面分析的基础上，编制会计分录如下：

（1）借：原材料	8 000	
贷：应付账款		8 000
（2）借：银行存款	500 000	
贷：实收资本		500 000
（3）借：短期借款	200 000	
贷：银行存款		200 000
（4）借：库存现金	800	
贷：银行存款		800
（5）借：长期借款	300 000	
贷：实收资本		300 000

会计分录按涉及账户的多少分为简单会计分录和复合会计分录两种。

所谓简单会计分录，是指只涉及两个对应账户的会计分录，即一借一贷的会计分录，它揭示上述第一种账户对应关系，【例 3－5】的会计分录都是简单会计分录。

复合会计分录，是指涉及两个以上对应账户的会计分录，即一借多贷、多借一贷的会计分录或多借多贷的会计分录，它揭示上述第二、三、四种账户对应关系。

【例 3－7】 根据【例 3－6】的经济业务，编制会计分录如下：

借：原材料	80 000	
贷：银行存款		60 000
应付账款		20 000

【例 3－8】 某企业 7 月 10 日王经理出差回来报销差旅费 2 000 元，退回现金 500 元

（7 月 1 日曾预借差旅费 2 500 元）。

根据这笔经济业务应该编制如下会计分录：

借：管理费用　　2 000

　　库存现金　　500

　贷：其他应收款　　2 500

编制会计分录应注意以下几点：

第一，一笔完整的会计分录由账户名称、借贷方向、记账金额三要件构成，缺一不可。

第二，会计分录的书写格式是：上借下贷、左右错开、各自对齐、金额相等。

第三，一项经济业务发生后究竟是编制简单会计分录还是复合会计分录，完全取决于这项业务本身，既不能人为地将多项经济业务的简单会计分录合并成复合会计分录，甚至是多借多贷的会计分录，也不能将一项需要编制复合会计分录的经济业务人为分割成若干简单会计分录。

（五）试算平衡

借贷记账法在处理每一笔经济业务时，都必须遵循“有借必有贷，借贷必相等”的记账规则，因此，在一定时期内所有账户的借方发生额合计与所有账户的贷方发生额合计必然相等。根据会计等式的恒等原理，所有账户的借方期末余额合计与所有账户的贷方期末余额合计也必然相等。

所谓试算平衡，就是利用账户本期发生额和余额各自存在的数量关系，检查和验算账户记录是否正确的一种方法。实际工作中通常是通过编制试算平衡表进行试算平衡。

其试算平衡的公式是：

所有账户期初借方余额合计＝所有账户期初贷方余额合计

所有账户本期借方发生额合计＝所有账户本期贷方发生额合计

所有账户期末借方余额合计＝所有账户期末贷方余额合计

【例 3－9】 某企业 1 月 1 日资产、负债及所有者权益有关账户的余额见表 3－2，1 月份发生的经济业务见【例 3－5】。

表 3－2

资产	余额	负债及所有者权益	余额
银行存款	200 000	短期借款	200 000
原材料	110 000	应付账款	100 000
库存商品	190 000	长期借款	400 000
固定资产	700 000	实收资本	500 000
总计	1 200 000	总计	1 200 000

根据上述资料，将有关账户的期初余额和本期发生额全部登账（T 形账户）并结计出期末余额，见图 3－19。根据图 3－19 编制试算平衡表，见表 3－3。

原材料

借方		贷方	
期初余额	110 000		
(1)	8 000		
本期发生额	8 000		
期末余额	118 000		

应付账款

借方		贷方	
		期初余额	100 000
		(1)	8 000
		本期发生额	8 000
		期末余额	108 000

银行存款

借方		贷方	
期初余额	200 000	(3)	200 000
(2)	500 000	(4)	800
本期发生额	500 000	本期发生额	200 800
期末余额	499 200		

实收资本

借方		贷方	
		期初余额	500 000
		(2)	500 000
		(5)	300 000
		本期发生额	800 000
		期末余额	1 300 000

库存现金

借方		贷方	
(4)	800		
本期发生额	800		
期末余额	800		

短期借款

借方		贷方	
(3)	200 000	期初余额	200 000
本期发生额	200 000		
		期末余额	0

库存商品

借方		贷方	
期初余额	190 000		
期末余额	190 000		

长期借款

借方		贷方	
(5)	300 000	期初余额	400 000
本期发生额	300 000		
		期末余额	100 000

固定资产

借方		贷方	
期初余额	700 000		
期末余额	700 000		

图 3-19

表 3-3 试算平衡表

账户名称	期初余额		本期发生额		期末余额	
	借方	贷方	借方	贷方	借方	贷方
库存现金	0		800	0	800	
银行存款	200 000		500 000	200 800	499 200	
原材料	110 000		8 000	0	118 000	
库存商品	190 000		0	0	190 000	
固定资产	700 000		0	0	700 000	
短期借款		200 000	200 000	0		0
应付账款		100 000	0	8 000		108 000
长期借款		400 000	300 000	0		100 000

续表

账户名称	期初余额		本期发生额		期末余额	
	借方	贷方	借方	贷方	借方	贷方
实收资本		500 000	0	800 000		1 300 000
总计	1 200 000	1 200 000	1 008 800	1 008 800	1 508 000	1 508 000

需要指出的是，编制试算平衡表是检查和验算账户记录是否正确的一种方法，如果试算平衡借贷合计不等，则肯定存在记账错误。但并不是说试算平衡表的结果平衡就意味着所有账户记录完全正确，对于错记借贷方向、错记账户、错记相等的金额、遗漏或重记交易事项等差错，试算平衡表并不能予以揭示。

同步思考

1. 借贷记账法下借就是增加，贷就是减少。你认为这种说法正确吗？

2. 王经理7月1日向企业预借差旅费1 200元，7月10日出差回来报销差旅费2 000元，王经理借款和报销时，企业如何编制会计分录？若王经理出差前没有借款，企业又如何编制报销的会计分录？

贴心提示

怎样才能记住那么多会计科目？

会计科目需要记住，但死记硬背不是好办法，要在理解的基础上记忆。怎么才能掌握和熟练运用那么多的会计科目呢？一方面要认识会计科目的名称、了解各个科目的用途，另一方面要多运用，这样才能把每个会计科目代表的含义、核算的内容搞清楚。会计科目就像每个人的名字一样，每个名字代表不同的个体，我们认识同学的过程也是要多接触、多了解。在即将到来的第四章的学习中，大家就会运用到很多会计科目，一开始可能会经常用错或者无所适从，但只要多多琢磨，联系实际理解，慢慢就不会张冠李戴了。从模糊到清晰是我们学习任何知识的必经过程，请不要畏难。

自测题三

一、单项选择题

1. 下列会计科目中属于负债类的是（　　）。

A. 实收资本　　B. 应收账款　　C. 预付账款　　D. 其他应付款

2. 账户的期末余额一般在（　　）。

A. 增加额这一方　　B. 减少额这一方　　C. 借方　　D. 贷方

3. 计算账户期末余额的一般公式是（　　）。

A. 期末余额＝期初余额＋本期增加额－本期减少额

B. 期末余额＝期初余额＋本期减少额－本期增加额

C. 期末余额＝期初余额＋本期借方发生额－本期贷方发生额
D. 期末余额＝期初余额＋本期贷方发生额－本期借方发生额

4. 下列属于复式记账法特点的是（　　）。
A. 对发生的每一项经济业务只在一个账户中登记一笔账
B. 对发生的每一项经济业务至少在一个账户中登记两笔账
C. 对发生的每一项经济业务至少在两个账户中相互联系地进行登记
D. 一般只记现金、银行存款收付业务，实物的增减不作登记

5. “应收账款”账户的期初借方余额为 8 000 元，本期增加额为 12 000 元，期末借方余额为 6 000 元，则本期减少发生额为（　　）元。
A. 14 000　　B. 20 000　　C. 2 000　　D. 4 000

6. 在采用借贷记账法时，账户的贷方登记（　　）。
A. 资产增加　　B. 费用增加　　C. 收入增加　　D. 负债减少

7. 复合会计分录是指（　　）。
A. 涉及两个或两个以上账户的会计分录
B. 涉及三个或三个以上账户的会计分录
C. 涉及四个以上账户的会计分录
D. 多借多贷的会计分录

8. “生产成本”账户期初余额 110 000 元，本期借方发生额 500 000 元，贷方发生额 300 000 元，期末余额为（　　）元。
A. 130 000　　B. 310 000　　C. 910 000　　D. 600 000

9. 下列说法中正确的是（　　）。
A. 负债类账户若有期末余额，一般在借方
B. 借贷记账法下，如果试算平衡结果发现借贷余额是平的，说明记账一定正确
C. “借”“贷”作为记账符号，已失去其原始的含义
D. 复合会计分录就是指多借多贷的分录

10. 采用借贷记账法，收入类账户的结构特点是（　　）。
A. 增加记借方，减少记贷方，期末一般无余额
B. 增加记贷方，减少记借方，期末一般无余额
C. 增加记贷方，减少记借方，期末余额在贷方
D. 增加记借方，减少记贷方，期末余额在借方

二、多项选择题

1. 下列会计科目中属于损益类的有（　　）。
A. 本年利润　　B. 所有者权益　　C. 管理费用　　D. 主营业务收入

2. 下列会计科目中属于资产类的是（　　）。
A. 原材料　　B. 应付账款　　C. 库存现金　　D. 实收资本

3. T 形账户的基本结构分为左右两方，分别反映资金的（　　）。
A. 增加　　B. 减少　　C. 发生额　　D. 余额

4. 企业销售一批货物，部分货款已收回存入银行，部分尚未收回，这笔业务应记入（　　）账户的借方。
A. 银行存款　　B. 应收账款　　C. 应交税费　　D. 主营业务收入

5. 借贷记账法下，账户的借方可记（　　）。

A. 应收账款的增加　　B. 应付账款的减少

C. 实收资本的增加　　D. 生产成本的增加

6. 用借方和贷方登记会计要素的增减金额，一般来说（　　）。

A. 借方登记资产、负债、所有者权益的增加，贷方登记其减少

B. 借方登记资产、负债、所有者权益的减少，贷方登记其增加

C. 借方登记资产增加、负债和所有者权益的减少

D. 贷方登记收入增加、负债和所有者权益的增加

7. 一笔完整的会计分录其内容应包括（　　）。

A. 应记账户的名称　　B. 应记入账的金额

C. 应记账户的方向　　D. 应记入账的时间

8. 借贷记账法的记账规则是（　　）。

A. 借方记资产增加，负债、所有者权益减少

B. 贷方记资产减少，负债、所有者权益增加

C. 有借必有贷

D. 借贷必相等

9. 下列公式中正确的是（　　）。

A. 成本类账户期末余额＝期初余额＋本期借方发生额－本期贷方发生额

B. 负债类账户本期贷方发生额＝期初余额＋期末余额－本期借方发生额

C. 所有者权益类账户期末余额＝期初余额＋本期贷方发生额－本期借方发生额

D. 资产类账户本期借方发生额＝期末余额－期初余额＋本期贷方发生额

10. 下列项目中，属于资产类会计科目的有（　　）。

A. 固定资产　　B. 运输设备　　C. 原材料　　D. 在产品

三、判断题

1. 账户分为左右两方，左方记增加额，右方记减少额。（　　）

2. 借贷记账法下，账户借方记增加，贷方记减少。（　　）

3. 会计科目是对会计要素的进一步分类。（　　）

4. 总分类科目和明细分类科目都是国家统一制定的。（　　）

5. 企业可以根据管理需要增设明细账户。（　　）

6. “库存现金”账户期末余额一般在借方。（　　）

7. 一笔经济业务发生后，应记账户的方向正好记反，试算平衡可以发现这种错误。（　　）

8. 复式记账法就是对每项经济业务都必须记入两个账户。（　　）

9. 费用类账户增加记借方，减少记贷方，期末一般无余额。（　　）

10. “实收资本”账户期末余额一般在贷方。（　　）

11. 每一个账户本期借方发生额必定等于本期贷方发生额。（　　）

12. 所有账户期末借方余额合计应该等于所有账户期末贷方余额合计。（　　）

13. 账户与会计科目两者的含义是一致的，没有区别。（　　）

14. 借贷记账法的理论基础是会计恒等式。（　　）

四、简答题

1. 简要说明会计科目与账户之间的关系。
2. 为什么借贷记账法的记账规则是“有借必有贷，借贷必相等”？
3. 简要说明试算平衡公式。
4. 简述损益类账户的结构特点。

五、综合业务题

习题一

目的：练习会计分录的编制、T形账户的登记和试算平衡方法。

资料：某企业3月份发生下列经济业务：

1. 收到投资者投资500 000元，存入银行。
2. 购买一台设备，价款230 000元，以银行存款支付。
3. 购买原材料一批，货款100 000元，尚未支付。
4. 从银行提取现金2 000元备用。
5. 向银行借入三个月借款200 000元。
6. 职工王某出差预借差旅费1 000元，以现金支付。
7. 购买原材料货款1 000元，以现金支付。
8. 以银行存款偿还前欠材料款50 000元。
9. 行政管理部门吴经理出差回来报销差旅费1 200元，出差前曾借款1 000元，差额以现金补付。
10. 收回以前销货款50 000元，存入银行。

要求：

1. 根据上述经济业务编制会计分录，并指出会计分录的类型（是简单分录还是复合分录）。

2. 登记“银行存款”“其他应收款”“应付账款”三个T形账户（它们的期初余额分别是借方100 000元、借方1 000元、贷方150 000元），并分别计算出本期发生额和月末余额，完成图3－20。

3. 编制本期发生额试算平衡表，完成表3－4。

银行存款

借方	贷方

其他应收款

借方	贷方

应付账款

借方	贷方

图3－20

表 3-4　本期发生额试算平衡表

账户名称	本期借方发生额	本期贷方发生额
合计		

习题二

目的：掌握账户期初余额、本期发生额、期末余额之间的关系和试算平衡方法。

资料：银光工厂 5 月份“总分类账户本期发生额及余额表”如表 3-5 所示。

表 3-5　总分类账户本期发生额及余额表

会计科目	期初余额（5 月 1 日）		本期发生额		期末余额（5 月 31 日）	
	借方	贷方	借方	贷方	借方	贷方
库存现金	300		—	—	（　）	
银行存款	38 000		13 000	（　）	29 700	
应收账款	3 000		—	3 000	（　）	
原材料	80 000		60 000	（　）	90 000	
生产成本	（　）		70 000	80 000	20 000	
库存商品	（　）		80 000	20 000	100 000	
固定资产	200 000		（　）	20 000	220 000	
短期借款		（　）	—	10 000		49 000
应付账款		（　）	9 300	60 000		60 000
实收资本		343 000	（　）	40 000		351 000
合计	（　）	（　）	（　）	（　）	（　）	（　）

要求：根据表 3-5 中的资料（表中“—”表示没有发生额），计算填列括号中的有关数字并进行试算平衡。

习题三

目的：练习会计分录的编制。

资料：某企业发生下列经济业务：

1. 用银行存款购买材料，价款 20 000 元。
2. 用银行存款支付前欠某单位货款 30 000 元。

3. 向银行借入 3 年期借款 400 000 元，存入银行。
4. 用银行存款归还到期短期借款 200 000 元。
5. 收到所有者投入的设备，价值为 300 000 元。
6. 某职工因临时急需，经批准向单位借现金 2 000 元。
7. 收到购买单位前欠账款 8 000 元，存入银行。
8. 经有关各方同意，企业的长期借款 1 000 000 元转为借款方对企业的投资。
要求：根据上述各项经济业务，编制会计分录。

第四章

企业主要经济业务的核算

同步思考
参考答案

本章学习目标

通过本章的学习，学生应能够描述企业主要经济业务的内容，认识和理解权责发生制会计核算基础，熟练运用借贷记账法对工业企业主要经济业务进行会计处理，系统掌握常用账户的用途、结构特点。

重点与难点

1. 权责发生制
2. 生产业务的核算
3. 销售业务的核算
4. 利润形成与分配业务的核算

引例

锐气逼人的学生创业者

杭州大学物理系的四个在校大学生各自从家里获得5万元的资金支持，成立了“天堂文化信息咨询公司”。公司注册资金20万元，租用一套两室一厅的民居作为办公室，自购了打印、复印设备，主要经营附近两所大学的打印、复印业务，同时组织和承办各种会议，策划图书和广告图文代理。

公司所赚的有分量的第一桶金，是应某出版社之约编写教辅书——《高考数理化专项训练精华》。这本书从内容的编写到最后的排版，均由他们自己一手操办，书出版后，首批5 000本没过多久便销售一空。接着，语文、英语两种系列教辅书也出版上架。半年内，公司赚了10多万元的净利润。目前，策划图书已经成为公司的一个主要盈利点，而会展策划、广告图文代理等业务也给公司带来了额外的收获。

这四位锐气逼人的学生创业者，只用了一年多的课余时间，就将公司从最初只有20万元的注册资金，发展到如今拥有500多万元的资产，员工人数超过200人。

资料来源：青年创业网.

第一节　企业主要经济业务的内容和会计核算基础

一、企业主要经济业务的内容

企业从事生产经营活动，必须拥有一定数量的财产物资，这些财产物资的货币表现，称为资金。筹集资金是企业资金运动的起点。

商品流通企业拥有资金以后，开展商品流通活动，其经营过程主要分为购进和销售两个基本环节。企业为销售而购进商品，并不改变商品的基本物质形态，随着商品购进，企业的货币资金转化为商品资金，商品的成本很容易确定，包括买价和进货费用等；随着商品销售，企业的商品资金又转化为货币资金，实现的销售收入补偿了各种费用之后，企业取得了利润，如果实现的销售收入补偿不了各种费用，企业就会亏损。商品流通企业的资金在商品购销过程中周而复始地循环和周转，其价值亦在不断地发生变化。

工业企业是以产品加工制造和销售为主要生产经营活动的经济组织。为了生产产品，需要进行生产准备，如购建厂房、机器设备等固定资产和购买各种原材料，一方面形成企业的基本生产经营能力，另一方面为生产进行必要的物资储备。在将原材料投入生产加工成产品的过程中，发生各种生产耗费，如材料的消耗、固定资产的磨损、劳动报酬的支付等，这些耗费便构成了产品成本。虽然各工业企业生产的产品不同，如制鞋厂和造船厂，它们的生产工艺、生产过程、生产周期存在很大差异，但产品成本的确定都是企业一项重要且复杂的工作，它不仅影响企业经营成果的计量，也影响存货资产价值的计量。至于产品销售，与商品流通企业类似，如果产品符合市场需求，企业就可以将其顺利销售出去，实现利润，当然也有可能发生亏损。工业企业的资金在采购、生产、销售过程中，经历货币资金、储备资金、生产资金、商品资金等形态，最后再转化为货币资金，不断地循环与周转。

综上所述，工业企业生产经营活动比商品流通企业复杂，但也有许多共同之处，所以本章以工业企业生产经营过程中的主要经济业务为对象，介绍工业企业主要经济业务的会计处理方法。工业企业主要经济业务包括筹集资金、生产准备、产品生产、产品销售、经营成果确认及利润分配六个方面的内容。

二、会计核算基础

企业在连续不断、循环往复的生产经营过程中，要进行会计分期，以便及时核算各会计期间企业的财务状况和经营成果。如何确认各会计期间的收入和费用？在会计核算上有收付实现制和权责发生制之分。

（一）收付实现制

收付实现制是指以实收实付为标志来确认各期收入和费用，凡是本期收到的收入和支出的费用，不管其是否属于本期赚得和本期负担，都作为本期的收入和费用；凡是本期未收到的收入和未支出的费用，即使属于本期，也不能作为本期的收入和费用。由于收付实现制以现金收付为标准，所以又称现金制或实收实付制。

【例 4－1】 某企业 7 月份发生下列经济业务：

（1）7 月 1 日通过银行转账支付下半年财产保险费 6 000 元。

（2）7 月 1 日出租闲置房屋，租期一年，每月租金 50 000 元，合同约定每季末收取当季租金。

（3）7 月 10 日销售产品一批，货款 100 000 元，已收到存入银行。

（4）7 月 10 日预收货款 30 000 元存入银行，合同约定 10 月 10 日交货。

（5）7 月 15 日通过银行转账支付上月水电费 4 000 元。

（6）7 月 20 日收回上月销货款 18 000 元，存入银行。

（7）7 月 25 日用现金支付本月职工差旅费 5 000 元。

（8）7 月 30 日收到本月招待费账单共计 3 000 元，尚未支付。

按照收付实现制确认该企业 7 月份的收入和费用，结果见表 4－1。

表 4－1

收入	费用
（3）100 000	（1）6 000
（4）　30 000	（5）4 000
（6）　18 000	（7）5 000

从表 4－1 看出，按照收付实现制确认 7 月份收入合计 148 000 元，费用合计 15 000 元。以现金收付时间来区分各期收入和费用是收付实现制的基本特点，本月收到的收入确认为本月收入，本月支付的费用确认为本月费用，这样确认的本月损益与现金净流量一致，会计处理简单。但它将销售活动不在本月发生的预收款项和上月销货款计入本月收入（业务 4、业务 6），而本月因出租房屋产生的应收租金不计入本月收入（业务 2），将应由下半年六个月共同负担的财产保险费全部计入本月费用（业务 1），将上个月的水电费也计入本月费用（业务 5），而本月的招待费却并不计入本月费用（业务 8），混淆了应归属于各期的收入和费用界限，不能准确地反映各期经营成果。

（二）权责发生制

权责发生制是指以经济业务引起的权利责任实际发生为标志来确认各期收入和费用，凡是本期已经实现的收入和应当负担的费用，不论款项是否在本期实际收付，都应当作为本期的收入和费用处理；凡是不属于本期的收入和费用，即使款项在本期收付，也不能作为本期的收入和费用。由于权责发生制以应收应付为标准，所以又称应计制或应收应付制。

【例 4－2】 承【例 4－1】，按照权责发生制确认该企业 7 月份的收入和费用，结果见表 4－2。

表 4－2

收入	费用
（2）　50 000	（1）1 000
（3）100 000	（7）5 000
	（8）3 000

从表 4－2 看出，按照权责发生制确认 7 月份收入合计 150 000 元，费用合计 9 000 元。比较表 4－1 和表 4－2，对于归属期和收付期一致的收入和费用，如销售活动发生在本期并且货款于本期收到的收入（业务 3）和本期支付的本月费用（业务 7），按照权责发生制和收付实现制确认和计量没有差异。但是采用权责发生制，本期已履行了租赁义务而产生的应收租金应确认为本期收入（业务 2），而本期收到的预收货款应该在实际交货的月份才能确认为收入（业务 4），本期收到的上月销货款应于上月确认收入（业务 6），预付的下半年财产保险费只能将本月应该负担的部分计入本月费用（业务 1），本月的招待费尽管还没有支付但也应该计入本月费用（业务 8），至于在本期支付的上月水电费和应由以后月份负担的财产保险费不应计入本月费用（业务 5、1）。

按照权责发生制和收付实现制分析【例 4－1】中发生的经济业务对各期收入费用确认的综合影响，如表 4－3 所示。

表 4－3

序号	业务	权责发生制	收付实现制
1	7 月 1 日通过银行转账支付下半年财产保险费6 000元	7 月初支付该款项时属于预付费用，7 月末应确认本月应该负担的 1 000 元计入当月费用，以后每个月末均如此，直至年末	7 月初支付该款项时即将其全部确认为当月费用
2	7 月 1 日出租闲置房屋，租期一年，每月租金 50 000 元，合同约定每季末收取当季租金	7 月末应确认本月应收租金收入 50 000 元，8 月末亦如此，9 月末收到 15 000 元租金时确认本月租金收入依然是 50 000 元，以后每季度各月末均如上述，直至期满	在收到租金时将一个季度的租金全部确认为当月收入，如 9 月末收到 15 000 元租金时全部确认为当月收入，没有收到租金的月份不确认收入
3	7 月 10 日销售产品一批，货款 100 000 元，已收到存入银行	收到本月销货款确认为本月收入	收到销货款即确认为当月收入
4	7 月 10 日预收货款 30 000 元存入银行，合同约定 10 月 10 日交货	7 月 10 日预收销货款不确认收入，10 月 10 日实际交货时才确认为收入	7 月 10 日收到销货款即确认为当月收入
5	7 月 15 日通过银行转账支付上月水电费 4 000 元	上月应付水电费已经在上月末确认为费用，7 月份支付时不再确认为费用	7 月 15 日支付该款项时确认为当月费用
6	7 月 20 日收回上月销货款 18 000 元，存入银行	上月销货款已经在上月销售时确认为收入，7 月份收到时不再确认为收入	7 月 20 日收到该款项时确认为当月收入
7	7 月 25 日用现金支付本月职工差旅费 5 000 元	支付本月差旅费确认为本月费用	支付差旅费即确认为当月费用
8	7 月 30 日收到本月招待费账单共计 3 000 元，尚未支付	本月招待费应确认为本月费用	尚未支付，所以不确认费用

根据权责发生制，收入在企业销售商品或提供服务之时实现，收入实现的同时可能收到现金，也可能没有现金流入，伴随着债权的增加或者债务的减少；费用是为实现收入而发生的耗费，费用发生的同时可能发生现金流出，也可能没有现金流出，伴随着债务的增加、债权的减少或其他非现金资产的减少。采用权责发生制，对跨期交易应注意区分受交易影响的各期收入和费用，每个期末应进行账项调整，将收入已经实现但款项尚未收到的事项，一方面确认为应收款项，另一方面确认为收入；将以前已经预收货款但在本期实现销售的事项，一方面冲减预收款项，另一方面确认为收入；将以前已经预付但应由本期负担的费用，一方面冲减预付款项，另一方面计入本期费用；将本期应该负担但以后期间支付的费用，一方面确认为应付款项，另一方面计入本期费用。

与收付实现制比较，权责发生制的会计处理复杂，需要进行期末账项调整，并且对交易影响期间和各期金额的判断可能会受主观影响，当期收入费用配比之后得出的损益与当期现金净流量不一致，不便于直接进行现金流量分析。但采用权责发生制确认的各期收入费用配比合理，相关的资产、负债反映全面，对企业财务状况和经营成果的核算清晰完整，有助于决策者利用会计信息进行正确决策。我国《企业会计准则——基本准则》明确规定企业应当以权责发生制为基础进行会计确认、计量和报告。

本章以权责发生制为基础，介绍工业企业主要经济业务的核算。

⇨ 同步思考

1. 王先生打算拿出100万元积蓄投资创办企业，但究竟是开一家超市还是开一家服装厂他还没决定。超市和服装厂的具体业务有什么不同？

2. A企业某年11月30日与某电视台签署协议，买断下一年该电视台某金牌栏目广告时段播放权，为此A企业当日向电视台支付200万元广告费。根据权责发生制，A企业应该如何处理这笔广告费？电视台又该如何处理这笔广告收入？

第二节　筹集资金业务的核算

一、筹集资金业务的主要内容

筹集资金是企业资金运动的起点。企业筹集资金有两个基本渠道：一是接受投资者投入资本；二是向债权人借入资金。企业筹集资金的方式主要有吸收直接投资、发行股票、借款、发行债券、融资租赁、商业信用等。

（一）吸收直接投资

吸收直接投资是指企业以协议合同等形式吸收国家、其他企业、个人和外商等直接投入资金，形成企业资本金的一种筹资方式。吸收直接投资是有限责任公司筹集资本金的基本方式。

（二）发行股票

股份有限公司通过发行股票筹集资本，将其资本划分为股份，股票是公司签发的证明股东所持股份的凭证，代表着股东对公司的所有权，股东以其认购的股份为限对公司承担责任。发行股票是股份有限公司筹集资本金的基本方式。

（三）借款

企业根据借款协议或合同向银行或非银行金融机构借入资金，用于满足企业长期投资或短期资金周转需要，企业应按约定及时、足额偿还借款本金和利息。企业的借款按偿还期长短分为长期借款和短期借款，偿还期限超过一年的为长期借款，偿还期限不超过一年（含一年）的为短期借款。

（四）发行债券

债券是企业为筹集资金而发行的、约期还本付息的有价证券。公司为满足投资建设的资金需要发行公司债券，通常期限超过一年，其实质是公司以债券为媒介向社会公众借入长期资金。

（五）融资租赁

融资租赁是由出租人按照承租人的要求融资购买设备，在合同规定的较长时期内提供给承租人使用并向承租人收取租金的信用业务，承租企业取得租赁设备使用权的同时，产生了一项长期的租赁负债。

（六）商业信用

商业信用是企业在商品购销活动中形成的借贷关系，是企业间与商品交易相伴随的直接信用行为，从筹资方来说是在商品购销活动中伴随商品交易形成的各种应付及预收款项等。

企业吸收直接投资、发行股票筹集的资金属于所有者权益资金，也称为股权资金。向银行或非银行金融机构借款、发行债券、融资租赁、商业信用等都属于负债筹资。

二、筹集股权资金的核算

企业设立时投资者必须投入资本形成企业的注册资金，在生产经营过程中投资者也可以追加投资，投资者依法享有投票权以参与公司的重大决策，享有资产收益权如利润分配权、企业清算时剩余财产分配权等。投资者可以用货币出资，也可以用实物、知识产权、土地使用权等可以用货币估价并可以依法转让的非货币财产作价出资。对作为出资的非货币财产应当评估作价，核实财产，不得高估或者低估作价。投资者以货币出资的，应当将货币出资足额存入企业在银行开设的账户；以非货币财产出资的，应当依法办理其财产权的转移手续。

（一）吸收直接投资的核算

1. 需要设置的主要账户

（1）“实收资本”账户。

“实收资本”账户用来核算企业实际收到投资人投入的资本。该账户属于所有者权益类账户，贷方登记企业实际收到投资者投入的资本数额以及转增的资本数额，借方登记企业按法定程序报经批准减少的注册资本数额，期末余额在贷方，表示企业实收资本总额。

为了反映各投资者投入资本的具体数额，“实收资本”账户可按投资者进行明细核算。“实收资本”账户的结构见图 4－1。

实收资本

借方	贷方
	期初余额：实收资本总额
发生额：减少的注册资本	发生额：实际收到投资者投入资本
	期末余额：实收资本总额

图 4－1 “实收资本”账户

（2）“银行存款”账户。

“银行存款”账户用来核算企业存入银行或其他金融机构的各种款项。该账户属于资产类账户，借方登记企业银行存款的增加数额，贷方登记企业银行存款的减少数额，期末余额在借方，表示企业实际存在银行或其他金融机构的款项。“银行存款”账户的结构见图 4－2。

银行存款

借方	贷方
期初余额：银行存款实有数额	
发生额：银行存款的增加	发生额：银行存款的减少
期末余额：银行存款实有数额	

图 4－2 “银行存款”账户

（3）“固定资产”账户。

“固定资产”账户用来核算企业持有的固定资产原价。该账户属于资产类账户，借方登记固定资产原价的增加，贷方登记固定资产原价的减少，期末余额在借方，表示企业现有固定资产的原价。该账户可按固定资产类别和项目进行明细核算。接受投资者投入固定资产的原价，应当按照投资合同或协议约定的价值确定。“固定资产”账户的结构见图 4－3。

固定资产

借方	贷方
期初余额：现有固定资产原价	
发生额：固定资产的增加	发生额：固定资产的减少
期末余额：现有固定资产原价	

图 4－3 “固定资产”账户

（4）“无形资产”账户。

“无形资产”账户用来核算企业持有的无形资产成本，包括专利权、非专利技术、商标权、著作权、土地使用权等。该账户属于资产类账户，借方登记企业取得无形资产的成本，贷方登记处置无形资产的成本，期末余额在借方，反映企业无形资产的成本。该账户可按无形资产项目进行明细核算。接受投资者投入无形资产的成本，应当按照投资合同或协议约定的价值确定。“无形资产”账户的结构见图 4－4。

无形资产

借方	贷方
期初余额：无形资产成本	
发生额：取得无形资产的成本	发生额：处置无形资产的成本
期末余额：无形资产成本	

图 4-4 “无形资产”账户

2. 核算举例

以下业务以新华工厂为例。

20××年 3 月 1 日，A、B、C 三方投资者签订协议共同出资 6 000 000 元设立新华工厂，A 方以货币形式出资，出资比例为 30%，B 方以厂房、机器设备出资，出资比例为 65%，C 方以专利权出资，出资比例为 5%。

【例 4-3】 3 月 5 日收到 A 方货币出资 1 800 000 元，存入银行。

这项经济业务的发生，使企业的银行存款增加了 1 800 000 元，应记入“银行存款”账户的借方，同时使企业的实收资本增加了 1 800 000 元，应记入“实收资本”账户的贷方。会计分录如下：

借：银行存款	1 800 000	
贷：实收资本		1 800 000

【例 4-4】 3 月 10 日收到 B 方以厂房、机器设备投入资本，评估价为 3 900 000 元，产权转移手续已经办妥。

这项经济业务发生，使企业的固定资产增加了 3 900 000 元，应记入“固定资产”账户的借方，同时使企业的实收资本增加了 3 900 000 元，应记入“实收资本”账户的贷方。会计分录如下：

借：固定资产	3 900 000	
贷：实收资本		3 900 000

【例 4-5】 3 月 12 日收到 C 方以专利权投入资本，评估价为 300 000 元，有关权利转移手续已经办妥。

这项经济业务发生，使企业的无形资产增加 300 000 元，应记入“无形资产”账户的借方，同时使企业的实收资本增加了 300 000 元，应记入“实收资本”账户的贷方。会计分录如下：

借：无形资产	300 000	
贷：实收资本		300 000

企业吸收直接投资业务有关账户对应关系见图 4-5。

（二）发行股票的核算

1. 需要设置的主要账户

（1）“股本”账户。

“股本”账户用来核算股份有限公司发行股票筹集的股本总额，股本总额是股票面值与股份总数的乘积。该账户属于所有者权益类账户，贷方登记企业实际收到股东投入的股本数额，借方登记企业按法定情形收购本公司股份（如减少注册资本、将股份奖励给本公

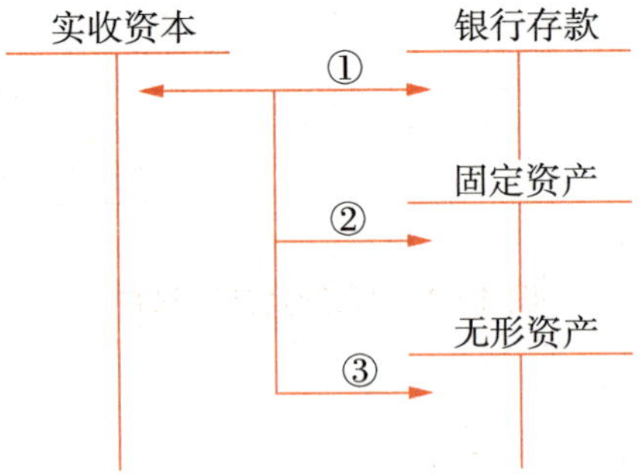

图 4-5　吸收直接投资业务账户对应关系

说明：①吸收货币资金投资；②吸收固定资产投资；③吸收无形资产投资。

司职工等）而减少的股本数额，期末余额在贷方，表示企业股本总额。为了反映股份有限公司股东构成情况，“股本”账户可按股东姓名进行明细核算。

“股本”账户的结构见图 4-6。

股本

借方	贷方
	期初余额：股本总额
发生额：减少的股本数额	发生额：实际收到投资者投入股本
	期末余额：股本总额

图 4-6　“股本”账户

（2）“资本公积”账户。

“资本公积”账户用来核算企业收到投资者出资额超出其在注册资本或股本中所占份额的部分（即资本溢价或股本溢价）。该账户属于所有者权益类账户，贷方登记企业收到投资者出资时发生的资本溢价或股本溢价，借方登记企业将资本公积转增资本的数额和支付与发行股票直接相关的手续费、佣金等交易费用。该账户期末余额在贷方，表示企业资本公积总额。

“资本公积”账户的结构见图 4-7。

资本公积

借方	贷方
	期初余额：资本公积总额
发生额：资本公积转增资本 股票发行手续费等	发生额：资本溢价或股本溢价
	期末余额：资本公积总额

图 4-7　“资本公积”账户

2. 核算举例

【例 4-6】 A 股份有限公司发行股票 10 000 万股，每股面值 1 元，发行价 20 元，发行股票所筹资金已经存入该公司在银行开设的账户。

这项经济业务表明，A 公司因发行股票使银行存款增加了 2 000 000 000 元，应记入“银行存款”账户的借方，同时使股本增加了 100 000 000 元，应记入“股本”账户的贷方，股本溢价 1 900 000 000 元，应记入“资本公积”账户的贷方。会计分录如下：

借：银行存款　　2 000 000 000

　　贷：股本　　100 000 000

　　　　资本公积　　1 900 000 000

【例 4－7】 上述 A 公司支付股票发行手续费 2 000 000 元。

这项经济业务表明，A 公司支付股票发行手续费使资本公积减少 2 000 000 元，应记入“资本公积”账户的借方，同时银行存款减少 2 000 000 元，应记入“银行存款”账户的贷方。会计分录如下：

借：资本公积　　2 000 000

　　贷：银行存款　　2 000 000

三、借入资金的核算

向银行或非银行金融机构借款、发行债券、融资租赁等都属于负债筹资，其中借款是企业最为常见和普遍的负债筹资方式。企业利用债务资金，需要按期偿还，还需要支付利息。

（一）需要设置的主要账户

1. “短期借款”账户

“短期借款”账户用来核算企业向银行或其他金融机构借入的期限在一年以内（含一年）的各种借款。该账户属于负债类账户，贷方登记企业借入的各种短期借款，借方登记企业归还的各种短期借款，期末余额在贷方，表示尚未偿还的各种短期借款数额。该账户可按借款种类、贷款人和币种设置明细账，进行明细核算。

“短期借款”账户的结构见图 4－8。

短期借款

借方	贷方
发生额：偿还短期借款	期初余额：尚未偿还的短期借款数额 发生额：借入短期借款
	期末余额：尚未偿还的短期借款数额

图 4－8 “短期借款”账户

2. “长期借款”账户

“长期借款”账户用来核算企业向银行或其他金融机构借入的期限在一年以上的各项借款。该账户属于负债类账户，贷方登记企业借入的各项长期借款，借方登记归还的各项长期借款，期末余额在贷方，表示尚未偿还的长期借款。该账户可按贷款单位和贷款种类设置明细账，进行明细核算。

“长期借款”账户的结构见图 4－9。

长期借款

借方	贷方
发生额：偿还长期借款	期初余额：尚未偿还的长期借款数额 发生额：借入长期借款
	期末余额：尚未偿还的长期借款数额

图 4－9 “长期借款”账户

3. “财务费用”账户

“财务费用”账户用来核算企业为筹集生产经营所需资金等而发生的费用，包括利息费用及相关的手续费等。该账户属于损益类账户，借方登记企业发生的利息费用，贷方登记发生的利息收入，期末其余额结转至“本年利润”账户，结转后无余额。

“财务费用”账户的结构见图 4－10。

财务费用

借方	贷方
本期发生的利息费用	本期发生的利息收入 期末结转本年利润

图 4－10 “财务费用”账户

4. “应付利息”账户

“应付利息”账户用来核算企业按照合同约定应支付的利息。该账户属于负债类账户，贷方登记企业按合同利率计算确定的应付未付利息，借方登记企业实际支付的应付利息，期末余额在贷方，表示企业应付未付的利息。

“应付利息”账户的结构见图 4－11。

应付利息

借方	贷方
	期初余额：应付利息数额
发生额：本期支付的应付利息	发生额：本期发生的应付利息
	期末余额：应付利息数额

图 4－11 “应付利息”账户

（二）核算举例

【例 4－8】 新华工厂 4 月 1 日向银行借款 300 000 元存入其开户银行账户，期限为半年，年利率 8%，利息按季支付。

这项经济业务表明，该企业因向银行借款，银行存款增加了 300 000 元，应记入“银行存款”账户的借方，同时因为借款期限为半年，所以短期借款增加了 300 000 元，应记入“短期借款”账户的贷方。会计分录如下：

借：银行存款　　　　300 000

　贷：短期借款　　　　300 000

【例 4－9】 4 月 30 日确认本月应负担的短期借款利息支出 2 000 元。

这项经济业务表明，该企业由于向银行借款，本月应向银行支付利息 2 000(300 000×8%/12) 元。因为利息按季支付，所以在按照权责发生制确认本月应负担的利息支出计入财务费用时，应确认应付利息。财务费用增加，应记入“财务费用”账户的借方；应付利息增加，应记入“应付利息”账户的贷方。会计分录如下：

借：财务费用　　　　2 000

　贷：应付利息　　　　2 000

5 月末、7 月末、8 月末账务处理同上。

【例 4－10】 6 月 30 日新华工厂以银行存款支付第二季度借款利息 6 000 元。

这项经济业务表明，由于利息按季支付，所以 6 月末支付利息时，既包括当月应当负担的利息支出2 000元，也包括4月份和5月份的应付利息4 000元。支付当月的利息费用，应记入“财务费用”账户的借方；支付以前的应付利息，应记入“应付利息”账户的借方；因支付利息银行存款减少6 000元，应记入“银行存款”账户的贷方。会计分录如下：

借：财务费用　　2 000
　　应付利息　　4 000
　贷：银行存款　　6 000

9月末账务处理同上。

【例4-11】 10月1日上述借款到期，新华工厂归还银行300 000元。

这项经济业务表明，该企业归还银行借款，短期借款减少了300 000元，应记入“短期借款”账户的借方，同时银行存款减少了300 000元，应记入“银行存款”账户的贷方。会计分录如下：

借：短期借款　　300 000
　贷：银行存款　　300 000

【例4-12】 新华工厂4月1日向银行借款1 000 000元存入其开户银行账户，期限为3年，用于生产经营活动，年利率9%，利息按季支付。

这项经济业务表明，该企业由于向银行借款，银行存款增加了1 000 000元，应记入“银行存款”账户的借方；同时因借款期限为3年，企业长期借款增加了1 000 000元，应记入“长期借款”账户的贷方。会计分录如下：

借：银行存款　　1 000 000
　贷：长期借款　　1 000 000

月末按照权责发生制确认本月应负担的长期借款利息7 500（1 000 000×9%/12）元，会计分录如下：

借：财务费用　　7 500
　贷：应付利息　　7 500

季末支付本季利息22 500元，会计分录如下：

借：财务费用　　7 500
　　应付利息　　15 000
　贷：银行存款　　22 500

到期归还长期借款1 000 000元，会计分录如下：

借：长期借款　　1 000 000
　贷：银行存款　　1 000 000

企业借款业务有关账户对应关系见图4-12。

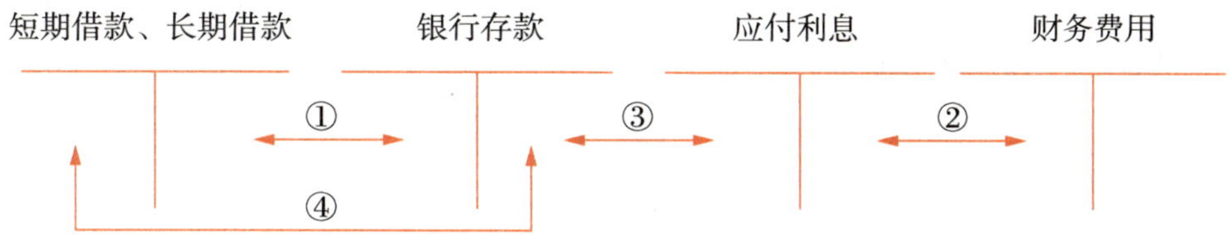

图4-12 借款业务账户对应关系

说明：①向银行或非银行金融机构借入短期借款、长期借款；②按权责发生制确认财务费用和应付利息；③支付利息；④归还短期借款、长期借款。

同步思考

1.【例 4-8】中的短期借款若约定到期还本付息，如何编制有关会计分录？
2.【例 4-12】中的长期借款若约定每月末支付利息，如何编制有关会计分录？

第三节　生产准备业务的核算

一、生产准备业务的主要内容

工业企业筹集到生产经营所需资金后，首先要购建厂房、建筑物、机器设备等，为生产经营准备必要的场所和手段。企业持有的具有实物形态的使用寿命超过一个会计年度的资产称为固定资产。企业具备开展生产经营活动的劳动资料后，还必须购买各种原材料，形成生产储备，为产品生产准备劳动对象。生产准备业务会计核算的主要任务，就是确认、计量和记录企业形成的固定资产和原材料的实际成本，以及由此引起的与相关单位之间的款项结算。

企业外购固定资产的成本包括购买价款、相关税费（允许抵扣的增值税除外），以及使固定资产达到预定可使用状态前所发生的可归属于该项资产的运输费、装卸费、安装费和专业人员服务费等；自行建造固定资产的成本，由建造该项资产达到预定可使用状态前所发生的必要支出构成。固定资产的成本称为固定资产的原始价值，简称为原价。

企业外购材料的采购成本，包括购买价款、相关税费（允许抵扣的增值税除外）、运输费、装卸费、保险费以及其他可归属于采购成本的费用。由于购建的固定资产可以在较长时期内使用，而原材料在生产过程中不断被消耗，需要不断补充，所以生产准备业务主要是指材料日常采购业务。企业材料日常核算有两种方法，本教材只介绍按实际成本进行材料日常核算的方法，不涉及计划成本核算的方法。

二、需要设置的主要账户

（一）“原材料”账户

“原材料”账户用来核算企业库存的各种材料，包括原料及主要材料、辅助材料、外购半成品（外购件）、修理用备件（备品备件）、包装材料、燃料等的实际成本。该账户属于资产类账户，借方登记已验收入库原材料的实际成本，贷方登记发出原材料的实际成本，期末余额在借方，表示库存材料的实际成本。该账户可按材料的保管地点（仓库）、材料的类别、品种和规格等进行明细核算。

“原材料”账户的结构见图 4-13。

原材料

借方	贷方
期初余额：库存材料实际成本	
发生额：库存材料的增加	发生额：库存材料的减少
期末余额：库存材料实际成本	

图 4-13　“原材料”账户

(二)“在途物资”账户

“在途物资”账户用来核算企业尚未验收入库的在途物资的采购成本。该账户属于资产类账户，借方登记在途物资的增加，在途物资到达并验收入库后登记在贷方，期末余额在借方，反映企业在途物资的采购成本。该账户可按供应单位和材料品种进行明细核算。

“在途物资”账户的结构见图 4－14。

在途物资

借方	贷方
期初余额：在途物资采购成本 发生额：在途物资的增加	发生额：在途物资的减少
期末余额：在途物资采购成本	

图 4－14 “在途物资”账户

(三)“库存现金”账户

“库存现金”账户用来核算企业库存现金的增减变动及结余情况。该账户属于资产类账户，借方登记库存现金增加，贷方登记库存现金减少，期末余额在借方，反映企业持有的库存现金。

“库存现金”账户的结构见图 4－15。

库存现金

借方	贷方
期初余额：库存现金实有数额 发生额：库存现金的增加	发生额：库存现金的减少
期末余额：库存现金实有数额	

图 4－15 “库存现金”账户

(四)“预付账款”账户

“预付账款”账户用来核算企业因购货等原因预付的款项。该账户属于资产类账户，借方登记企业按照合同预付给供应单位的款项以及补付的款项，贷方登记收到所购物资后需支付给供应单位的款项，期末余额如在借方，反映企业预付的款项；期末余额如在贷方，反映企业尚未补付的款项。该账户可按供应单位进行明细核算。

“预付账款”账户的结构见图 4－16。

预付账款

借方	贷方
期初余额：预付账款数额 发生额：预付账款的增加	发生额：预付账款的减少
期末余额：预付账款数额	

图 4－16 “预付账款”账户

(五)“应付账款”账户

“应付账款”账户用来核算企业因购买材料、商品和接受劳务等经营活动应支付给供应单位的款项。该账户属于负债类账户，贷方登记应付给供应单位的款项，借方登记已偿还给供应单位的款项，期末余额如在贷方，表示企业尚未支付的应付账款数额；期末余额如在借方，反映企业预付的款项。该账户可按供应单位进行明细核算。

“应付账款”账户的结构见图 4-17。

应付账款

借方	贷方
	期初余额：应付账款数额
发生额：应付账款的减少	发生额：应付账款的增加
	期末余额：应付账款数额

图 4-17 “应付账款”账户

（六）“应付票据”账户

“应付票据”账户用来核算企业购买材料、商品和接受劳务供应等开出、承兑的商业汇票，包括银行承兑汇票和商业承兑汇票。该账户属于负债类账户，贷方登记企业开出、承兑的商业汇票，借方登记到期支付票款和到期无力支付票款转入“应付账款”或“短期借款”账户的款项，期末余额在贷方，表示企业尚未到期的商业汇票的票面金额。该账户可按债权人进行明细核算，同时企业应当设置“应付票据备查簿”，详细登记商业汇票的种类、号数和出票日期、到期日、票面金额、交易合同号、收款人姓名或单位名称以及付款日期和金额等资料。应付票据到期结清时，在备查簿中应予以注销。

“应付票据”账户的结构见图 4-18。

应付票据

借方	贷方
	期初余额：未到期的应付票据
发生额：票据到期支付或转出	发生额：开出、承兑商业汇票
	期末余额：未到期的应付票据

图 4-18 “应付票据”账户

（七）“应交税费”账户

“应交税费”账户用来核算企业按照税法等规定计算应交纳的各种税费，包括增值税、消费税、所得税、资源税、土地增值税、城市维护建设税、房产税、土地使用税、车船税、教育费附加等。

该账户属于负债类账户，贷方登记应交纳的各种税费，借方登记已交纳的税费，期末余额如在贷方，反映企业尚未交纳的税费；期末余额如在借方，反映企业多交或尚未抵扣的税费。该账户可按应交的税费项目进行明细核算。

以下介绍“应交税费——应交增值税”明细账户。

增值税是对我国境内从事销售货物或者加工、修理修配劳务，销售服务、无形资产、不动产以及进口货物的单位和个人征收的一种税。增值税纳税义务人有一般纳税人和小规模纳税人之分。

增值税纳税人年应税销售额超过财政部、国家税务总局规定的小规模纳税人标准的，应当向主管税务机关办理一般纳税人资格登记。

应纳增值税的计算方法有两种：一般计税方法和简易计税方法。一般纳税人适用一般计税方法计税，小规模纳税人适用简易计税方法计税。

一般计税方法的应纳税额，是指当期销项税额抵扣当期进项税额后的余额。应纳税额计算公式为：

应纳增值税额＝当期销项税额－当期进项税额

当期销项税额小于当期进项税额不足抵扣时，其不足部分可以下期继续抵扣。

销项税额是指纳税人按照应税销售额和适用的增值税税率计算的增值税额。销项税额计算公式为：

销项税额＝销售额×税率

进项税额是指纳税人购进商品或者接受应税劳务，支付或者负担的增值税税额，如从销售方或者提供方取得的增值税专用发票上注明的增值税额、从海关取得的海关进口增值税专用缴款书上注明的增值税额等。

作为一般纳税人，企业购进商品和接受劳务时，支付或者负担的准予抵扣的增值税额记入“应交税费——应交增值税”明细账户（进项税额）借方；销售商品和提供劳务时应收取的增值税额，记入“应交税费——应交增值税”明细账户（销项税额）贷方。当期销项税额大于进项税额产生的应纳增值税额，交纳时记入“应交税费——应交增值税”明细账户（已交税金）借方；尚未交纳的，月末应该从“应交税费——应交增值税”明细账户借方转出（转出未交增值税），贷记“应交税费——未交增值税”明细账户。当期销项税额小于进项税额时，月末应该从“应交税费——应交增值税”明细账户贷方转出（转出多交增值税），借记“应交税费——未交增值税”明细账户。“应交税费——应交增值税”明细账户应按“进项税额”“已交税金”“转出未交增值税”“销项税额”“出口退税”“进项税额转出”“转出多交增值税”等分别设置专栏核算。

“应交税费——应交增值税”账户的结构见图 4－19。

应交税费——应交增值税

借方	贷方
发生额：购进商品等的进项税额	发生额：销售商品等的销项税额
交纳本期增值税	转出本期多交增值税
转出本期未交增值税	

图 4－19 “应交税费——应交增值税”账户

小规模纳税人销售商品或者应税劳务，实行简易计税方法计算应纳增值税额，其进项税额不得抵扣，计算公式为：

应纳增值税额＝销售额×征收率

小规模纳税人只需要设置“应交税费——应交增值税”明细账户，不需要设置专栏核算。

三、核算举例

下面以新华工厂 20××年 12 月份发生的经济业务为例，假设新华工厂为增值税一般纳税人。

（一）固定资产购进业务

【例 4-13】 购入不需要安装的设备 10 台，买价 100 000 元，增值税 13 000 元，全部通过开户银行转账支付，设备已运达企业并已验收。

这项经济业务表明，该企业固定资产增加 100 000 元，应记入“固定资产”账户的借方，购进环节支付的增值税 13 000 元应记入“应交税费——应交增值税”账户的借方，同时银行存款减少 113 000 元，应记入“银行存款”账户的贷方。会计分录如下：

借：固定资产	100 000	
应交税费——应交增值税（进项税额）	13 000	
贷：银行存款		113 000

（二）材料购进业务

企业购进材料的核算，一要注意货款的结算方式，二要注意运杂费等采购费用的发生情况。

材料货款的结算方式一般有以下几种：收料的同时支付货款、先收料后付款、先付款后收料等，除此之外还有预付款方式。购进材料的运杂费等采购费用如果是专门为采购某种材料发生的，直接计入该材料采购成本；如果是采购几种材料共同负担的，应按材料的买价或者重量、体积比例等分配到各材料采购成本中。

【例 4-14】 购入甲材料 10 吨，单价 5 000 元，计买价 50 000 元，增值税 6 500 元；发生运费 1 000 元，增值税 90 元。全部款项已经通过开户银行转账支付，材料已验收入库。

这项经济业务发生后，可以抵扣的进项税额为 6 590（6 500＋90）元，甲材料的采购成本为 51 000（50 000＋1 000）元。甲材料已验收入库，应按采购成本记入“原材料”账户的借方，其进项税额应记入“应交税费——应交增值税”账户的借方，因在收料的同时支付货款，所以银行存款减少，应记入“银行存款”账户的贷方。会计分录如下：

借：原材料——甲材料	51 000	
应交税费——应交增值税（进项税额）	6 590	
贷：银行存款		57 590

【例 4-15】 向宏达工厂购入乙材料 15 吨，单价 2 000 元，计买价 30 000 元，进项税额 3 900 元，增值税专用发票已取得，材料已验收入库，货款尚未支付。

这项经济业务表明，乙材料已经验收入库，应按其采购成本 30 000 元记入“原材料”账户的借方，按其进项税额记入“应交税费——应交增值税”账户的借方，因购买乙材料的货款尚未支付，形成企业对供应单位的一项债务，负债增加了 33 900元，应记入“应付账款”账户的贷方。会计分录如下：

借：原材料——乙材料	30 000	
应交税费——应交增值税（进项税额）	3 900	
贷：应付账款——宏达工厂		33 900

【例 4-16】 通过开户银行转账支付前欠宏飞工厂的材料款 104 440 元。

这项经济业务表明，由于偿还了前欠宏飞工厂的材料款，企业对宏飞工厂的债务减少了 104 440 元，即应付账款减少，应记入“应付账款”账户的借方，同时企业的银行存款也减少了 104 440 元，应记入“银行存款”账户的贷方。会计分录如下：

借：应付账款——宏飞工厂　　104 440
　贷：银行存款　　104 440

【例 4－17】 向宏远工厂购入甲材料 20 吨，单价 5 100 元，计买价 102 000 元，进项税额 13 260 元，增值税专用发票已取得，材料已验收入库，开出半年期无息商业承兑汇票一张，票面金额 115 260 元。

这项经济业务表明，购买的甲材料已验收入库，应按其采购成本 102 000 元记入“原材料”账户的借方，按其进项税额记入“应交税费——应交增值税”账户的借方，同时，企业开出商业承兑汇票，应付票据增加了 115 260 元，应记入“应付票据”账户的贷方。会计分录如下：

借：原材料——甲材料　　102 000
　　应交税费——应交增值税（进项税额）　　13 260
　贷：应付票据——宏远工厂　　115 260

若上述票据到期时，企业通过开户银行转账支付宏远工厂 115 260 元。会计分录如下：

借：应付票据——宏远工厂　　115 260
　贷：银行存款　　115 260

若票据到期，企业无力支付票据款时，应将到期应付票据票面金额转作对宏远工厂的应付账款。会计分录如下：

借：应付票据——宏远工厂　　115 260
　贷：应付账款——宏远工厂　　115 260

【例 4－18】 通过银行转账交纳增值税 50 000 元。

这项经济业务表明，企业交纳增值税使应交税费债务减少了 50 000 元，应记入“应交税费”账户的借方，同时企业的银行存款也减少了 50 000 元，应记入“银行存款”账户的贷方。会计分录如下：

借：应交税费——应交增值税（已交税金）　　50 000
　贷：银行存款　　50 000

【例 4－19】 向宏顺工厂购入甲材料 20 吨，单价 5 000 元，计买价 100 000 元，进项税额 13 000 元，购入乙材料 10 吨，单价 2 000 元，计买价 20 000 元，进项税额 2 600 元，增值税专用发票已取得，材料在运输途中，货款尚未支付。

这项经济业务表明，企业购入的材料尚未运到，其采购成本应记入“在途物资”账户的借方，其进项税额记入“应交税费——应交增值税”账户的借方，由于货款尚未支付，形成企业对供应单位的一项债务，负债增加应记入“应付账款”账户的贷方。会计分录如下：

借：在途物资——甲材料　　100 000
　　在途物资——乙材料　　20 000
　　应交税费——应交增值税（进项税额）　　15 600
　贷：应付账款——宏顺工厂　　135 600

【例 4－20】 开出现金支票一张，从银行提取现金 3 000 元。

这项经济业务表明，企业库存现金增加 3 000 元，应记入“库存现金”账户的借方，银行存款减少 3 000 元，应记入“银行存款”账户的贷方。会计分录如下：

借：库存现金　　3 000

　贷：银行存款　　3 000

【例 4-21】 收到上述向宏顺工厂购入材料的运费增值税专用发票，其中运费 1 200 元，增值税 108 元，共计 1 308 元，以现金支付。运费按照材料买价分配。

这项经济业务发生后，应将运费按照材料买价比例在甲、乙两种材料之间分配，计入它们的采购成本。

材料运费的分配率＝1 200÷（100 000＋20 000）＝0.01

甲材料应分配的运费＝100 000×0.01＝1 000（元）

乙材料应分配的运费＝20 000×0.01＝200（元）

由于材料尚未验收入库，材料的运费应记入“在途物资”账户的借方，运费发票中的增值税可以作为进项税额抵扣，应记入“应交税费——应交增值税”账户的借方，支付运费使库存现金减少，应记入“库存现金”账户的贷方。会计分录如下：

借：在途物资——甲材料　　1 000

　　在途物资——乙材料　　200

　　应交税费——应交增值税（进项税额）　　108

　贷：库存现金　　1 308

【例 4-22】 向宏顺工厂购入的材料运到并验收入库。

这项经济业务表明，购入的材料运到并验收入库，原材料增加，在途物资减少，应按其采购成本记入“原材料”账户的借方和“在途物资”账户的贷方。会计分录如下：

借：原材料——甲材料　　101 000

　　原材料——乙材料　　20 200

　贷：在途物资——甲材料　　101 000

　　　在途物资——乙材料　　20 200

【例 4-23】 开出转账支票一张，金额 10 000 元，预付给宏太工厂购买丙材料。

这项经济业务表明，企业因预付款而拥有了对宏太工厂的一项债权，应记入“预付账款”账户的借方，同时企业的银行存款减少10 000元，应记入“银行存款”账户的贷方。会计分录如下：

借：预付账款——宏太工厂　　10 000

　贷：银行存款　　10 000

【例 4-24】 收到宏太工厂发来的丙材料，增值税专用发票上载明价款 20 000 元，进项税额 2 600 元，材料已验收入库。

这项经济业务表明，购买的材料已验收入库，应按其采购成本 20 000 元记入“原材料”账户的借方，其进项税额应记入“应交税费——应交增值税”账户的借方，由于预订的材料已经收到，因而对宏太工厂的债权减少，应记入“预付账款”账户的贷方。会计分录如下：

借：原材料——丙材料　　20 000

应交税费——应交增值税（进项税额）　　2 600

贷：预付账款——宏太工厂　　22 600

【例 4-25】 开出转账支票一张，金额 12 600 元，补付宏太工厂丙材料款。

这项经济业务表明，企业补付丙材料款，银行存款减少了 12 600 元，应记入“银行存款”账户的贷方，同时与宏太工厂之间预付款购买材料的业务已经结清，应记入“预付账款”账户的借方。会计分录如下：

借：预付账款——宏太工厂　　12 600

贷：银行存款　　12 600

企业生产准备业务（材料购进业务）有关账户对应关系见图 4-20。

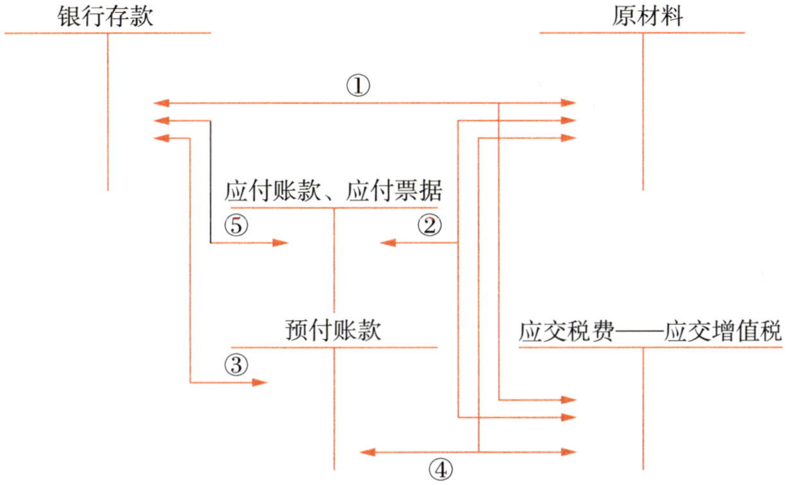

图 4-20 生产准备业务账户对应关系

说明：①购进原材料，支付其采购成本及进项税额；②购进原材料，其采购成本及进项税额尚未支付；③预付购货款；④收到预付款订购的材料；⑤偿还应付账款或支付到期应付票据。

⇨ 同步思考

【例 4-24】中若收到宏太工厂发来的丙材料，增值税专用发票上载明价款 8 000 元，进项税额 1 040 元，材料已验收入库。如何编制该业务和可能发生的后续业务的会计分录？

第四节　产品生产业务的核算

一、产品生产业务的主要内容

产品生产是工业企业重要的经营活动。在产品生产过程中，生产人员借助固定资产等劳动资料把原材料等劳动对象加工成为产品，这一过程既是产品的制造过程，又是物化劳动和活劳动的消耗过程。从实物形态看，材料通过加工形成在产品，再从在产品加工成为产成品；从价值形态看，劳动资料、劳动对象、活劳动等各种耗费，构成产品的生产成本。

产品的生产成本包括直接材料成本、直接人工成本和制造费用。

直接材料是指企业在产品生产过程中消耗并构成产品实体的原材料、配件及有助于产品形成的辅助材料等，如服装厂生产服装要耗用布料、线、纽扣、拉链等，汽车厂生产汽车要耗用钢材及其他金属材料、漆、轮胎、玻璃、塑料等。由于企业每次采购的材料成本可能存在差异，所以应当采用先进先出法、加权平均法或者个别计价法确定消耗材料的实际成本。

直接人工是指企业应支付给直接从事产品生产人员的工资、奖金等薪酬。

直接材料和直接人工称为直接费用或直接生产成本，一般易于辨别它们是为生产哪一种产品而发生的，因此可以直接计入所生产的产品成本。

制造费用是指企业为生产产品而发生的各项间接费用，如车间生产管理人员的薪酬、厂房及机器设备的折旧、车间所发生的办公费、水电费、取暖费、差旅费等，这些间接费用是企业制造部门为生产多种产品而发生的共同性费用，应当按照合理的方法在各种产品之间进行分配，计入每种产品生产成本。

企业行政管理部门为组织和管理生产经营活动而发生的各种耗费称为管理费用，它包括行政管理部门人员薪酬、行政管理部门使用的固定资产折旧、办公费、差旅费、会议费、聘请中介机构费、咨询费、诉讼费、业务招待费、技术转让费、研究费用、排污费等。

管理费用、财务费用以及企业销售过程中发生的销售费用，与企业产品生产没有直接关系，均不构成产品成本，它们属于期间费用，直接计入当期损益。

因此，企业产品生产业务核算的主要任务是正确核算产品成本，注意区分应计入产品成本的费用和不应计入产品成本的费用；由于企业生产是连续不断进行的，而产品成本要按期核算，所以还要注意区分不同期间的产品成本、完工产品成本和在产品成本等。

二、需要设置的主要账户

为了全面核算企业产品生产过程中所发生的各种耗费，正确计算产品成本，应设置“生产成本”“制造费用”“管理费用”“其他应收款”“应付职工薪酬”“累计折旧”“库存商品”等账户。

（一）“生产成本”账户

“生产成本”账户用来核算企业进行工业性生产发生的各项生产成本，包括生产各种产品（产成品、自制半成品等）、自制材料、自制工具、自制设备等。该账户属于成本类账户，借方登记发生的各项直接生产成本和应负担的制造费用，贷方转出已经生产完成并已验收入库的产成品和自制半成品的实际成本，期末余额在借方，表示尚未完工的在产品成本。

“生产成本”账户可按基本生产成本和辅助生产成本进行明细核算，基本生产成本应当分别按照基本生产车间和成本核算对象（产品的品种、类别、订单、批别等）设置明细账，并按照规定的成本项目设置专栏。

“生产成本”账户的结构见图 4－21。

生产成本

借方	贷方
期初余额：在产品成本	
发生额：生产成本的增加	发生额：转出完工入库的产成品的成本
期末余额：在产品成本	

图 4-21 “生产成本”账户

（二）“制造费用”账户

“制造费用”账户用来核算企业生产车间为生产产品而发生的各项间接费用。该账户属于成本类账户，由于制造费用项目较多，发生各项制造费用时先在该账户借方归集，期末将归集的制造费用按合理的分配方法分别计入各种产品生产成本，分配时在该账户贷方登记，期末一般无余额。该账户可按不同的生产车间、部门和费用项目进行明细核算。

“制造费用”账户的结构见图 4-22。

制造费用

借方	贷方
归集各项制造费用	期末分配制造费用

图 4-22 “制造费用”账户

（三）“管理费用”账户

“管理费用”账户用来核算企业行政管理部门为组织和管理生产经营活动而发生的各种耗费。该账户属于损益类账户，借方登记当期发生的各项管理费用，期末其余额从贷方结转至“本年利润”账户，结转后无余额。该账户可按费用项目进行明细核算。

“管理费用”账户的结构见图 4-23。

管理费用

借方	贷方
归集各项管理费用	期末结转本年利润

图 4-23 “管理费用”账户

（四）“其他应收款”账户

“其他应收款”账户用来核算企业除应收票据、应收账款等以外的各种应收及暂付款项。该账户属于资产类账户，借方登记企业发生的其他应收及暂付款项，贷方登记收回或转销的数额，期末余额在借方，表示尚未收回的其他应收款项。该账户可按对方单位（或个人）进行明细核算。

“其他应收款”账户的结构见图 4-24。

其他应收款

借方	贷方
期初余额：尚未收回的其他应收款	
发生额：其他应收款的增加	发生额：收回或转销的其他应收款
期末余额：尚未收回的其他应收款	

图 4-24 “其他应收款”账户

（五）“应付职工薪酬”账户

职工薪酬，是指企业为获得职工提供的服务或解除劳动关系而给予的各种形式的报酬或补偿。职工薪酬包括短期薪酬、离职后福利、辞退福利和其他长期职工福利。企业提供给职工配偶、子女、受赡养人，以及已故员工遗属、其他受益人等的福利，也属于职工薪酬。短期薪酬，是指企业在职工提供相关服务的年度报告期间结束后十二个月内需要全部予以支付的职工薪酬，因解除与职工的劳动关系给予的补偿除外。短期薪酬具体包括：职工工资、奖金、津贴和补贴，职工福利费，医疗保险费、工伤保险费和生育保险费等社会保险费，住房公积金，工会经费和职工教育经费，短期带薪缺勤，短期利润分享计划，非货币性福利以及其他短期薪酬。

“应付职工薪酬”账户用来核算企业应付给职工的各种薪酬。该账户属于负债类账户，贷方登记企业发生的应计入有关成本费用或相关资产成本的职工薪酬，借方登记实际支付的职工薪酬，期末余额在贷方，反映企业应付未付的职工薪酬。

“应付职工薪酬”账户的结构见图 4－25。

应付职工薪酬

借方	贷方
	期初余额：尚未支付的职工薪酬
发生额：本期支付的职工薪酬	发生额：本期发生的应付职工薪酬
	期末余额：尚未支付的职工薪酬

图 4－25 “应付职工薪酬”账户

（六）“累计折旧”账户

固定资产的特点是单位价值大，在企业生产经营管理中长期使用而其实物形态基本保持不变，但是其价值会随着使用和时间推移逐渐地发生损耗。在固定资产使用寿命内按照确定的方法对其价值进行系统分摊，称为按期计提固定资产折旧，即按期计算固定资产的磨损价值。应当计提折旧的固定资产的原价扣除其预计净残值后的金额称为应计折旧总额。企业应当合理选择固定资产折旧方法，可选用的折旧方法包括年限平均法、工作量法、双倍余额递减法和年数总和法等。

将应计折旧总额按固定资产预计使用年限平均分摊的方法称为年限平均法。如企业厂房原价 2 000 万元，预计使用年限 50 年，预计净残值 200 万元，采用年限平均法计提折旧，每年应计提折旧（2 000－200）/50＝36（万元），每月应计提折旧 36/12＝3（万元）。

固定资产折旧应该根据固定资产用途计入产品成本或当期损益，如生产用固定资产折旧应计入制造费用，行政管理用固定资产折旧应计入管理费用。但企业生产车间和行政管理部门发生的固定资产修理费用，均计入管理费用。

固定资产计提折旧，表明成本费用增加，同时固定资产价值相应减少，按理固定资产价值减少应记入“固定资产”账户的贷方，但是考虑到固定资产原价能比较客观地反映出企业的经营规模，只有在固定资产清理处置时，才将退出企业生产经营过程的固定资产原价记入“固定资产”账户的贷方，所以“固定资产”账户只反映其原价的增减变动以及结存情况，不反映其磨损价值。

“累计折旧”账户用来专门核算固定资产的磨损价值，该账户属于资产类账户。由于固定资产磨损价值增加，意味着固定资产实际价值的减少，所以“累计折旧”账户实际上是“固定资产”账户的调整账户，其贷方登记企业按月提取的固定资产折旧额，借方登记企业因出售、报废、盘亏、毁损、投资转出等原因减少固定资产已提取的累计折旧额，期末余额在贷方，表示企业现有固定资产的累计折旧数额。用“固定资产”账户借方余额反映的固定资产原价减去“累计折旧”账户贷方余额反映的固定资产的磨损价值，就是固定资产的折余价值，即固定资产净值。“累计折旧”账户可按固定资产的类别或项目进行明细核算。

“累计折旧”账户的结构见图 4－26。

累计折旧

借方	贷方
	期初余额：固定资产累计折旧
发生额：本期减少的累计折旧	发生额：本期计提的累计折旧
	期末余额：固定资产累计折旧

图 4－26 “累计折旧”账户

（七）“库存商品”账户

“库存商品”账户用来核算企业各种库存商品的实际成本。该账户属于资产类账户，借方登记已经生产完成并验收入库的各种产成品的实际成本，贷方登记对外销售的产成品实际成本，因每批生产的产成品实际成本可能不同，发出产成品的成本应采用先进先出法、加权平均法或个别认定法计算确定，期末余额在借方，表示库存商品的实际成本。该账户可按库存商品的种类、品种和规格设置明细账，进行明细分类核算。

“库存商品”账户的结构见图 4－27。

库存商品

借方	贷方
期初余额：库存商品成本	
发生额：完工入库的产成品成本	发生额：发出的产成品成本
期末余额：库存商品成本	

图 4－27 “库存商品”账户

三、核算举例

产品成本核算是企业生产过程核算的主要任务，基本思路是直接材料和直接人工等直接费用发生时直接记入“生产成本”账户，各项间接费用发生时先在“制造费用”账户中归集，期末按照合理的方法分配记入“生产成本”账户，产品完工验收入库，应将其成本从“生产成本”账户转入“库存商品”账户；各项期间费用发生时，分别记入“管理费用”“财务费用”等账户，不计入产品成本，直接计入当期损益。

下面以新华工厂 12 月份发生的经济业务为例。

【例 4－26】 企业会计部门根据仓库转来的发料凭证，汇总各种材料的耗用情况，见表 4－4。

表 4-4　材料耗用汇总表

用途		甲材料			乙材料			合计
		数量（吨）	单价（元）	金额（元）	数量（吨）	单价（元）	金额（元）	金额（元）
生产产品耗用	A 产品	16	5 000	80 000	3	2 000	6 000	86 000
	B 产品	4	5 000	20 000	5	2 000	10 000	30 000
车间一般耗用		1	5 000	5 000				5 000
企业管理部门耗用					1	2 000	2 000	2 000
合计		21	5 000	105 000	9	2 000	18 000	123 000

这项经济业务表明，生产 A 产品耗用材料 86 000 元，生产 B 产品耗用材料 30 000 元，直接材料费用应记入“生产成本”账户的借方；生产车间一般耗用的材料 5 000 元是间接费用，应记入“制造费用”账户的借方；企业管理部门耗用的材料 2 000 元，应记入“管理费用”账户的借方；同时，材料从仓库发出，企业库存材料减少 123 000 元，应记入“原材料”账户的贷方。会计分录如下：

借：生产成本——A 产品	86 000	
——B 产品	30 000	
制造费用	5 000	
管理费用	2 000	
贷：原材料——甲材料		105 000
——乙材料		18 000

【例 4-27】 结算本月应付职工工资 80 000 元，其用途如下：

生产工人工资	50 000 元
其中：制造 A 产品的生产工人工资	30 000 元
制造 B 产品的生产工人工资	20 000 元
车间管理人员工资	8 000 元
企业行政管理人员工资	22 000 元
合计	80 000 元

这项经济业务表明，企业本月发生应付职工工资 80 000 元，其中制造 A、B 产品的生产工人工资 50 000 元，是用于产品生产的直接人工，应记入“生产成本”账户的借方；车间管理人员和企业行政管理人员工资 30 000 元，应分别记入“制造费用”“管理费用”账户的借方；同时，应付职工工资是企业对职工的薪酬债务，负债增加80 000元，应记入“应付职工薪酬”账户的贷方。会计分录如下：

借：生产成本——A 产品	30 000	
——B 产品	20 000	
制造费用	8 000	
管理费用	22 000	
贷：应付职工薪酬		80 000

【例 4-28】 从银行提取现金 80 000 元，以备发放职工工资。

这项经济业务表明，企业从银行提取现金，库存现金增加 80 000 元，应记入“库存现金”账户的借方；同时，银行存款减少 80 000 元，应记入“银行存款”账户的贷方。会计分录如下：

借：库存现金　　80 000
　贷：银行存款　　80 000

【例 4－29】 以现金发放职工工资 80 000 元。

这项经济业务表明，企业实际支付了职工工资 80 000 元，企业对职工的薪酬债务减少，应记入“应付职工薪酬”账户的借方；同时，以现金支付工资，库存现金减少 80 000 元，应记入“库存现金”账户的贷方。会计分录如下：

借：应付职工薪酬　　80 000
　贷：库存现金　　80 000

【例 4－30】 以银行存款支付本月生产车间办公费、水电费 1 600 元，行政管理部门办公费、水电费 2 000 元。

这项经济业务表明，生产车间办公费、水电费 1 600 元属于间接费用，应记入“制造费用”账户的借方；行政管理部门办公费、水电费 2 000 元属于管理费用，应记入“管理费用”账户的借方；同时，银行存款减少了 3 600 元，应记入“银行存款”账户的贷方。会计分录如下：

借：制造费用　　1 600
　　管理费用　　2 000
　贷：银行存款　　3 600

【例 4－31】 支付本季度银行借款利息 30 000 元，其中应由本月负担的利息 10 000 元。

这项经济业务表明，支付本季度利息时，既包括当月应当负担的利息费用 10 000 元，也包括前两个月按照权责发生制确认的应付利息 20 000 元。支付当月利息费用，应记入“财务费用”账户的借方；支付以前的应付利息，应记入“应付利息”账户的借方；同时，因支付利息使银行存款减少 30 000 元，应记入“银行存款”账户的贷方。会计分录如下：

借：财务费用　　10 000
　　应付利息　　20 000
　贷：银行存款　　30 000

【例 4－32】 厂部行政管理人员李涛出差前预借差旅费 1 500 元，以现金支付。

这项经济业务表明，李涛预借差旅费，企业暂付款增加了 1 500 元，应记入“其他应收款”账户的借方；同时，企业库存现金减少了 1 500 元，应记入“库存现金”账户的贷方。会计分录如下：

借：其他应收款　　1 500
　贷：库存现金　　1 500

【例 4－33】 李涛出差回来，报销差旅费 1 460 元，交回现金 40 元，结清前借款项。

这项经济业务表明，厂部行政管理人员报销差旅费，企业的管理费用增加了 1 460 元，应记入“管理费用”账户的借方；余款交回，现金增加了 40 元，应记入“库存现金”账户的借方；同时，李涛通过报销并交回余款，结清了原借款，应记入“其他应收款”账户的贷方。会计分录如下：

借：管理费用　　　　　　　　　　　　　　1 460
　　库存现金　　　　　　　　　　　　　　　40
　贷：其他应收款　　　　　　　　　　　　　　1 500

【例 4－34】 以银行存款支付下年财产保险费 6 000 元。

这项经济业务表明，企业为下年支付财产保险费，属于预付款项，应该记入“预付账款”的借方；同时，银行存款减少了 6 000 元，应记入“银行存款”账户的贷方。会计分录如下：

借：预付账款　　　　　　　　　　　　　　6 000
　贷：银行存款　　　　　　　　　　　　　　6 000

【例 4－35】 确认以前支付但应由本月负担的财产保险费 500 元，其中由制造费用负担 200 元，由管理费用负担 300 元。

这项经济业务表明，企业本期制造费用增加了 200 元，应记入“制造费用”账户的借方；管理费用增加了 300 元，应记入“管理费用”账户的借方；同时，预付账款转销了 500 元，应记入“预付账款”账户的贷方。会计分录如下：

借：制造费用　　　　　　　　　　　　　　200
　　管理费用　　　　　　　　　　　　　　300
　贷：预付账款　　　　　　　　　　　　　　500

【例 4－36】 按规定计提本月固定资产折旧 8 840 元，其中：车间用固定资产计提折旧 7 680 元，行政管理部门用固定资产计提折旧 1 160 元。

这项经济业务表明，企业计提固定资产折旧，成本费用增加，其中车间用固定资产计提折旧 7 680 元，属于间接费用，应记入“制造费用”账户的借方；行政管理部门用固定资产计提折旧 1 160 元，属于管理费用，应记入“管理费用”账户的借方；同时，通过计提固定资产折旧，累计折旧增加了 8 840 元，应记入“累计折旧”账户的贷方。会计分录如下：

借：制造费用　　　　　　　　　　　　　　7 680
　　管理费用　　　　　　　　　　　　　　1 160
　贷：累计折旧　　　　　　　　　　　　　　8 840

【例 4－37】 按照生产工人工资比例分配并结转本月制造费用。

根据【例 4－26】、【例 4－27】、【例 4－30】、【例 4－35】、【例 4－36】五笔经济业务提供的资料，通过“制造费用”账户的归集，本月份发生的制造费用总额为 22 480 元。这是生产 A、B 两种产品共同发生的费用，应由这两种产品共同负担。但每种产品应负担多少，需采取一定的方法在 A、B 两种产品之间进行分配，分别计入 A、B 产品的生产成本。制造费用分配方法有多种，通常有按生产工人工资分配、按生产工人工时分配、按机器工时分配、按计划分配率分配、按耗用原材料的数量或成本分配、按直接成本（直接材料和直接人工之和）分配及按产成品产量分配等。本例按生产工人工资比例分配，其计算公式如下：

制造费用分配率＝制造费用总额/生产工人工资总额
　　　　　　　＝22 480/(30 000＋20 000)
　　　　　　　＝0.449 6

某产品应分配的制造费用＝该种产品的生产工人工资×制造费用分配率

A 产品应分摊的制造费用＝30 000×0.449 6＝13 488（元）

B 产品应分摊的制造费用＝20 000×0.449 6＝8 992（元）

将上述计算结果，从“制造费用”账户转入“生产成本”账户，会计分录如下：

借：生产成本——A 产品　　13 488

　　　　　　——B 产品　　8 992

　贷：制造费用　　22 480

【例 4－38】 200 件 A 产品全部完工并验收入库，B 产品月末尚未完工（假设 A、B 产品均是本月投产，期初没有在产品）。

根据【例 4－26】、【例 4－27】、【例 4－37】三笔经济业务，本月为生产 A、B 两种产品所发生的直接材料、直接人工和制造费用，已按产品归集到了“生产成本”账户，A 产品本月发生的生产成本为 129 488 元，B 产品本月发生的生产成本为 58 992 元。A 产品全部完工并验收入库，其成本应从“生产成本”账户结转到“库存商品”账户，结转之后其生产成本明细账没有余额，A 产品每件单位成本为 129 488/200＝647.44（元）；B 产品因月末尚未完工，其生产成本明细账余额表示其在产品成本。有关 A 产品、B 产品生产成本明细账和 A 产品成本计算单见表 4－5 至表 4－7。

表 4－5　生产成本明细账

产品名称：A 产品　　单位：元

20××年		凭证号数	摘要	借方（成本项目）				贷方	余额
月	日			直接材料	直接人工	制造费用	合计		
		(26)	生产耗用材料	86 000			86 000		86 000
		(27)	生产工人工资		30 000		30 000		30 000
		(37)	分配制造费用			13 488	13 488		13 488
		(38)	结转完工产品成本					129 488	0
			本期发生额及余额	86 000	30 000	13 488	129 488	129 488	0

表 4－6　生产成本明细账

产品名称：B 产品　　单位：元

20××年		凭证号数	摘要	借方（成本项目）				贷方	余额
月	日			直接材料	直接人工	制造费用	合计		
		(26)	生产耗用材料	30 000			30 000		30 000
		(27)	生产工人工资		20 000		20 000		20 000
		(37)	分配制造费用			8 992	8 992		8 992
			本期发生额及余额	30 000	20 000	8 992	58 992		58 992

表 4-7　产品成本计算表

产品名称：A 产品　　　　　　　　　　　　　　　　　　　　　　　　　单位：元

成本项目	总成本（200 件）	单位成本
直接材料	86 000	430
直接人工	30 000	150
制造费用	13 488	67.44
产品成本	129 488	647.44

A 产品完工入库的会计分录如下：

借：库存商品　　　　129 488

　贷：生产成本——A 产品　　　　129 488

企业产品生产业务有关账户对应关系见图 4-28。

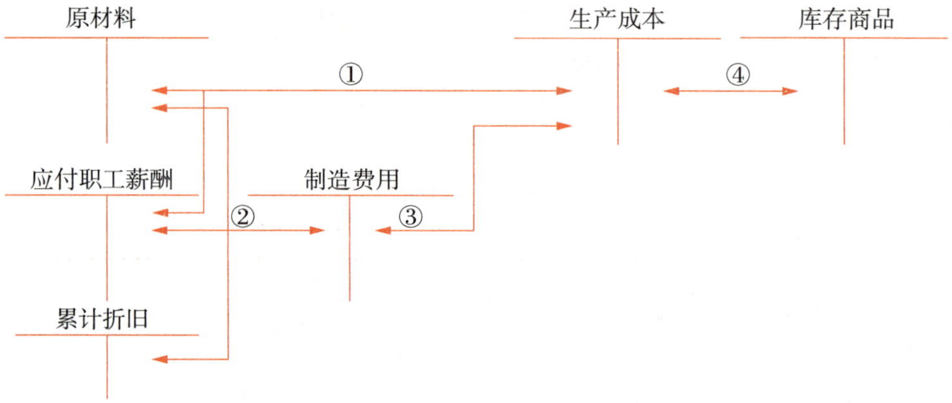

图 4-28　产品生产业务账户对应关系

说明：①直接材料、直接人工等直接费用计入生产成本；②归集各项间接费用计入制造费用；③制造费用分配计入生产成本；④完工产品入库结转完工产品成本。

同步思考

【例 4-38】中若 A 产品是上月投产本月继续加工，其生产成本明细账月初余额为 30 000 元，本月末 200 件 A 产品全部完工并验收入库，该批完工的 A 产品总成本和单位成本分别是多少？若 B 产品本月末完工一部分，完工产品成本为 40 000 元，B 产品月末在产品成本是多少？

第五节　销售业务的核算

一、销售业务的主要内容

企业产品生产出来需尽快销售出去，只有销售出去才能实现其价值。在销售过程中，企业一方面组织产品发运，另一方面办理货款结算，以及时取得销售收入。在销售收入实现的同时，企业将产品让渡出去，因此其发出产品的成本、销售过程中发生的销售费用和依法应向国家交纳的相关税金及附加等均是实现销售收入的代价。企业的销售收入和销售成本、销售费用、销售税金及附加等相配比，是当期利润的主要来源。

工业企业的销售业务分为主营业务和其他业务。主营业务具有经常性、连续性的特点，在企业经营活动中占主导地位，具体包括销售产品、自制半成品、代制品、代修品和提供工业性劳务等，主营业务形成的销售收入、相应的销售成本称为主营业务收入、主营业务成本。主营业务以外占比重较小、不经常发生的经营业务称为其他业务，其他业务具体包括材料销售、商品和包装物出租、固定资产出租、无形资产出租（即转让无形资产的使用权）、提供非工业性劳务等，其他业务形成的销售收入、相应的销售成本称为其他业务收入和其他业务成本。经营过程中发生的依法应向国家交纳的相关税金及附加称为税金及附加。工业企业销售业务核算的主要内容包括：销售产品并办理货款结算、结转销售成本、发生销售费用、计算和交纳税金及附加等。

二、需要设置的主要账户

为了正确、全面核算销售业务，需要设置“主营业务收入”“主营业务成本”“其他业务收入”“其他业务成本”“税金及附加”“销售费用”“应收账款”“应收票据”“预收账款”等账户。

（一）“主营业务收入”账户

“主营业务收入”账户用来核算企业确认的销售商品、提供劳务等主营业务的收入。该账户属于损益类账户，企业应当按照从购货方已收或应收的合同或协议价款确定销售收入金额，记入该账户的贷方；发生的销售退回或销售折让，应冲减主营业务收入，记入该账户的借方；期末应将余额结转“本年利润”账户，结转后应无余额。该账户可按主营业务的种类进行明细核算。

“主营业务收入”账户的结构见图4-29。

主营业务收入

借方	贷方
销售退回或销售折让 期末结转本年利润	已售商品或劳务的收入

图4-29 “主营业务收入”账户

（二）“主营业务成本”账户

“主营业务成本”账户用来核算企业确认销售商品、提供劳务等主营业务收入时应结转的商品或劳务成本。该账户属于损益类账户，借方登记企业结转的已售商品或已提供劳务的实际成本；本期发生的销售退回，如已结转销售成本的，应冲减主营业务成本，记入该账户的贷方；期末余额应转入“本年利润”账户，结转后应无余额。该账户可按主营业务的种类进行明细核算。

“主营业务成本”账户的结构见图4-30。

主营业务成本

借方	贷方
	已结转销售成本的销售退回
已售商品或劳务的实际成本	期末结转本年利润

图 4－30 “主营业务成本”账户

（三）“其他业务收入”账户

“其他业务收入”账户用来核算企业确认的除主营业务活动以外的其他经营活动实现的收入。该账户属于损益类账户，贷方登记本期实现的其他业务收入，借方登记其他业务收入的减少数和期末转入“本年利润”账户的数额，期末结转后应无余额。该账户可按其他业务收入的种类进行明细核算。

“其他业务收入”账户的结构见图 4－31。

其他业务收入

借方	贷方
期末结转本年利润	其他经营活动的收入

图 4－31 “其他业务收入”账户

（四）“其他业务成本”账户

“其他业务成本”账户用来核算企业确认的除主营业务活动以外的其他经营活动所发生的支出，包括销售材料的成本、出租固定资产的折旧额、出租无形资产的摊销额、出租包装物的成本或摊销额等。该账户属于损益类账户，借方登记企业发生的其他经营活动的成本，贷方登记期末转入“本年利润”账户的数额，期末结转后应无余额。该账户可按其他业务成本的种类进行明细核算。

“其他业务成本”账户的结构见图 4－32。

其他业务成本

借方	贷方
其他经营活动的成本	期末结转本年利润

图 4－32 “其他业务成本”账户

（五）“税金及附加”账户

“税金及附加”账户用来核算企业经营活动中发生的消费税、城市维护建设税、资源税、教育费附加及房产税、土地使用税、车船税、印花税等相关税费。该账户属于损益类账户，借方登记企业按规定计算确定的与经营活动相关的税费，贷方登记期末转入“本年利润”账户的数额，结转后应无余额。

“税金及附加”账户的结构见图 4－33。

税金及附加

借方	贷方
与经营活动相关的税费	期末结转本年利润

图 4－33 “税金及附加”账户

（六）“销售费用”账户

“销售费用”账户用来核算企业在销售商品和材料、提供劳务的过程中发生的各种费用，包括保险费、包装费、展览费和广告费、商品维修费、预计产品质量保证损失、运输费、装卸费等以及为销售本企业商品而专设的销售机构（含销售网点、售后服务网点等）的职工薪酬、业务费、折旧费等经营费用。该账户属于损益类账户，借方登记发生的各种销售费用，贷方登记期末转入“本年利润”账户的数额，结转后应无余额。该账户可按费用项目进行明细核算。

“销售费用”账户的结构见图 4－34。

销售费用

借方	贷方
归集各项销售费用	期末结转本年利润

图 4－34 “销售费用”账户

（七）“应收账款”账户

“应收账款”账户用来核算企业因销售商品、提供劳务等经营活动应向购货方或接受劳务方收取的款项。该账户属于资产类账户，借方登记企业因销售商品、提供劳务等经营活动而发生的应收货款、增值税、代垫费用及应收票据到期未收到转入的款项等，贷方登记企业收回的应收款项，期末余额在借方，表示企业尚未收回的应收账款。该账户可按债务人进行明细核算。

“应收账款”账户的结构见图 4－35。

应收账款

借方	贷方
期初余额：尚未收回的应收账款	
发生额：应收账款增加	发生额：收回的应收账款
期末余额：尚未收回的应收账款	

图 4－35 “应收账款”账户

（八）“应收票据”账户

“应收票据”账户用来核算企业因销售商品、提供劳务等经营活动而收到的商业汇票，包括银行承兑汇票和商业承兑汇票。该账户属于资产类账户，借方登记收到的商业汇票的票面金额，贷方登记商业汇票到期收到的票面金额以及到期未收到转入应收账款的款项，或者经背书转让或贴现的商业汇票的票面金额，期末余额在借方，表示企业持有的商业汇票的票面金额。该账户可按开出、承兑商业汇票的单位进行明细核算。另外，企业应当设置“应收票据备查簿”，逐笔登记商业汇票的种类、号数和出票日、票面金额、交易合同号和付款人、承兑人、背书人的姓名或单位名称、到期日、背书转让日、贴现日、贴现率和贴现净额以及收款日和收回金额、退票情况等资料，商业汇票到期结清票款或退票后，应在备查簿中予以注销。

“应收票据”账户的结构见图 4－36。

应收票据

借方	贷方
期初余额：尚未到期的应收票据	
发生额：收到商业汇票	发生额：汇票到期收回或转让等
期末余额：尚未到期的应收票据	

图 4-36 “应收票据”账户

（九）“预收账款”账户

“预收账款”账户用来核算企业按照合同规定预收的款项。该账户属于负债类账户，贷方登记向购货方预收的款项和购货方补付的款项，借方登记向购货方发出商品实现的销售货款，期末余额在贷方，表示企业预收的款项，如期末余额在借方，表示企业应向购货方收取的款项。该账户可按购货单位进行明细核算。预收账款情况不多的，也可以不设置该账户，将预收的款项直接记入“应收账款”账户的贷方。

“预收账款”账户的结构见图 4-37。

预收账款

借方	贷方
	期初余额：预收款数额
发生额：销售实现时转销预收账款	发生额：预收购货方的款项
	期末余额：预收款数额

图 4-37 “预收账款”账户

三、核算举例

仍以新华工厂 12 月份发生的经济业务为例。

（一）主营业务的核算

【例 4-39】 销售给光明工厂 A 产品 100 件，每件售价 1 000 元，价款 100 000 元，增值税额 13 000 元，款项收到存入银行。

这项经济业务表明，企业销售产品，款项收到存入银行，银行存款增加了 113 000 元，应记入“银行存款”账户的借方；同时，实现产品销售收入 100 000 元，应记入“主营业务收入”账户的贷方；销售产品时向购货方收取的增值税 13 000 元属于增值税销项税额，应记入“应交税费”账户的贷方。会计分录如下：

借：银行存款	113 000	
贷：主营业务收入		100 000
应交税费——应交增值税（销项税额）		13 000

【例 4-40】 销售给大阳工厂 A 产品 90 件，每件售价 1 000 元，价款90 000元，增值税额 11 700 元，收到大阳工厂开出的票面金额为 101 700 元的商业承兑汇票一张。

这项经济业务表明，企业销售产品收到购货方开出的商业承兑汇票，应收票据增加了 101 700 元，应记入“应收票据”账户的借方；同时，实现产品销售收入 90 000 元，应记入“主营业务收入”账户的贷方；应收取的增值税 11 700 元属于增值税销项税额，应记入

“应交税费”账户的贷方。会计分录如下：

借：应收票据——大阳工厂　　101 700
　贷：主营业务收入　　90 000
　　应交税费——应交增值税（销项税额）　　11 700

【例 4-41】 销售给大明工厂 A 产品 10 件，每件售价 1 000 元，价款10 000元，增值税额 1 300 元，款项尚未收到；另以现金代垫运费 200 元。

这项经济业务表明，企业销售产品货款尚未收到，还发生了代垫运费，因此应收账款增加了 11 500(=10 000+1 300+200) 元，应记入“应收账款”账户的借方；同时，实现产品销售收入 10 000 元，应记入“主营业务收入”账户的贷方；应收取的增值税 1 300 元属于增值税销项税额，应记入“应交税费”账户的贷方；以现金代垫运费，使库存现金减少了 200 元，应记入“库存现金”账户的贷方。会计分录如下：

借：应收账款——大明工厂　　11 500
　贷：主营业务收入　　10 000
　　应交税费——应交增值税（销项税额）　　1 300
　　库存现金　　200

【例 4-42】 收到上述大明工厂偿还的账款 11 500 元，存入银行。

这项经济业务表明，企业收到购货方偿还的账款，银行存款增加了 11 500 元，应记入“银行存款”账户的借方；同时，应收账款减少了 11 500 元，应记入“应收账款”账户的贷方。会计分录如下：

借：银行存款　　11 500
　贷：应收账款——大明工厂　　11 500

【例 4-43】 收到光大工厂预订 100 件 B 产品的货款 100 000 元，存入银行。

这项经济业务表明，企业向购货方预收货款，银行存款增加了 100 000 元，应记入“银行存款”账户的借方；同时，企业形成了一项负债，预收账款增加了 100 000 元，应记入“预收账款”账户的贷方。会计分录如下：

借：银行存款　　100 000
　贷：预收账款——光大工厂　　100 000

【例 4-44】 向光大工厂发出其预订的 B 产品 100 件，每件售价 2 000 元，价款 200 000 元，增值税额 26 000 元。

这项经济业务表明，企业向光大工厂发出产品意味着因预收款而形成的一项负债减少，应记入“预收账款”账户的借方；同时，产品销售收入增加了200 000元，应记入“主营业务收入”账户的贷方；应交增值税销项税额增加了 26 000 元，应记入“应交税费”账户的贷方。会计分录如下：

借：预收账款——光大工厂　　226 000
　贷：主营业务收入　　200 000
　　应交税费——应交增值税（销项税额）　　26 000

【例 4-45】 收到光大工厂补付的货款 126 000 元。

这项经济业务表明，企业收到光大工厂补付的货款，银行存款增加了 126 000 元，应记入“银行存款”账户的借方；同时，还应记入“预收账款”账户的贷方，以结清“预收账款”账户。会计分录如下：

借：银行存款　　126 000

　贷：预收账款——光大工厂　　126 000

【例 4－46】 结转 A、B 两种产品的销售成本，A 产品单位成本为 620 元，B 产品单位成本为 1 200 元。

这项经济业务表明，在前面已经确认 200 件 A 产品和 100 件 B 产品销售收入实现以后，应该确认相应的销售成本，A 产品的销售成本为 124 000(200×620）元，B 产品的销售成本为 120 000(100×1 200）元，应记入“主营业务成本”账户的借方；同时，因产品已经销售出去，库存商品减少 244 000 元，应记入“库存商品”账户的贷方。会计分录如下：

借：主营业务成本　　244 000

　贷：库存商品　　244 000

企业主营业务收入账户对应关系见图 4－38。

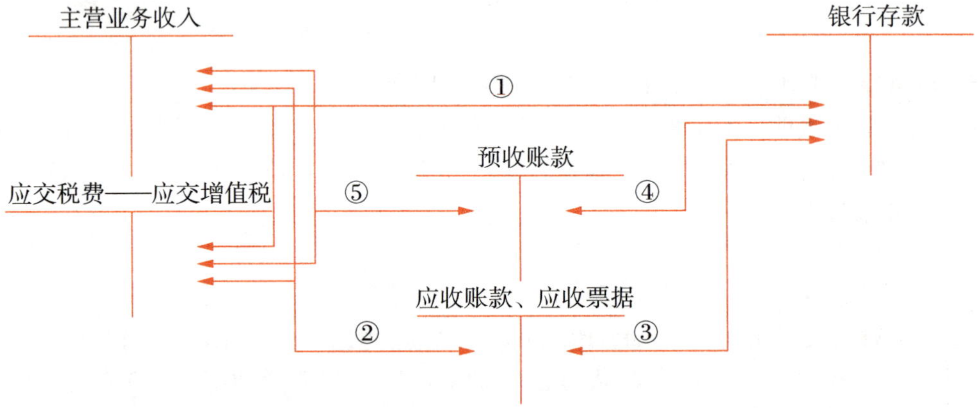

图 4－38　主营业务收入账户对应关系

说明：①销售商品的同时收到货款存入银行；②销售商品时货款尚未收到或收到商业汇票；③收回应收账款和应收票据存入银行；④向购货方预收货款存入银行；⑤向预付款的购货方销售商品。

（二）其他业务的核算

【例 4－47】 销售一批乙材料，售价为 10 000 元，增值税额 1 300 元，款项收到存入银行。

这项经济业务表明，企业销售材料货款收到存入银行，银行存款增加了 11 300 元，应记入“银行存款”账户的借方；同时，材料销售属于其他业务，其收入应记入“其他业务收入”账户的贷方；收取的增值税属于增值税销项税额，应记入“应交税费”账户的贷方。会计分录如下：

借：银行存款　　11 300

　贷：其他业务收入　　10 000

　　应交税费——应交增值税（销项税额）　　1 300

【例 4－48】 结转上述已售乙材料的实际成本 9 000 元。

这项经济业务表明，由于上述乙材料销售收入已经确认，因此应该确认其销售成本，即其他业务成本增加了 9 000 元，应记入“其他业务成本”账户的借方；同时企业售出原材料，库存材料减少 9 000 元，应记入“原材料”账户的贷方。会计分录如下：

借：其他业务成本　　9 000
　贷：原材料　　9 000

【例 4－49】 将闲置固定资产出租，本期租金收入 10 000 元，尚未收到。

这项经济业务表明，企业固定资产出租租金收入尚未收到，其他应收款增加了 10 000 元，应记入“其他应收款”账户的借方；同时，闲置固定资产出租属于其他业务，其租金收入应记入“其他业务收入”账户的贷方。会计分录如下：

借：其他应收款　　10 000
　贷：其他业务收入　　10 000

【例 4－50】 出租固定资产计提折旧 4 000 元。

这项经济业务表明，上述固定资产出租业务确认为其他业务收入之后，应该将出租固定资产计提的折旧确认为其他业务成本，即其他业务成本增加，应记入“其他业务成本”账户的借方；同时，累计折旧增加，应记入“累计折旧”账户的贷方。会计分录如下：

借：其他业务成本　　4 000
　贷：累计折旧　　4 000

（三）销售费用的核算

【例 4－51】 以银行存款支付广告费 3 000 元。

这项经济业务表明，企业支付广告费，销售费用增加了 3 000 元，应记入“销售费用”账户的借方；同时，银行存款减少了 3 000 元，应记入“银行存款”账户的贷方。会计分录如下：

借：销售费用　　3 000
　贷：银行存款　　3 000

（四）税金及附加的核算

【例 4－52】 按产品销售收入和 5%的税率计算应交纳的消费税。

这项经济业务表明，【例 4－39】、【例 4－40】、【例 4－41】、【例 4－44】四笔业务共计确认产品销售收入 400 000 元，按 5%的消费税税率计算企业应该交纳消费税为 20 000 元，应记入“税金及附加”账户的借方；同时，因消费税尚未交纳，企业的负债增加 20 000 元，应记入“应交税费”账户的贷方。会计分录如下：

借：税金及附加　　20 000
　贷：应交税费——应交消费税　　20 000

⇨ 同步思考

若企业 7 月 1 日将闲置固定资产出租，期限半年，租金总计 120 000 元，于年底收取，应如何进行与租金相关业务的会计处理？

第六节　利润形成及分配业务的核算

一、利润形成及分配的主要内容

（一）利润的构成

利润是指企业在一定会计期间的经营成果。利润包括营业利润、利润总额和净利润三个层次。

1. 营业利润

用公式表示如下：

营业利润＝营业收入－营业成本－税金及附加－销售费用－管理费用
　　　　　－财务费用－资产减值损失＋公允价值变动收益＋投资收益
　　　　　＋资产处置收益＋其他收益

营业收入包括主营业务收入和其他业务收入，营业成本包括主营业务成本和其他业务成本。

资产减值损失是指企业的存货、长期股权投资、债权投资、固定资产、无形资产等资产发生减值所形成的损失。

公允价值变动收益是指企业交易性金融资产、交易性金融负债，以及采用公允价值模式计量的投资性房地产、衍生工具、套期保值业务等公允价值变动形成的应计入当期损益的利得或损失。

投资收益是指企业对外进行长期股权投资发生的损益、持有交易性金融资产、债权投资期间取得的投资收益以及处置交易性金融资产、交易性金融负债、指定为以公允价值计量且其变动计入当期损益的金融资产或金融负债实现的损益。

资产处置收益包括企业出售划分为持有待售的非流动资产（金融工具、长期股权投资和投资性房地产除外）或处置组时确认的处置利得或损失，处置未划分为持有待售的固定资产、在建工程、生产性生物资产及无形资产而产生的处置利得或损失，债务重组中因处置非流动资产产生的利得或损失，以及非货币性资产交换产生的利得或损失。

其他收益包括与企业日常活动相关的政府补助等。

因资产减值损失、公允价值变动收益、投资收益、资产处置收益、其他收益涉及业务比较复杂，本教材不予深入介绍。

2. 利润总额

用公式表示如下：

利润总额＝营业利润＋营业外收入－营业外支出

营业外收入和营业外支出是指企业发生的与其日常经营活动没有直接关系的各项利得和损失。营业外收入包括与企业日常活动无关的政府补助、盘盈利得、捐赠利得等；营业外支出包括公益性捐赠支出、非常损失、盘亏损失、非流动资产毁损报废损失等。

3. 净利润

用公式表达如下：

净利润＝利润总额－所得税费用

所得税费用由当期所得税和递延所得税组成。企业在确定当期所得税时，对于当期发生的交易或事项，会计处理与税收处理是不同的，应在会计利润的基础上，按照税法规定进行调整，计算出当期应纳税所得额，按照应纳税所得额与适用所得税税率计算确定当期应交所得税。本教材假设企业会计处理与税法规定没有差异，不涉及纳税调整问题，应纳税所得额即利润总额，企业所得税税率一般为25%。递延所得税比较复杂，本教材亦不涉及。

（二）利润分配的内容

根据《公司法》的规定，企业实现的净利润应当提取10%的法定公积金，法定公积金累计额达到注册资本50%以上时，可以不再提取；提取法定公积金后，经股东会或者股东大会决议，还可以从税后利润中提取任意公积金；法定公积金和任意公积金可用于弥补亏损、扩大生产经营或者转增资本，但是，法定公积金转为资本时，所留存的该项公积金不得少于转增前公司注册资本的25%；法定公积金不足以弥补以前年度亏损的，在提取法定公积金之前，应当先用当年利润弥补以前年度亏损；企业提取公积金之后才能向投资者分配利润。所以企业利润分配的主要内容是：（1）提取法定公积金和任意公积金；（2）向投资者分配利润。

利润形成及分配业务核算的主要任务是：将影响利润形成的各项目结转损益、按规定进行利润分配等。

二、需要设置的主要账户

为了正确、全面地核算企业利润的形成及分配，企业除应当设置前已述及的“主营业务收入”“主营业务成本”“其他业务收入”“其他业务成本”“税金及附加”“销售费用”“财务费用”“管理费用”等损益类账户外，还需设置“营业外收入”“营业外支出”“所得税费用”等损益类账户和“本年利润”“利润分配”“盈余公积”和“应付股利”等相关账户。

（一）“营业外收入”账户

“营业外收入”账户用来核算企业发生的各项营业外收入。该账户属于损益类账户，贷方登记取得的各项营业外收入，借方登记期末转入“本年利润”账户的数额，结转后应无余额。该账户可按营业外收入项目进行明细核算。

“营业外收入”账户的结构见图4－39。

营业外收入

借方	贷方
期末结转本年利润	取得的各项营业外收入

图4－39 “营业外收入”账户

（二）“营业外支出”账户

“营业外支出”账户用来核算企业发生的各项营业外支出。该账户属于损益类账户，借方登记发生的各项营业外支出，贷方登记期末转入“本年利润”账户的数额，结转后应无余额。该账户可按营业外支出项目进行明细核算。

“营业外支出”账户的结构见图 4-40。

营业外支出

借方	贷方
发生的各项营业外支出	期末结转本年利润

图 4-40 “营业外支出”账户

（三）“所得税费用”账户

“所得税费用”账户用来核算企业确认的应从当期利润总额中扣除的所得税费用。该账户属于损益类账户，借方登记企业按规定计算出的所得税费用，贷方登记期末转入“本年利润”账户的数额，结转后应无余额。

“所得税费用”账户的结构见图 4-41。

所得税费用

借方	贷方
发生的所得税费用	期末结转本年利润

图 4-41 “所得税费用”账户

（四）“本年利润”账户

“本年利润”账户用来核算企业在本年度实现的净利润或发生的净亏损。该账户属于所有者权益类账户，期末应将各损益类账户转入本账户，贷方登记从“主营业务收入”“其他业务收入”“营业外收入”等损益类账户借方转入的数额，借方登记从“主营业务成本”“其他业务成本”“税金及附加”“销售费用”“管理费用”“财务费用”“营业外支出”“所得税费用”等损益类账户贷方转入的数额。期末若为贷方余额，表示实现的净利润，若为借方余额，表示发生的净亏损。年度终了，该账户无论是借方余额还是贷方余额，都应当全部转入“利润分配——未分配利润”账户，年终结转后应无余额。也就是说，该账户不跨年，年末要归零。

“本年利润”账户的结构见图 4-42。

本年利润

借方	贷方
期末转入的费用数额	期末转入的收入数额
结转全年净利润	结转全年净亏损

图 4-42 “本年利润”账户

（五）“利润分配”账户

“利润分配”账户用来核算企业利润的分配（或亏损的弥补）和历年分配（或弥补）后的余额。该账户属于所有者权益类账户，借方登记按规定实际分配的利润数额，或年终时从“本年利润”账户转入的全年净亏损，贷方登记弥补以前年度的亏损以及年终时从“本年利润”账户转入的全年净利润，年终如为贷方余额，表示历年积累的未分配利润，如为借方余额，则为历年的未弥补亏损。该账户应当按“提取法定盈余公积”“提取任意盈余公积”“应付现金股利或利润”“盈余公积补亏”“未分配利润”等明细账户进行核算。

“利润分配”账户的结构见图 4-43。

利润分配

借方	贷方
	期初余额：未分配利润
发生额：年终转入的全年净亏损 按规定实际分配的利润	发生额：年终转入的全年净利润
	期末余额：未分配利润

图 4-43 “利润分配”账户

(六)“盈余公积”账户

“盈余公积”账户用来核算企业从净利润中提取的盈余公积。该账户属于所有者权益账户，贷方登记企业提取的法定盈余公积和任意盈余公积数额，借方登记用盈余公积弥补亏损或转增资本的数额，期末余额在贷方，表示企业结余的盈余公积数额。该账户应当分别设置“法定盈余公积”“任意盈余公积”明细账户进行核算。

“盈余公积”账户的结构见图 4-44。

盈余公积

借方	贷方
	期初余额：结余的盈余公积
发生额：用盈余公积弥补亏损 用盈余公积转增资本	发生额：提取的盈余公积
	期末余额：结余的盈余公积

图 4-44 “盈余公积”账户

(七)“应付股利”账户

“应付股利”账户用来核算企业应付给投资者的现金股利或利润。该账户属于负债类账户，贷方登记经审议批准的应支付的现金股利或利润，借方登记实际支付的现金股利或利润，期末余额在贷方，表示应付未付的现金股利或利润。该账户可按投资者进行明细核算。

“应付股利”账户的结构见图 4-45。

应付股利

借方	贷方
	期初余额：应付未付的现金股利或利润
发生额：实际支付的现金股利或利润	发生额：经批准的应付现金股利或利润
	期末余额：应付未付的现金股利或利润

图 4-45 “应付股利”账户

三、核算举例

仍以新华工厂 12 月份发生的经济业务为例。

【例 4-53】 因供货方违反交易合同而获得罚款收入 10 000 元存入银行。

这项经济业务表明，企业因获得罚款收入，银行存款增加了 10 000 元，应记入“银行存款”账户的借方，同时营业外收入增加了 10 000 元，应记入“营业外收入”账户的贷方。会计分录如下：

借：银行存款	10 000	
贷：营业外收入		10 000

【例 4－54】 通过希望工程基金会捐赠 8 000 元，以银行存款支付。

这项经济业务表明，企业发生公益捐赠，营业外支出增加了 8 000 元，应记入“营业外支出”账户的借方，同时银行存款减少了 8 000 元，应记入“银行存款”账户的贷方。会计分录如下：

借：营业外支出　　8 000

　贷：银行存款　　8 000

【例 4－55】 计算本月所得税费用。

前面【例 4－39】、【例 4－40】、【例 4－41】、【例 4－44】确认了主营业务收入 400 000 元，【例 4－46】确认了主营业务成本 244 000 元，【例 4－47】、【例 4－49】确认了其他业务收入 20 000 元，【例 4－48】、【例 4－50】确认了其他业务成本 13 000 元，【例 4－52】确认了税金及附加 20 000 元，【例 4－26】、【例 4－27】、【例 4－30】、【例 4－33】、【例 4－35】、【例 4－36】确认了管理费用 28 920 元，【例 4－31】确认了财务费用 10 000 元，【例 4－51】确认了销售费用 3 000 元，【例 4－53】确认了营业外收入 10 000 元，【例 4－54】确认了营业外支出 8 000 元。

利润总额＝400 000＋20 000－244 000－13 000－20 000－3 000－28 920－10 000＋10 000－8 000
＝103 080（元）

所得税费用＝103 080×25%＝25 770（元）

以上计算表明，企业本月应交纳所得税 25 770 元，一方面所得税费用增加 25 770 元，应记入“所得税费用”账户的借方，另一方面应交所得税形成企业的负债，应记入“应交税费”账户的贷方。会计分录如下：

借：所得税费用　　25 770

　贷：应交税费——应交所得税　　25 770

【例 4－56】 将企业本期发生的各损益类账户余额转入“本年利润”账户。

根据以上相关业务，新华工厂各损益类账户期末结转前发生额汇总如下：

主营业务收入	400 000（贷）
主营业务成本	244 000（借）
税金及附加	20 000（借）
其他业务收入	20 000（贷）
其他业务成本	13 000（借）
销售费用	3 000（借）
管理费用	28 920（借）
财务费用	10 000（借）
营业外收入	10 000（贷）
营业外支出	8 000（借）
所得税费用	25 770（借）

以上损益类账户中，“主营业务收入”“其他业务收入”“营业外收入”账户应从其借方转入“本年利润”账户的贷方，“主营业务成本”“税金及附加”“其他业务成本”“销售费用”“管理费用”“财务费用”“营业外支出”“所得税费用”账户应从其贷方转入“本年利润”账户的借方，结转之后各损益类账户的余额为零。会计分录如下：

借：主营业务收入　　400 000
　　其他业务收入　　20 000
　　营业外收入　　10 000
　贷：本年利润　　430 000
借：本年利润　　352 690
　贷：主营业务成本　　244 000
　　　税金及附加　　20 000
　　　其他业务成本　　13 000
　　　销售费用　　3 000
　　　管理费用　　28 920
　　　财务费用　　10 000
　　　营业外支出　　8 000
　　　所得税费用　　25 770

通过以上结转，“本年利润”账户本期贷方发生额为 430 000 元，本期借方发生额为 352 690 元，本期实现净利润 77 310 元。假设“本年利润”账户月初贷方余额为 200 000 元，则该账户年末贷方余额为 277 310 元，即全年实现净利润 277 310 元。

【例 4-57】 按全年净利润的 10%和 20%分别提取法定盈余公积和任意盈余公积。

按照【例 4-56】新华工厂全年实现净利润 277 310 元，应提取法定盈余公积 27 731（=277 310×10%）元，提取任意盈余公积 55 462（=277 310×20%）元。提取盈余公积是对实现利润的分配，应记入“利润分配”账户的借方，同时由于提取盈余公积，盈余公积增加，应记入“盈余公积”账户的贷方。会计分录如下：

借：利润分配——提取法定盈余公积　　27 731
　　　　　　——提取任意盈余公积　　55 462
　贷：盈余公积——法定盈余公积　　27 731
　　　　　　　——任意盈余公积　　55 462

【例 4-58】 经股东会决议按出资比例向投资者分配现金股利 110 924 元。

这项经济业务表明，企业向投资者分配股利，应记入“利润分配”账户的借方，应付股利尚未支付，形成企业对投资者的负债，应记入“应付股利”账户的贷方。会计分录如下：

借：利润分配——应付现金股利　　110 924
　贷：应付股利　　110 924

【例 4-59】 结转全年净利润。

这项经济业务表明，依前述该企业全年实现净利润 277 310 元，年终应从“本年利润”账户借方转入“利润分配——未分配利润”账户的贷方，结转后“本年利润”账户结平。会计分录如下：

借：本年利润　　277 310
　贷：利润分配——未分配利润　　277 310

【例 4-60】 结转全年已分配利润。

这项经济业务表明，企业应将【例 4-57】、【例 4-58】全年利润分配的具体数额从“利润分配”所属明细账户“提取法定盈余公积”“提取任意盈余公积”“应付现金股利”转入“未分配利润”明细账户，结转时，应从“利润分配——提取法定盈余公积”“利润分配——提取任意盈余公积”“利润分配——应付现金股利”账户的贷方转出，转入“利润分配——未分配利润”账户的借方，这样才能将已分配利润的相关明细账户结平，并得出年末未分配利润的数额。会计分录如下：

借：利润分配——未分配利润　　194 117
　贷：利润分配——提取法定盈余公积　　27 731
　　　　　　——提取任意盈余公积　　55 462
　　　　　　——应付现金股利　　110 924

“利润分配——未分配利润”账户贷方发生额 277 310 元，借方发生额194 117元，其贷方余额为 83 193 元，即为年末未分配利润。

利润形成及分配业务账户对应关系见图 4-46。

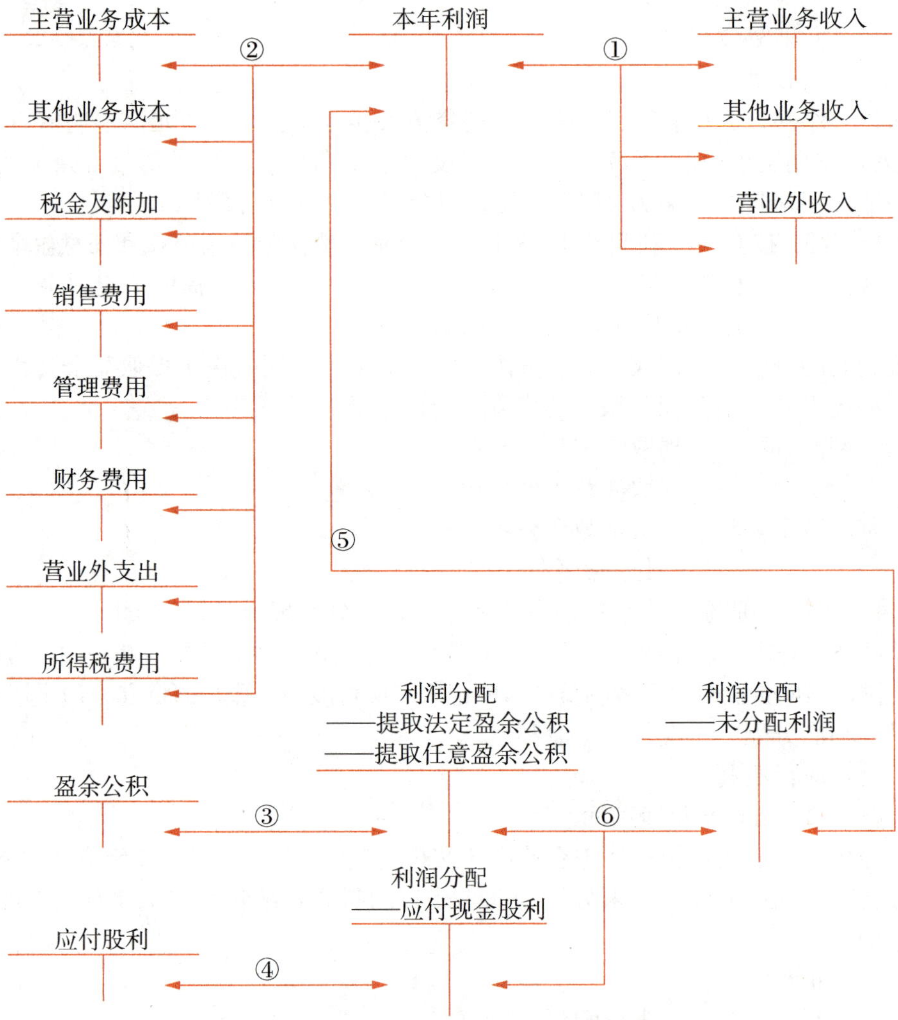

图 4-46　利润形成及分配业务账户对应关系

说明：①期末结转各项收入至“本年利润”账户；②期末结转各项费用至“本年利润”账户；③按规定提取法定盈余公积和任意盈余公积；④决定向投资者分配现金股利；⑤年终结转全年净利润至“利润分配——未分配利润”账户；⑥年终结转利润分配各明细账户至“利润分配——未分配利润”账户。

⇨ 同步思考

假设“本年利润”账户12月初借方余额为200 000元，新华工厂全年是盈还是亏？年终，“本年利润”账户和“利润分配——未分配利润”账户的余额分别是多少？

第七节　登记账户与编制试算平衡表

一、登记账户

新华工厂20××年12月份发生的经济业务见本章第三节至第六节，假设12月初各总账账户余额如表4-8所示。

表4-8

账户名称	借方余额	账户名称	贷方余额
库存现金	1 000	短期借款	200 000
银行存款	2 420 000	应付利息	20 000
应收账款	1 097 000	应付账款	800 000
预付账款	3 000	应交税费	53 000
其他应收款	2 000	长期借款	1 000 000
原材料	400 000	实收资本	6 000 000
库存商品	350 000	本年利润	200 000
固定资产	3 900 000	累计折旧	200 000
无形资产	300 000		
合计	8 473 000	合计	8 473 000

新华工厂12月份各总账账户（T形账户）登记见图4-47。

库存现金

期初余额	1 000	(21)	1 308
(20)	3 000	(29)	80 000
(28)	80 000	(32)	1 500
(33)	40	(41)	200
本期发生额	83 040	本期发生额	83 008
期末余额	1 032		

应收账款

期初余额	1 097 000	(42)	11 500
(41)	11 500		
本期发生额	11 500	本期发生额	11 500
期末余额	1 097 000		

其他应收款

期初余额	2 000	(33)	1 500
(32)	1 500		
(49)	10 000		
本期发生额	11 500	本期发生额	1 500
期末余额	12 000		

预付账款

期初余额	3 000	(24)	22 600
(23)	10 000	(35)	500
(25)	12 600		
(34)	6 000		
本期发生额	28 600	本期发生额	23 100
期末余额	8 500		

应收票据

(40)	101 700		
本期发生额	101 700	本期发生额	0
期末余额	101 700		

在途物资

(19)	120 000	(22)	121 200
(21)	1 200		
本期发生额	121 200	本期发生额	121 200
期末余额	0		

银行存款

期初余额	2 420 000	(13)	113 000
(39)	113 000	(14)	57 590
(42)	11 500	(16)	104 440
(43)	100 000	(18)	50 000
(45)	126 000	(20)	3 000
(47)	11 300	(23)	10 000
(53)	10 000	(25)	12 600
		(28)	80 000
		(30)	3 600
		(31)	30 000
		(34)	6 000
		(51)	3 000
		(54)	8 000
本期发生额	371 800	本期发生额	481 230
期末余额	2 310 570		

原材料

期初余额	400 000	(26)	123 000
(14)	51 000	(48)	9 000
(15)	30 000		
(17)	102 000		
(22)	121 200		
(24)	20 000		
本期发生额	324 200	本期发生额	132 000
期末余额	592 200		

库存商品

期初余额	350 000	(46)	244 000
(38)	129 488		
本期发生额	129 488	本期发生额	244 000
期末余额	235 488		

固定资产

期初余额	3 900 000		
(13)	100 000		
本期发生额	100 000	本期发生额	0
期末余额	4 000 000		

无形资产

期初余额	300 000		
本期发生额	0	本期发生额	0
期末余额	300 000		

短期借款

		期初余额	200 000
本期发生额	0	本期发生额	0
		期末余额	200 000

应付利息

(31)	20 000	期初余额	20 000
本期发生额	20 000	本期发生额	0
		期末余额	0

应付票据

		(17)	115 260
本期发生额	0	本期发生额	115 260
		期末余额	115 260

应付账款

(16)	104 440	期初余额	800 000
		(15)	33 900
		(19)	135 600
本期发生额	104 440	本期发生额	169 500
		期末余额	865 060

预收账款

(44)	226 000	(43)	100 000
		(45)	126 000
本期发生额	226 000	本期发生额	226 000
		期末余额	0

应付职工薪酬

(29)	80 000	(27)	80 000
本期发生额	80 000	本期发生额	80 000
		期末余额	0

应付股利

		(58)	110 924
本期发生额	0	本期发生额	110 924
		期末余额	110 924

累计折旧

		期初余额	200 000
		(36)	8 840
		(50)	4 000
本期发生额	0	本期发生额	12 840
		期末余额	212 840

实收资本

		期初余额	6 000 000
本期发生额	0	本期发生额	0
		期末余额	6 000 000

生产成本

(26)	116 000	(38)	129 488
(27)	50 000		
(37)	22 480		
本期发生额	188 480	本期发生额	129 488
期末余额	58 992		

主营业务收入

(56－1)	400 000	(39)	100 000
		(40)	90 000
		(41)	10 000
		(44)	200 000
本期发生额	400 000	本期发生额	400 000
		期末余额	0

财务费用

(31)	10 000	(56－2)	10 000
本期发生额	10 000	本期发生额	10 000
期末余额	0		

长期借款

		期初余额	1 000 000
本期发生额	0	本期发生额	0
		期末余额	1 000 000

应交税费

(13)	13 000	期初余额	53 000
(14)	6 590	(39)	13 000
(15)	3 900	(40)	11 700
(17)	13 260	(41)	1 300
(18)	50 000	(44)	26 000
(19)	15 600	(47)	1 300
(21)	108	(52)	20 000
(24)	2 600	(55)	25 770
本期发生额	105 058	本期发生额	99 070
		期末余额	47 012

盈余公积

		(57)	83 193
本期发生额	0	本期发生额	83 193
		期末余额	83 193

制造费用

(26)	5 000	(37)	22 480
(27)	8 000		
(30)	1 600		
(35)	200		
(36)	7 680		
本期发生额	22 480	本期发生额	22 480
期末余额	0		

管理费用

(26)	2 000	(56－2)	28 920
(27)	22 000		
(30)	2 000		
(33)	1 460		
(35)	300		
(36)	1 160		
本期发生额	28 920	本期发生额	28 920
期末余额	0		

主营业务成本

(46)	244 000	(56-2)	244 000
本期发生额	244 000	本期发生额	244 000
期末余额	0		

销售费用

(51)	3 000	(56-2)	3 000
本期发生额	3 000	本期发生额	3 000
期末余额	0		

其他业务收入

(56-1)	20 000	(47)	10 000
		(49)	10 000
本期发生额	20 000	本期发生额	20 000
		期末余额	0

其他业务成本

(48)	9 000	(56-2)	13 000
(50)	4 000		
本期发生额	13 000	本期发生额	13 000
期末余额	0		

营业外收入

(56-1)	10 000	(53)	10 000
本期发生额	10 000	本期发生额	10 000
		期末余额	0

营业外支出

(54)	8 000	(56-2)	8 000
本期发生额	8 000	本期发生额	8 000
期末余额	0		

税金及附加

(52)	20 000	(56-2)	20 000
本期发生额	20 000	本期发生额	20 000
期末余额	0		

所得税费用

(55)	25 770	(56-2)	25 770
本期发生额	25 770	本期发生额	25 770
期末余额	0		

本年利润

		期初余额	200 000
(56-2)	352 690	(56-1)	430 000
(59)	277 310		
本期发生额	630 000	本期发生额	430 000
		期末余额	0

利润分配

(57)	83 193	(59)	277 310
(58)	110 924		
(60)	194 117	(60)	194 117
本期发生额	388 234	本期发生额	471 427
		期末余额	83 193

图 4-47

二、编制试算平衡表

根据图 4-47 所示的各总账账户期初余额、本期发生额和期末余额资料，编制新华工厂 12 月份试算平衡表，见表 4-9。

表 4-9　本期发生额及余额试算平衡表

会计科目	期初余额		本期发生额		期末余额	
	借方	贷方	借方	贷方	借方	贷方
库存现金	1 000		83 040	83 008	1 032	
银行存款	2 420 000		371 800	481 230	2 310 570	
应收票据			101 700		101 700	
应收账款	1 097 000		11 500	11 500	1 097 000	
预付账款	3 000		28 600	23 100	8 500	

续表

会计科目	期初余额		本期发生额		期末余额	
	借方	贷方	借方	贷方	借方	贷方
其他应收款	2 000		11 500	1 500	12 000	
原材料	400 000		324 200	132 000	592 200	
在途物资			121 200	121 200		
生产成本			188 480	129 488	58 992	
库存商品	350 000		129 488	244 000	235 488	
固定资产	3 900 000		100 000		4 000 000	
无形资产	300 000				300 000	
制造费用			22 480	22 480		
管理费用			28 920	28 920		
财务费用			10 000	10 000		
销售费用			3 000	3 000		
主营业务成本			244 000	244 000		
税金及附加			20 000	20 000		
其他业务成本			13 000	13 000		
营业外支出			8 000	8 000		
所得税费用			25 770	25 770		
短期借款		200 000				200 000
应付票据				115 260		115 260
应付账款		800 000	104 440	169 500		865 060
预收账款			226 000	226 000		
应交税费		53 000	105 058	99 070		47 012
应付职工薪酬			80 000	80 000		
应付利息		20 000	20 000			
应付股利				110 924		110 924
长期借款		1 000 000				1 000 000
实收资本		6 000 000				6 000 000
盈余公积				83 193		83 193
累计折旧		200 000		12 840		212 840
主营业务收入			400 000	400 000		
其他业务收入			20 000	20 000		
营业外收入			10 000	10 000		
本年利润		200 000	630 000	430 000		
利润分配			388 234	471 427		83 193
合计	8 473 000	8 473 000	3 830 410	3 830 410	8 717 482	8 717 482

贴心提示

为什么会计分录经常会写错？怎样才能正确编写会计分录？

按照借贷记账法编写会计分录，常见的错误有会计科目用错、记账符号写反、金额写错等，造成前两种错误的原因主要是初学者对会计科目名称不熟悉、归属于什么会计要素不理解、借贷记账符号的含义不完全清楚，造成金额写错的原因多为不够细心或者一些计算要求没有领会。

“借”和“贷”作为记账符号，表示在账户中的记账方向，实质上是用来反映资金的增减变动的。大家只要记住资产类账户增加记借方，减少记贷方，其他可以借助会计等式举一反三，负债及所有者权益类账户和资产类账户正好相反，增加记贷方，减少记借方。至于收入和费用，可以这样理解：收入的取得意味着所有者权益的增加，费用的发生意味着所有者权益的减少，所以收入与所有者权益方向相同，费用与所有者权益方向相反，那么收入增加记入贷方，减少（结转）记入借方，费用的增加记入借方，减少（结转）记入贷方。

正确编写会计分录应遵循以下步骤：

（1）要会站在特定的会计主体角度分析经济业务。例如甲公司向乙公司临时借入20万元资金，对于甲公司来讲是资产中的货币资金增加了。为什么货币资金增加了呢？是因为从乙公司那里借入的，形成了对乙公司的债务，那么甲公司的负债就增加了，也就是说这笔业务对于甲公司来讲资产、负债都增加了。乙公司的货币资金减少了20万元，到哪儿去了呢？借给了甲公司，形成了对甲公司的债权，那么这笔业务对于乙公司来讲就是一项资产减少、另一项资产增加。

（2）选择正确的会计科目，以借、贷为记账符号来反映资金的增减变化。如上分析，甲公司的货币资金增加，一般记录在“银行存款”账户的借方，向其他企业临时借入资金，应该记录在“其他应付款”账户的贷方，金额应该记录20万元；而乙公司的货币资金减少，一般记录在“银行存款”账户的贷方，把资金暂时借给其他企业，应该记录在“其他应收款”账户的借方，金额也应该记录20万元。

（3）用约定俗成的书写格式写出会计分录。

自测题四

一、单项选择题

1. “制造费用”账户属于（　　）账户。

A. 资产类　　B. 负债类　　C. 成本类　　D. 所有者权益类

2. 按照权责发生制，下列各项目中属于本年收入的是（　　）。

A. 收到上年销售产品的货款120 000元

B. 预收下年度仓库租金60 000元

C. 预付下年度财产保险费78 000元

D. 本年销售产品价款 320 000 元，约定于下年三月份收取

3. 下列账户中不属于负债类账户的是（　　）。

A. 长期借款　B. 应付利息　C. 预付账款　D. 应付账款

4. 下列账户中属于成本类账户的是（　　）。

A. 生产成本　B. 财务费用　C. 管理费用　D. 销售费用

5. 下列账户中属于损益类账户的是（　　）。

A. 原材料　B. 制造费用　C. 所得税费用　D. 应交税费

6. 下列项目中不属于产品成本项目的有（　　）。

A. 直接材料　B. 制造费用　C. 直接人工　D. 管理费用

7. 下列账户中不属于所有者权益类的是（　　）。

A. 实收资本　B. 资本公积　C. 利润分配　D. 应付股利

8. 下列公式中不正确的是（　　）。

A. 利润总额＝营业利润＋营业外收入－营业外支出

B. 营业利润＝主营业务利润＋其他业务利润

C. 净利润＝利润总额－所得税费用

D. 利润总额＝营业利润＋营业外收支净额

9. 法定盈余公积应按企业净利润的（　　）提取。

A. 5%　B. 10%　C. 15%　D. 20%

10. 年终结账后有余额的账户是（　　）。

A. 本年利润　B. 制造费用　C. 利润分配　D. 税金及附加

二、多项选择题

1. 下列项目中属于计算营业利润时需要扣除的是（　　）。

A. 所得税费用　B. 财务费用　C. 销售费用　D. 管理费用

2. 下列账户中可以设置明细账户的是（　　）。

A. 原材料　B. 盈余公积　C. 生产成本　D. 利润分配

3. 工业企业下列业务取得的收入属于其他业务收入的是（　　）。

A. 材料销售　B. 产品销售　C. 半成品销售　D. 固定资产出租

4. 下列属于营业外收入的有（　　）。

A. 半成品销售　B. 罚款净收入　C. 接受捐赠　D. 材料销售收入

5. 下列属于营业外支出的有（　　）。

A. 固定资产盘亏　B. 捐赠支出　C. 非常损失　D. 罚款支出

三、判断题

1. 企业接受捐赠不会增加负债。（　　）

2. 企业购买生产设备支付的增值税不计入固定资产价值。（　　）

3. 企业销售商品的运费不应当由当期产品成本负担，应当直接计入当期损益。（　　）

4. 按照权责发生制，企业预付下年度财产保险费，不应计入本年度费用。（　　）

5. 固定资产折旧，不通过“固定资产”账户核算。（　　）

6. 某企业上年有未弥补的亏损 25 万元，本年实现净利润 20 万元，按规定该企业本年不得提取法定盈余公积。（　　）

7. 工业企业提供运输劳务取得的收入属于其他业务收入。（　　）

8. 企业出租包装物的收入属于营业外收入。（　　）

9. 企业应交的增值税、消费税、所得税均应通过“税金及附加”账户核算。（　　）

10. 企业按规定缴纳所得税，应记入“本年利润”账户的借方。（　　）

四、简答题

1. 企业计提折旧为什么要设置“累计折旧”账户进行核算？

2. 利润包括哪几个层次？怎样计算？

3. 材料采购和商品销售环节涉及的增值税分别如何核算？

4. 为什么应按照权责发生制确认收入和费用？

五、综合业务题①

习题一

目的：理解权责发生制和收付实现制。

资料：某企业 4 月份发生下列经济业务：

1. 4 月 1 日，出租闲置房屋，租期两年，每月租金 10 000 元，合同约定每季末收取当季租金。

2. 4 月 10 日，销售产品一批，总货款 200 000 元，其中 100 000 元已经收到，余款下月收取。

3. 4 月 12 日，预收货款 30 000 元存入银行，合同约定 5 月 10 日交货。

4. 4 月 15 日，通过银行转账支付上月水电费 3 000 元。

5. 4 月 25 日，收到上月销货款 50 000 元。

6. 4 月 29 日，通过银行转账支付一年财产保险费 12 000 元。

7. 4 月 30 日，收到本月招待费账单共计 2 000 元，尚未支付。

8. 4 月 30 日，用现金支付本月职工工资 60 000 元。

要求：根据资料分别采用权责发生制和收付实现制确认本月收入和费用，填入表 4 - 10。

表 4 - 10

权责发生制		收付实现制	
收入	费用	收入	费用

① 为方便完成习题七，习题二至六的业务序号顺排。另外本大题中保险费、招待费、水电费、通信费、检验费、修理费、广告费等的增值税忽略。

习题二

目的：练习筹集资金业务的核算。

资料：红星工厂是增值税一般纳税人，12 月份发生筹集资金业务如下：

1.12 月 1 日，收到投资者投入设备一台，评估价为 200 000 元。

2.12 月 2 日，收到投资者投入的货币资金 1 000 000 元，款项已存入银行。

3.12 月 3 日，收到投资者投入的一项专利权，评估价为 50 000 元。

4.12 月 4 日，向银行借款 20 000 元，期限为半年，款项存入银行。

5.12 月 5 日，向银行借款 500 000 元，期限为 3 年，款项存入银行。

要求：根据资料编写会计分录。

习题三

目的：练习材料采购业务的核算。

资料：红星工厂 12 月份发生材料采购业务如下：

6.12 月 6 日，向光阳工厂购进乙材料 30 吨，每吨 2 000 元，计买价 60 000 元，进项税额 7 800 元。材料已验收入库，货款尚未支付。

7.12 月 7 日，向光远工厂购入甲材料 20 吨，每吨 4 000 元，计买价 80 000 元，进项税额 10 400 元，材料已验收入库，开出半年期无息商业承兑汇票一张，票面金额 90 400 元。

8.12 月 8 日，通过银行转账偿还前欠光耀工厂材料款 100 000 元。

9.12 月 9 日，向光明工厂购入甲材料 10 吨，每吨 3 900 元，计买价 39 000 元，进项税额 5 070 元；发生不含税运费 1 000 元，增值税 90 元，均已通过银行支付，材料已验收入库。

10.12 月 10 日，通过银行转账偿还前欠光辉工厂票据款 80 000 元。

11.12 月 11 日，开出转账支票一张，金额 100 000 元，预付给大远工厂购买丙材料。

12.12 月 20 日，收到大远工厂发来的丙材料，增值税专用发票上载明价款200 000元，增值税 26 000 元，材料已验收入库。

13.12 月 21 日，开出转账支票一张，金额 126 000 元，补付大远工厂丙材料款。

要求：根据资料编写会计分录。

习题四

目的：练习产品生产业务的核算。

资料：红星工厂 12 月份生产过程发生业务如下：

14.12 月 21 日，领用各种材料情况如下：制造 A 产品领用甲材料 10 吨，制造 B 产品领用甲材料 5 吨，车间一般耗用领用甲材料 3 吨，甲材料每吨 4 000 元；制造 A 产品领用乙材料 5 吨，制造 B 产品领用乙材料 4 吨，企业管理部门耗用领用乙材料 1 吨，乙材料每吨 2 000 元；制造 A 产品领用丙材料 2 吨，丙材料每吨 5 000 元。

15.12 月 22 日，厂部行政管理人员李明出差前预借差旅费 2 800 元，以现金支付。

16.12 月 25 日，结算本月应付职工工资 125 000 元，其中：制造 A 产品的生产工人工资 55 000 元，制造 B 产品的生产工人工资 25 000 元，车间管理人员工资 5 000 元，企业行政管理人员工资 20 000 元，销售人员工资 20 000 元。

17.12 月 26 日，通过银行转账预付下年度财产保险费 4 800 元。

18.12 月 26 日，支付本季度短期借款利息 2 700 元（前两个月已预计应付利息 1 800 元）。

19.12月26日，李明报销差旅费2 600元，退回现金200元，结清前借款项。

20.12月26日，通过银行转账支付本月水电费5 000元，其中：车间水电费3 000元，行政管理部门水电费2 000元。

21.12月30日，按规定计提本月固定资产折旧12 000元，其中：车间用固定资产计提折旧10 000元，行政管理部门用固定资产计提折旧2 000元。

22.12月30日，按生产工人工资比例分配并结转本月制造费用。

23.12月30日，结转完工产品成本A产品200 000元、B产品150 000元。

要求：根据资料编写会计分录。

习题五

目的：练习销售业务的核算。

资料：红星工厂12月份销售过程发生业务如下：

24.12月26日，预收大光工厂订购A产品的货款100 000元存入银行。

25.12月27日，销售给大明工厂A产品10件，每件售价18 000元，价款180 000元，增值税额23 400元，款项收到存入银行。

26.12月27日，收到大宏工厂前欠的货款200 000元存入银行。

27.12月28日，销售给大津工厂B产品20件，每件售价10 000元，价款200 000元，增值税额26 000元，收到一张期限为3个月、票面金额为226 000元的商业汇票。

28.12月30日，向大光工厂发出其预订的A产品20件，每件售价18 000元，价款360 000元，增值税额46 800元。

29.12月31日，收到大光工厂补付的货款306 800元。

30.12月31日，通过银行转账支付销售产品的不含税运费2 000元，增值税税率9%。

31.12月31日，以现金支付广告费800元。

32.12月31日，收到大理工厂票据款75 000元存入银行。

33.12月31日，按本月产品销售收入和10%的税率计算应缴纳的消费税。

34.12月31日，销售一批原材料给长江工厂，售价为15 000元，增值税额1 950元，货款尚未收到。

35.12月31日，结转本月已售原材料的实际成本12 000元。

36.12月31日，结转本月已售A产品的销售成本400 000元、B产品的销售成本100 000元。

要求：根据资料编写会计分录。

习题六

目的：练习利润形成与分配业务的核算。

资料：红星工厂12月份发生利润形成与分配相关业务如下：

37.12月31日，取得罚款收入600元存入银行。

38.12月31日，以银行存款支付罚款1 000元。

39.12月31日，计算本期利润总额，并按25%的税率计算所得税费用。

40.12月31日，将损益类账户结转至“本年利润”账户。

41.12月31日，按全年净利润的10%提取法定公积金（确定全年净利润时应参考习题七资料中本年利润的期初金额）。

42.12 月 31 日，按全年净利润的 30%提取任意公积金。
43.12 月 31 日，经股东会决议向投资者分配股利 50 000 元。
44.12 月 31 日，结转全年净利润。
45.12 月 31 日，结转全年已分配利润。
要求：根据资料编写会计分录。

习题七

目的：练习 T 形账户的登记、本期发生额及余额试算平衡表的编制。
资料：红星工厂 12 月初有关总分类账账户余额见表 4-11。

表 4-11 总分类账账户余额 单位：元

账户名称	借方金额	账户名称	贷方金额
库存现金	6 000	短期借款	200 000
银行存款	515 000	应付票据	80 000
应收票据	75 000	应付账款	800 000
应收账款	600 000	应交税费	174 200
预付账款	100 000	应付利息	1 800
其他应收款	5 000	长期借款	1 500 000
原材料	400 000	实收资本	2 500 000
生产成本	330 000	资本公积	351 000
库存商品	300 000	盈余公积	300 000
固定资产	3 509 000	累计折旧	150 000
无形资产	320 000	本年利润	103 000
合计	6 160 000	合计	6 160 000

要求：根据各总分类账账户的期初余额及习题二至习题六的会计分录登记各总分类账账户（T 形账户）并结账，然后编制本期发生额及余额试算平衡表，填入表 4-12。

表 4-12 本期发生额及余额试算平衡表 单位：元

会计科目	期初余额		本期发生额		期末余额	
	借方	贷方	借方	贷方	借方	贷方
库存现金						
银行存款						
应收票据						
应收账款						
预付账款						
其他应收款						
原材料						
生产成本						
库存商品						
固定资产						
无形资产						
制造费用						
管理费用						

续表

会计科目	期初余额		本期发生额		期末余额	
	借方	贷方	借方	贷方	借方	贷方
财务费用						
销售费用						
主营业务成本						
税金及附加						
其他业务成本						
营业外支出						
所得税费用						
短期借款						
应付票据						
应付账款						
预收账款						
应交税费						
应付职工薪酬						
应付股利						
应付利息						
长期借款						
实收资本						
资本公积						
盈余公积						
累计折旧						
主营业务收入						
其他业务收入						
营业外收入						
本年利润						
利润分配						
合计						

习题八

目的：综合练习工业企业主要经济业务的核算。

资料：大华工厂为增值税一般纳税人，本期发生如下经济业务。

1. 收到投资者投资 200 000 元，款项存入银行。
2. 收到投资者投资 500 000 元，其中固定资产 380 000 元，无形资产 120 000 元。
3. 以银行存款归还长期借款 350 000 元。
4. 从银行取得为期三个月的借款 50 000 元，款项存入银行。
5. 购入汽车一辆，以银行存款支付价款 120 000 元。
6. 向前进工厂购进甲材料，价款 25 800 元，进项税额 3 354 元，款项以银行存款支付，材料已验收入库。
7. 向胜利工厂购进乙材料价款 99 000 元，进项税额 12 870 元，款项尚未支付，材料已验收入库。

8. 以银行存款 25 000 元预付光明工厂材料款。

9. 以银行存款缴纳应交增值税 20 000 元。

10. 向光明工厂已预付货款的甲材料到货，价款 21 500 元，进项税额 2 795 元，材料已验收入库。

11. 向光远工厂购进甲材料，价款 43 000 元，进项税额 5 590 元，款项尚未支付，材料已验收入库。

12. 以银行存款 111 870 元偿还前欠胜利工厂货款。

13. 以银行存款 50 000 元偿还光华工厂应付票据款。

14. 预收江山公司货款 80 000 元存入银行。

15. 厂部管理人员李飞预借差旅费 1 600 元，以现金支付。

16. 以银行存款 2 000 元支付通信费。

17. 以银行存款 4 800 元预付下年度财产保险费。

18. 以银行存款 3 000 元购买办公用品，其中基本生产车间领用 1 000 元，企业管理部门领用 2 000 元。

19. 从银行提取现金 28 000 元备发工资。

20. 以现金 28 000 元发放职工工资。

21. 以银行存款 8 000 元支付水电费。

22. 以银行存款 1 000 元支付固定资产日常修理费。

23. 企业财会部门购买凭证账表共计 100 元，以现金支付。

24. 基本生产车间工人李明出差回厂，报销差旅费 1 800 元，以现金支付。

25. 以银行存款 2 000 元支付基本生产车间检验费。

26. 厂部管理人员李飞回厂，报销差旅费 1 500 元，退回现金 100 元，结清前借款项。

27. 制造 A 产品领用甲材料 8 吨，制造 B 产品领用甲材料 5 吨，车间一般耗用领用甲材料 1 吨，甲材料每吨 4 300 元；制造 A 产品领用乙材料 10 吨，制造 B 产品领用乙材料 5 吨，企业管理部门耗用领用乙材料 0.2 吨，乙材料每吨 5 000 元。

28. 结算本月应付职工工资 31 920 元，其中：制造 A 产品的生产工人工资 13 680 元，制造 B 产品的生产工人工资 9 120 元，车间管理人员工资 3 420 元，企业行政管理人员工资 5 700 元。

29. 以银行存款 2 000 元支付招待费。

30. 计提固定资产折旧 9 500 元，其中基本生产车间 6 980 元，企业管理部门 2 520 元。

31. 确认应由本月份负担的保险费 1 600 元，其中应由基本生产车间负担 1 000 元，企业管理部门负担 600 元，该保险费已经于以前期间支付。

32. 以生产工人工资为标准分配结转本月制造费用。

33. 根据成本计算资料，本月完工 A 产品已验收入库，实际制造成本为 160 000 元，予以结转。

34. 收回长江工厂前欠销货款及代垫运杂费 18 000 元，存入银行。

35. 收到长河工厂预付货款 52 200 元，存入银行。

36. 销售 A 产品 5 辆，每辆售价 15 000 元，货款 75 000 元，增值税额 9 750 元，款项收到存入银行。

37. 销售给长青工厂 A 产品 10 辆，每辆售价 15 000 元，货款 150 000 元，增值税额 19 500 元，款项尚未收到。

38. 以银行存款 2 800 元支付广告费。

39. 销售给长河工厂 A 产品 3 辆，每辆售价 15 000 元，货款 45 000 元，增值税额 5 850元，前已收到长河工厂的预付货款。

40. 收到长青工厂所欠 A 产品货款 169 500 元，存入银行。

41. 结转本月已售 A 产品的销售成本，A 产品的单位制造成本为 7 500 元。

42. 计算本月应交的消费税，消费税税率为 10%。

43. 销售一批原材料给长宏工厂，售价为 10 000 元，增值税额 1 300 元，收到期限为三个月的应收票据一张。

44. 结转本月已售原材料的实际成本 9 000 元。

45. 以银行存款支付短期借款利息 3 000 元，其中包括前两个月的应付利息 2 000 元。

46. 接到银行通知收到银行存款利息 500 元。

47. 以银行存款支付违约金 500 元。

48. 收到一笔罚款 800 元存入银行。

49. 计算本期企业的利润总额，并按 25%的税率计算应缴纳的所得税。

50. 将企业本期发生的损益类账户余额转入“本年利润”账户。

51. 分别按本期净利润的 10%和 20%提取法定盈余公积、任意盈余公积。

52. 股东大会决定向投资者分配现金股利 10 000 元。

要求：根据上述资料编写会计分录。

第五章

账户的分类

同步思考
参考答案

本章学习目标

通过本章的学习，学生应能够说出各主要账户的性质、用途和结构，从而具备正确设置和运用账户的能力。

重点与难点

1. 账户按经济内容分类
2. 账户按用途和结构分类

引例

南光（集团）有限公司 2016 年度财务收支等情况审计结果摘要

根据《中华人民共和国审计法》的规定，2017 年 5 月至 6 月，审计署对南光（集团）有限公司（以下简称南光集团）2016 年度财务收支等情况进行了审计，重点审计了南光集团总部及所属南光（上海）投资有限公司等 7 家二级单位，对有关事项进行了延伸和追溯。

南光集团成立于 1985 年，主要从事日用消费品贸易（包括原油和成品油贸易）等。据其 2016 年度合并财务报表反映，南光集团 2016 年底拥有全资和控股子公司 100 家、参股公司 69 家；资产总额 193.28 亿元，负债总额 32.04 亿元，所有者权益 161.24 亿元，资产负债率 16.58%；当年营业总收入 413.28 亿元，利润总额 10.13 亿元，净利润 9.08 亿元，净资产收益率 6.21%；国有资本保值增值率 112.1%。

审计发现，南光集团在财务管理和会计核算方面存在的主要问题有：

（1）至 2016 年底，南光集团总部未按规定将 46.3 亿元增资款在实收资本中反映，全额计入了资本公积。

（2）2016 年，南光集团未按规定将实际控制的 3 家企业纳入合并财务报表范围，涉及资产 3 524.6 万元。

（3）至 2016 年底，南光集团总部为员工购买保险形成的在保险公司公共账户的资金结余 375.36 万元，未纳入集团账务核算。

资料来源：审计署网．

第一节 账户按经济内容分类

账户按其反映的经济内容不同，可以分为资产类、负债类、所有者权益类、成本类和损益类五大类。

一、资产类账户

资产类账户是反映企业各种资产增减变动及余额情况的账户，该类账户的特点是：借方登记增加数，贷方登记减少数，余额一般在借方。

资产分为流动资产和非流动资产，因此资产类账户又可分为流动资产账户和非流动资产账户。反映流动资产的账户有“库存现金”“银行存款”“应收账款”“应收票据”“其他应收款”“预付账款”“原材料”“在途物资”“库存商品”等账户；反映非流动资产的账户有“固定资产”“累计折旧”“无形资产”等账户。

二、负债类账户

负债类账户是反映企业各种债务增减变动及余额情况的账户，该类账户的特点是：借方登记减少数，贷方登记增加数，余额一般在贷方。

负债分为流动负债和非流动负债，因此负债类账户又可分为流动负债账户和非流动负债账户。反映流动负债的账户有“短期借款”“应付票据”“应付账款”“预收账款”“应付职工薪酬”“其他应付款”“应交税费”“应付利息”“应付股利”等账户；反映非流动负债的账户有“长期借款”“长期应付款”“应付债券”等账户。

三、所有者权益类账户

所有者权益类账户是反映企业投资人对企业净资产享有的权益增减变动及余额情况的账户，该类账户的特点是：借方登记减少数，贷方登记增加数，余额一般在贷方。所有者权益类账户包括“实收资本”“资本公积”“盈余公积”“本年利润”“利润分配”等账户。

四、成本类账户

成本类账户是反映企业产品生产成本和劳务成本增减变动及余额情况的账户，该类账户的特点是：借方登记增加数，贷方登记减少数，如果有余额，余额一般在借方。成本类账户包括“生产成本”“制造费用”“劳务成本”等账户。

五、损益类账户

损益类账户是反映企业利润形成情况的账户，其中“主营业务收入”“其他业务收入”“营业外收入”等账户借方登记减少和结转数，贷方登记增加数，期末没有余额；“主营业务成本”“税金及附加”“其他业务成本”“销售费用”“管理费用”“财务费用”“营业外支出”“所得税费用”等账户借方登记增加数，贷方登记减少数和结转数，期末没有余额。

现将账户按经济内容分类归纳，见图 5-1。

- 账户按经济内容分类
  - 资产类账户
    - 流动资产账户
      - 库存现金
      - 银行存款
      - 应收账款
      - 应收票据
      - 预付账款
      - 其他应收款
      - 原材料
      - 在途物资
      - 库存商品
    - 非流动资产账户
      - 固定资产
      - 累计折旧
      - 无形资产
  - 负债类账户
    - 流动负债账户
      - 短期借款
      - 应付账款
      - 预收账款
      - 应付票据
      - 其他应付款
      - 应付职工薪酬
      - 应交税费
      - 应付利息
      - 应付股利
    - 非流动负债账户
      - 长期借款
      - 长期应付款
      - 应付债券
  - 所有者权益类账户
    - 实收资本
    - 资本公积
    - 本年利润
    - 利润分配
    - 盈余公积
  - 成本类账户
    - 劳务成本
    - 生产成本
    - 制造费用
  - 损益类账户
    - 主营业务收入
    - 其他业务收入
    - 主营业务成本
    - 其他业务成本
    - 税金及附加
    - 管理费用
    - 财务费用
    - 销售费用
    - 营业外收入
    - 营业外支出
    - 所得税费用

图 5-1 账户按经济内容分类

同步思考

1. “预收账款”账户如果期末余额在借方，实质上是资产还是负债？
2. 所有者权益类账户有借方发生额吗？余额可能在借方吗？

第二节　账户按用途和结构分类

账户按经济内容分类，可以了解账户的性质，这种分类是最基本的账户分类，但按经济内容分类有时不能揭示账户的具体用途和结构特点。例如用来核算固定资产磨损价值的“累计折旧”账户，按其反映的经济内容应该属于资产类账户，但是它的结构和资产类账户不同，一般资产类账户，增加记借方，减少记贷方，期末余额在借方，而“累计折旧”账户计提折旧时记贷方，已提折旧的减少或注销记借方，期末余额在贷方。所以，为了揭示账户的具体用途和提供核算指标方面的规律性，以便正确地设置和运用账户，有必要在账户按经济内容分类的基础上，进一步将账户按用途和结构分类。

账户按其用途和结构不同，可以分为盘存账户、资本账户、结算账户、集合分配账户、成本计算账户、收入账户、费用账户、财务成果账户、计价对比账户、调整账户、暂记账户十一类。

一、盘存账户

盘存账户用来核算企业各项货币资金和财产物资的增减变动及其结存情况，包括“库存现金”“银行存款”“原材料”“库存商品”“固定资产”等账户。该类账户属于资产类账户，其结构特点是：借方登记各项货币资金和财产物资的增加，贷方登记各项货币资金和财产物资的减少，期末余额总是在借方，表示各项货币资金和财产物资的实存数。

盘存账户反映的各项货币资金和财产物资是企业内部控制的重点，可以通过实地盘点或核对的方法确定其实存数，以检查其账实是否相符。这样一方面可以保证会计记录真实可靠，另一方面可以保证各项货币资金和财产物资的安全完整。除“库存现金”和“银行存款”等货币资金账户外，其他盘存账户如“原材料”“库存商品”“固定资产”等账户通过明细核算，可以提供实物量和价值量两种指标，有利于加强财产物资管理。

盘存账户的结构见图 5－2。

盘存账户

借方	贷方
期初余额：货币资金、财产物资的期初实存数 发生额：本期货币资金、财产物资的增加	发生额：本期货币资金、财产物资的减少
期末余额：货币资金、财产物资的期末实存数	

图 5－2　盘存账户

二、资本账户

资本账户用来核算企业所有者投入资本和公积金增减变动及其结存情况，包括“实收资本”“资本公积”“盈余公积”等账户。该类账户属于所有者权益类账户，其结构特点是：贷方登记所有者投入资本和公积金的增加，借方登记资本和公积金的减少，期末余额总是在贷方，表示资本和公积金的实有数。

资本账户反映的资本和公积金是企业投资者投入企业的资金和企业的内部积累，是企业生存发展和对外承担责任的经济基础，通过账户记录可以了解企业投资者投入资本的规模、资本保值增值情况等价值量指标。

资本账户的结构如图 5－3 所示。

资本账户

借方	贷方
发生额：本期资本和公积金的减少	期初余额：资本和公积金的期初实有数 发生额：本期资本和公积金的增加
	期末余额：资本和公积金的期末实有数

图 5－3　资本账户

三、结算账户

结算账户用来核算企业与其他单位或个人之间债权债务增减变动及其结存情况。按照结算业务的不同，结算账户又可以分为债权结算账户、债务结算账户和债权债务结算账户三类。

（一）债权结算账户

债权结算账户用来核算企业与其他单位或个人之间的债权结算业务，包括“应收账款”“应收票据”“预付账款”“其他应收款”等账户。该类账户属于资产类账户，其结构特点是：借方登记债权的增加，贷方登记债权的减少，期末余额一般在借方，表示各项债权的实有数。

债权结算账户核算的内容属于企业的流动资产，它们能否及时如数收回对企业资金周转和资产安全有很大影响，因此它们也是企业内部控制的重点。债权结算账户按照债务人进行明细核算，提供价值量指标。企业应及时与债务人对账、结算，以保证会计记录的正确性和资产安全，并为企业加快资金周转和加强账款管理提供完备的信息。

债权结算账户的结构见图 5－4。

债权结算账户

借方	贷方
期初余额：各项债权的期初实有数 发生额：本期各项债权的增加	发生额：本期各项债权的减少
期末余额：各项债权的期末实有数	

图 5－4　债权结算账户

（二）债务结算账户

债务结算账户用来核算企业与其他单位或个人之间的债务结算业务，包括“短期借款”“应付账款”“应付票据”“预收账款”“应付职工薪酬”“应付利息”“应交税费”“应付股利”“其他应付款”“长期借款”等账户。该类账户属于负债类账户，其结构特点是：贷方登记债务的增加，借方登记债务的减少，期末余额一般在贷方，表示各项债务的实有数。

债务结算账户核算的内容属于企业的负债，它们能否及时偿还，会影响到企业的信誉。该类账户按照债权人进行明细核算，提供价值量指标，为企业负债管理提供详细的信息。

债务结算账户的结构见图 5－5。

债务结算账户

借方	贷方
	期初余额：各项债务的期初实有数
发生额：本期各项债务的减少	发生额：本期各项债务的增加
	期末余额：各项债务的期末实有数

图 5－5　债务结算账户

（三）债权债务结算账户

债权债务结算账户属于双重性质的结算账户，既核算债权结算业务，又核算债务结算业务。该类账户的结构特点是：借方登记债权（应收款项和预付款项）的增加和债务（应付款项和预收款项）的减少，贷方登记债务的增加和债权的减少；期末余额方向不固定，可能在借方，也可能在贷方；如在借方，表示尚未收回的债权净额；如在贷方，表示尚未偿付的债务净额。

如企业向某单位预付一笔货款，可以不设置“预付账款”账户，而是设置“应付账款”账户，预付货款时登记在该账户的借方，收到所购买的货物时将总货款登记在该账户的贷方，若预付货款大于总货款，该账户为借方余额，表示企业的债权，若预付货款小于总货款，该账户为贷方余额，表示企业的债务。这时“应付账款”账户既核算企业的应付账款，也核算企业的预付账款，属于债权债务结算账户。不设置“预收账款”账户的企业，也可以通过“应收账款”账户核算企业预收款项的增减变动及其结余情况。预收货款时登记在该账户的贷方，发出所销售的货物时将总货款登记在该账户的借方，若预收货款大于总货款，该账户为贷方余额，表示企业的债务；若预收货款小于总货款，该账户为借方余额，表示企业的债权。这时“应收账款”账户既核算企业的应收账款，也核算企业的预收账款，属于债权债务结算账户。有些企业还可能设置“其他往来”账户，集中核算企业与同一单位发生债权和债务的往来结算情况，它既核算其他应收款，也核算其他应付款，因此也属于债权债务结算账户。

在实际工作中运用债权债务结算账户，主要是为了简化账户设置和核算手续。按照往来单位设置明细账，提供价值量指标，为管理提供详细的信息，是债权债务结算账户和上述两类结算账户共同的特点。但债权债务结算账户应根据账户的余额方向判断账户的性质，账户的借方余额表示债权，贷方余额表示债务，总账账户的余额等于所属明细账户的借方余额之和与贷方余额之和的差额。

债权债务结算账户的结构见图 5－6。

债权债务结算账户

借方	贷方
期初余额：债权的期初实有数 发生额：本期债权的增加、债务的减少	期初余额：债务的期初实有数 发生额：本期债务的增加、债权的减少
期末余额：债权的期末实有数	期末余额：债务的期末实有数

图 5－6　债权债务结算账户

四、集合分配账户

集合分配账户用来归集企业生产过程中所发生的需按一定标准分配计入有关成本核算对象的间接费用，也就是“制造费用”账户。该账户的结构特点是：借方登记各种间接费用的发生数，贷方登记间接费用的分配数，期末通常没有余额（季节性生产的企业除外）。

集合分配账户借方归集间接费用，贷方分配费用，具有明显的过渡性质，设置该账户的主要目的是简化成本核算。同时该账户按不同的生产车间、部门和费用项目进行明细核算，提供价值量指标，有利于成本控制和分析。

集合分配账户的结构见图 5－7。

集合分配账户

借方	贷方
发生额：本期发生的各种间接费用	发生额：本期分配的间接费用

图 5－7　集合分配账户

五、成本计算账户

成本计算账户用来核算企业生产经营过程中应计入成本核算对象的实际成本增减变动及其结余情况，在工业企业中主要指“生产成本”账户。该账户的结构特点是：借方登记应计入成本的全部费用，包括直接费用和按一定标准分配的间接费用，贷方登记完工转出的产品成本，期末余额在借方，表示尚未完工的在产品实际成本。

成本计算账户应当分别按照生产车间和成本核算对象设置明细账或成本计算单，并按照规定的成本项目设置专栏，为成本管理提供价值量、实物量指标。

成本计算账户的结构见图 5－8。

成本计算账户

借方	贷方
期初余额：期初在产品的实际成本 发生额：本期发生的生产成本	发生额：本期完工转出的产品成本
期末余额：期末在产品的实际成本	

图 5－8　成本计算账户

六、收入账户

收入账户用来核算企业在一定会计期间内所取得的各种收入，包括“主营业务收入”“其他业务收入”“营业外收入”等账户。该类账户的结构特点是：贷方登记收入的增加，借方登记收入的减少和结转，期末没有余额。

收入账户汇集了企业本期所取得的收入，每个会计期间以零为起点进行核算，期末结转至“本年利润”账户，账户设置的主要目的是核算当期利润，同时该类账户按不同的业务种类和收入项目进行明细核算，提供价值量指标，有利于进行收入分析。

收入账户的结构见图 5－9。

收入账户

借方	贷方
发生额：本期收入的减少和结转	发生额：本期收入的增加

图 5-9　收入账户

七、费用账户

费用账户用来核算企业在一定会计期间内所发生的各种费用，包括“主营业务成本”“其他业务成本”“税金及附加”“销售费用”“管理费用”“财务费用”“营业外支出”“所得税费用”等账户。该类账户的结构特点是：借方登记费用的增加，贷方登记费用的减少和结转，期末没有余额。

费用账户汇集了企业本期所发生的费用，账户设置的主要目的和收入账户一样，也是为了核算当期利润，每个会计期间以零为起点进行核算，期末结转至“本年利润”账户，同时该类账户按不同的业务种类和费用项目进行明细核算，提供价值量指标，有利于进行费用管理。

费用账户的结构见图 5-10。

费用账户

借方	贷方
发生额：本期费用的增加	发生额：本期费用的减少和结转

图 5-10　费用账户

八、财务成果账户

财务成果账户用来核算企业在一定会计期间内全部生产经营活动的最终成果，具体为“本年利润”账户。该账户的结构特点是：贷方登记期末从收入账户转入的本期发生的各项收入，借方登记期末从费用账户转入的本期发生的各项费用，期末如为贷方余额，表示企业实现的净利润，若为借方余额，表示企业发生的净亏损；全年实现的利润或发生的亏损在年末结转至“利润分配”账户，年终结转后该账户没有余额。

财务成果账户集中反映了企业一定会计期间累计实现的利润或发生的亏损，随着年终转账该账户最终归零，下个年度开始该账户又从零开始核算下一年的盈亏。

财务成果账户的结构见图 5-11。

财务成果账户

借方	贷方
发生额：应计入当期利润的各项费用	发生额：应计入当期利润的各项收入
期末余额：截至本期末发生的净亏损 年终结转全年净利润	期末余额：截至本期末实现的净利润 年终结转全年净亏损

图 5-11　财务成果账户

九、计价对比账户

计价对比账户用来核算企业按照两种不同的计价标准计价并进行对比，借以确定其业务成果的经济业务，如按计划成本进行材料日常核算的企业所设置的“材料采购”账户，其结构特点是：借方登记材料的实际采购成本，贷方登记入库材料的计划成本，将借贷两方材料的实际采购成本与计划成本对比，可以确定材料采购成本是超支还是节约，从而评价材料采购业务成果。本教材不涉及计价对比账户。

十、调整账户

调整账户用来调整被调整账户，以确定被调整账户的实际金额。将调整账户与被调整账户有机地联系起来，可以提供管理上所需要的特定指标。调整账户按其调整方式不同，可以分为备抵账户、附加账户和备抵附加账户三类。

（一）备抵账户

备抵账户亦称抵减账户，是用来抵减被调整账户的余额，以求得被调整账户实际余额的账户。备抵账户的余额方向与被调整账户的余额方向必定相反，如果被调整账户的余额在借方（或贷方），则备抵账户的余额一定在贷方（或借方）。

如“累计折旧”账户是“固定资产”账户的备抵账户，“累计折旧”账户专门核算固定资产的磨损价值，期末余额在贷方，而“固定资产”账户专门核算固定资产原价的增减变动，期末余额在借方。“固定资产”账户的借方余额减去“累计折旧”账户的贷方余额表示固定资产净值，反映固定资产的实际折余价值，两个账户结合起来既可以提供固定资产的原始价值，也可以反映固定资产的磨损价值和净值。

再如，“利润分配”账户也可以说是“本年利润”账户的备抵账户，不过由于“本年利润”账户年终须结转到“利润分配”账户，所以它们之间的调整关系仅存在于年度中间。年终结转前“本年利润”账户的期末贷方余额，反映截至期末本年已实现的利润，“利润分配”账户的借方余额，反映截至期末本年已分配的利润，用“本年利润”账户的贷方余额减去“利润分配”账户的借方余额，可以反映期末未分配利润。

备抵账户的调整方式可用下列公式表示：

被调整账户余额－备抵账户余额＝被调整账户的实际余额

（二）附加账户

附加账户是用来增加被调整账户的余额，以求得被调整账户实际余额的账户。附加账户的余额方向与被调整账户的余额方向一定相同，如果被调整账户的余额在借方（或贷方），则附加账户的余额也一定在借方（或贷方）。本教材未涉及具体的附加账户。

附加账户的调整方式可用下列公式表示：

被调整账户余额＋附加账户余额＝被调整账户的实际余额

（三）备抵附加账户

备抵附加账户是既可以用来抵减又可以用来增加被调整账户的余额，以求得被调整账户实际余额的账户。该类账户兼有备抵账户和附加账户两种功能，但不能同时起作用，其账户的余额方向与被调整账户的余额方向相反时，其调整方式与备抵账户相同，起到抵减被调整账户余额的作用；当账户的余额方向与被调整账户的余额方向相同时，其调整方式与附加账户相同，起到增加被调整账户余额的作用。例如采用计划成本进行材料日常核算的企业设置的“材料成本差异”账户，就属于备抵附加账户，用来调整按计划成本核算的“原材料”账户，本教材不作详细介绍。

十一、暂记账户

暂记账户用来核算企业财产清查中发现的盘盈、盘亏或毁损业务，具体是指“待处理财产损溢”账户，在批准处理前根据业务性质暂记在该账户的借方或贷方，批准处理以后将其转销，该账户的用途和结构特点将在第八章详细介绍。

以上账户按用途和结构的分类归纳如图 5-12 所示。

- 账户按用途和结构分类
  - 盘存账户
    - 库存现金
    - 银行存款
    - 原材料
    - 库存商品
    - 固定资产
  - 资本账户
    - 实收资本
    - 资本公积
    - 盈余公积
  - 结算账户
    - 债权结算账户
      - 应收账款
      - 应收票据
      - 预付账款
      - 其他应收款
    - 债务结算账户
      - 短期借款
      - 应付账款
      - 应付票据
      - 预收账款
      - 应交税费
      - 应付职工薪酬
      - 长期借款
      - 应付股利
      - 其他应付款
    - 债权债务结算账户
  - 集合分配账户——制造费用
  - 成本计算账户——生产成本
  - 收入账户
    - 主营业务收入
    - 其他业务收入
    - 营业外收入
  - 费用账户
    - 主营业务成本
    - 其他业务成本
    - 税金及附加
    - 管理费用
    - 销售费用
    - 财务费用
    - 营业外支出
    - 所得税费用
  - 财务成果账户——本年利润
  - 计价对比账户——材料采购
  - 调整账户
    - 累计折旧
    - 利润分配
  - 暂记账户——待处理财产损溢

图 5-12 账户按用途和结构分类

同步思考

1. 为什么要设置“利润分配”账户？
2. “预收账款”账户和“预付账款”账户的用途和结构有什么不同？

贴心提示

为什么要学习账户的分类？

在第四章学习了很多账户之后，把它们加以归类是非常必要的，可以帮助大家深入理解账户的用途、结构、特点，进一步提高账户设置和运用的能力。

例如，“应收账款”账户与“应付账款”账户、“预收账款”账户与“预付账款”账户虽然一字之差，但性质截然不同，“应收账款”“预付账款”属于资产类账户，“应付账款”“预收账款”属于负债类账户。不过从另一个角度看，它们又有着共同的特点，它们都是在物流与现金流不一致的情况下使用的，都是用来核算商品购销环节发生的债权债务，所以按照账户用途，我们可以把它们归为一类：结算类账户。

就一项购销业务而言，如果货物交付和货款支付不同时进行，货物交付在前、货款支付在后，对于购买方来讲取得货物的同时增加了一笔应付账款负债，而对于销售方来讲销售货物取得收入的同时并没有收到货款，因而增加了一笔应收账款债权；对于购买方来讲支付货款表示偿还应付账款债务，对于销售方来讲收到货款表示收回应收账款债权。若货款支付在前、货物交付在后，对于购买方来讲货款支付时货币资金减少、预付账款债权增加，而对于销售方来讲收到货款，货币资金增加、预收账款债务增加；购买方收到货物时，对于购买方来讲预付账款转化为取得的货物，对于销售方来讲则是预收账款转化为实现的收入。而且购买方的应付账款、预付账款应该对应于销售方的应收账款和预收账款，理解了它们之间的联系，不仅能够使我们对账户的用途认识更加清楚，还可以为单位往来账款的管理提供清晰的分析思路。

自测题五

一、单项选择题

1. 成本类账户期末如有余额，这个余额属于企业的（　　）。
A. 资产　B. 负债　C. 权益　D. 损益
2. 下列账户按照经济内容分类属于资产类账户的是（　　）。
A. 短期借款　B. 累计折旧　C. 生产成本　D. 营业外收入
3. 下列账户中不属于负债类账户的是（　　）。
A. 长期借款　B. 其他应收款　C. 应交税费　D. 应付账款
4. 下列账户中属于成本类账户的是（　　）。
A. 无形资产　B. 财务费用　C. 管理费用　D. 制造费用

5. 下列账户中属于损益类账户的是（ ）。
A. 生产成本 B. 制造费用 C. 营业外收入 D. 应交税费
6. 下列账户中属于备抵账户的是（ ）。
A. 本年利润 B. 累计折旧 C. 原材料 D. 固定资产
7. 下列账户中按用途和结构分类属于债务结算账户的是（ ）。
A. 短期借款 B. 应收票据 C. 应收账款 D. 预付账款
8. 下列账户中属于集合分配账户的是（ ）。
A. 生产成本 B. 制造费用 C. 管理费用 D. 财务费用
9. “本年利润”账户按用途和结构分类属于（ ）。
A. 调整类 B. 暂记类 C. 收入类 D. 财务成果类
10. 下列账户中按经济内容分类不属于资产账户的有（ ）。
A. 累计折旧 B. 预收账款 C. 其他应收款 D. 库存商品

二、多项选择题

1. 下列各账户中按经济内容分类属于资产类账户的有（ ）。
A. 固定资产 B. 无形资产 C. 累计折旧 D. 本年利润
2. 下列各账户中按经济内容分类属于负债类账户的有（ ）。
A. 其他应付款 B. 长期借款 C. 制造费用 D. 实收资本
3. 下列各账户中按经济内容分类属于所有者权益类账户的有（ ）。
A. 实收资本 B. 本年利润 C. 预付账款 D. 利润分配
4. 下列各账户中按经济内容分类属于损益类账户的有（ ）。
A. 主营业务成本 B. 生产成本 C. 管理费用 D. 所得税费用
5. 下列各账户中按用途和结构分类属于盘存账户的有（ ）。
A. 库存现金 B. 原材料 C. 固定资产 D. 库存商品
6. 下列各账户中按用途和结构分类属于结算账户的有（ ）。
A. 应收账款 B. 预付账款 C. 利润分配 D. 其他应收款
7. 下列各账户中按用途和结构分类不属于成本计算账户的有（ ）。
A. 生产成本 B. 主营业务成本
C. 其他业务成本 D. 制造费用
8. 下列各账户中按用途和结构分类属于备抵账户的有（ ）。
A. 固定资产 B. 累计折旧
C. 待处理财产损溢 D. 利润分配

三、判断题

1. “累计折旧”账户按经济内容分类属于资产账户。 （ ）
2. 调整账户的余额一定和被调整账户的余额方向相反。 （ ）
3. 反映相同经济内容的账户可能具有不同的用途和结构。 （ ）
4. 债权债务结算账户的余额一定在借方。 （ ）
5. 备抵附加账户究竟属于备抵性质还是附加性质，取决于其余额的方向是否与被调整账户余额的方向一致，如果一致，为附加账户，反之为备抵账户。 （ ）

6. 每个明细分类账户余额的方向总是同其所隶属的总分类账户余额的方向相同。（　　）

四、简答题

1. 简述盘存账户的用途和结构。
2. 简述财务成果账户的结构特点。
3. 为什么要设置备抵账户？
4. 为什么要设置集合分配账户？

五、综合业务题

目的：练习账户的设置和分类。

资料：某企业12月初有关总分类账户余额见表5-1。

表5-1　总分类账户余额　　单位：元

账户	借方余额	账户	贷方余额
库存现金	1 600	累计折旧	500 000
银行存款	200 000	应付账款	170 000
应收账款	150 000	实收资本	1 700 000
原材料	98 400	本年利润	200 000
生产成本	520 000		
固定资产	1 600 000		
合计	2 570 000	合计	2 570 000

12月份发生如下经济业务：

1. 取得银行短期借款600 000元。

2. 购进材料700 000元，增值税税率为13%，取得增值税专用发票。材料已验收入库，开出银行承兑汇票一张支付货款及税金。

3. 偿还前欠某单位货款100 000元，已从银行转账。

4. 厂部采购员张某出差前预借差旅费1 000元，以现金支付。

5. 销售一批产品，总售价600 000元，增值税税率为13%，款项已收存银行。

6. 计算本月职工工资，其中生产工人工资70 000元，车间管理人员工资19 000元，厂部管理人员工资11 000元。

7. 接受投资300 000元，其中货币资金120 000元已收存银行，收到一台机器作价180 000元。

8. 销售产品一批，售价800 000元，增值税税率为13%，款项尚未收到。

9. 用现金支付广告费用1 000元（增值税忽略）。

10. 以银行存款支付厂部办公用品费用2 000元（增值税忽略）。

11. 仓库报来发料汇总表，其中生产产品领用520 000元，车间维修领用50 000元，厂部领用30 000元，共计600 000元。

12. 采购员张某出差回来，报销差旅费800元，余款交回财务科。

13. 支付本月借款利息6 000元。

14. 以银行存款支付前欠货款40 000元。

15. 根据期初固定资产账面余额计提折旧，年折旧率为 5%，其中生产部门占 80%，厂部占 20%。

16. 结转本月制造费用（假设本企业只生产一种产品）。

17. 结转本月完工产品成本 1 160 000 元。

18. 结转本月主营业务成本 1 050 000 元。

19. 按主营业务收入的 5%计算本月应交消费税。

20. 按本月利润总额的 25%计算本月应交所得税。

21. 结转本月损益。

22. 结转全年净利润，并按全年净利润的 10%提取法定盈余公积金。

要求：

1. 根据资料编制会计分录，登记“生产成本”账户（T 形账户）；

2. 将所运用到的账户按经济内容进行归类。

第六章

会 计 凭 证

同步思考
参考答案

本章学习目标

通过本章的学习，学生应能够认识会计凭证的作用及种类，能够辨别各种常用的原始凭证，并学会填制原始凭证和记账凭证。

重点与难点

1. 原始凭证和记账凭证的填制要求和审核要求
2. 原始凭证和记账凭证的填制方法

引例

捉“贼”记

项目主审小张和几位同事对一执法部门进行审计，审计过程中发现有几笔支出报销金额较大，且都是司机李某经手。该单位现金管理相当严格，报销都由单位领导签字同意，一般过千的现金支出都很少。相关凭证已经不知道看了第几遍，突然一个细节引起了小张的注意。

这张报销单封面总金额是 30 100 元，报销内容有两项，分两行填列，第一行是石油，金额 100 元，第二行是宣传费用，金额 30 000 元，后附原始凭证 4 张，依次为一张中石化加油发票，金额 100 元，一张地税代开宣传费用的发票，金额 29 800 元，两张 100 元的定额手撕发票。通过仔细观察，小张觉得这张单据经过了人为的改造。

首先看附件数的书写状态好像有改动的痕迹，由“1”改成了“4”；再看报销单封面的金额，小写部分“30 100”前面的“30”好像是后来加上去的，大写部分的改动痕迹更明显；另外报销内容的填列也不符合常理，一般习惯是先写金额较大的事项，尤其是相差如此悬殊的情况下，极少有人会把 100 元的石油款写在 30 000 元的宣传费用之上。

小张脑子里冒出一个大胆的假设，如果这些真的是人为的改动，那么也就是说领导签字同意的报销金额实际是 100 元的加油费用，其他 30 000 元是后来加上去的。小张又把其他几笔逐笔核对，每一笔都是类似的情况。接下来的两天里，小张和该单位领导取得联系，印证了自己的判断，原来，李某先找领导签批小额费用，再通过改造变成大额费用，而财务人员见有领导签字，前后单据金额又相符，发票也都是真发票，便将款项兑付。

审计组研究决定，将审计线索移送当地公安部门进行处理。由于案情明确、证据确凿，目前案件已有定论，李某面对的必将是法律的严惩。

资料来源：审计署网.

第一节　会计凭证概述

一、会计凭证的含义

在实际工作中，会计记账必须以合法的凭证为依据。会计凭证是记录经济业务发生或完成情况、明确经济责任的书面证明，它是登记账簿的依据。

填制、取得会计凭证是会计工作的起点和基础。任何单位发生的每一项经济业务，都要由执行和完成该项经济业务的有关人员填制或取得会计凭证，办理凭证手续，记录经济业务的有关内容，并且相关人员要在凭证上签名或盖章，以对凭证的真实性、合法性、正确性负责。会计凭证还必须经过会计人员和有关主管人员严格审核，只有审核无误的会计凭证才能作为登记账簿的依据。

二、会计凭证的作用

填制和审核会计凭证是如实反映和有效监督经济活动的一种专门的会计核算方法，它对于充分发挥会计职能、保证会计信息质量具有重要意义，它的作用具体表现在以下几方面。

（一）可以如实记录经济业务的实际完成情况

对单位发生的一切经济业务，如资金的取得和运用、生产费用的发生和产品成本的形成、销售收入的取得和利润的形成与分配等，通过填制会计凭证，可以对经济业务进行全面记录，如实反映经济业务的实际完成情况，为会计分析和会计检查提供必要的基础资料。

（二）可以监督各项经济业务的合法性，充分发挥会计监督的作用

通过会计凭证的填制和审核，可以检查企业的现金收付、财产收发、商品购销、债权债务结算及费用发生等一切经济业务是否符合国家的政策、法规和制度的规定，可以及时发现经济管理上存在的问题和管理制度上可能存在的漏洞，从而防止铺张浪费、贪污、盗窃等行为及违法乱纪的现象，发挥会计监督的作用，保护财产的安全完整。

（三）是记账的基本要求

要保证会计核算资料的真实性、客观性和合法性，不仅要在经济业务发生时及时取得和填制各种会计凭证，并且要认真地审核，才能作为登记账簿的基本依据。没有办理凭证手续，任何一项经济业务都不能登记到账簿中去，同时也不允许先记账再补办凭证手续。

（四）可以加强经济管理责任制

由于每一项经济业务都要由经办业务的部门和有关人员办理凭证手续，并由有关人员签名或盖章，对经济业务的真实性和合法性负责，从而加强了他们的责任感，一方面有利于单

位领导人对有关人员进行考查，另一方面一旦发生了问题，可以借助会计凭证追查责任。

三、会计凭证的种类

会计凭证是多种多样的，按其填制程序和用途的不同，可以分为原始凭证和记账凭证。

同步思考

企业办理经济业务为什么要填制凭证？

第二节 原始凭证

一、原始凭证的种类

原始凭证是在经济业务发生时取得或填制的，用来记录和证明经济业务的发生或完成情况的具有法律效力的原始证据。它是进行会计核算的原始资料和依据。任何单位发生每一项经济业务时，都必须取得或填制原始凭证。

原始凭证按其取得来源的不同，可分为自制原始凭证和外来原始凭证两种。

(一) 自制原始凭证

自制原始凭证是指由本单位内部经办业务的部门或个人在执行和完成某项经济业务时填制的原始凭证。

自制原始凭证按其填制手续不同，可分为一次凭证、累计凭证和汇总凭证。

1. 一次凭证

一次凭证是指填制手续一次完成，只反映一项经济业务或同时反映若干项同类经济业务的发生或完成情况的原始凭证。绝大多数自制原始凭证都是一次凭证。例如，企业购进材料验收入库时由仓库保管人员填制的收料单、车间或班组向仓库领用材料时填制的领料单等都是一次凭证。

【例 6-1】 20××年 3 月 23 日，新华工厂一车间生产 A 产品领用甲材料1 000千克，甲材料每千克 50 元。由一号仓库保管员张琳填制的领料单如表 6-1 所示。

表 6-1 领料单

领料部门：一车间　　　　　　　　　　　　　　　　编号：A201

用　　途：A 产品　　　　20××年 3 月 23 日　　　　仓库：一号仓库

材料编号	名称及规格	计量单位	数量		单价	金额
			请领	实发		
	甲材料	千克	1 000	1 000	50	50 000.00
备注					合计	50 000.00

记账：王梅　　　　发料：张琳　　　　审批：居路　　　　领料：陈飞

2. 累计凭证

累计凭证是指在一定时期内连续记载同类重复发生的经济业务的原始凭证。这种凭证的填制手续不是一次完成的，而是把发生的同类经济业务连续登记在一张凭证上，可随时计算出累计发生数，直到期末计算总数后，凭证填制手续才算完成。对经常发生的同类经济业务填制累计凭证，一方面可以减少原始凭证的数量，简化会计核算工作；另一方面可以随时将某项业务的实际数与定额或预算进行对比，有利于事前控制。例如工业企业使用的“限额领料单”就是累计凭证。

【例 6－2】 新华工厂二车间 20××年 4 月份生产 B 产品所用甲材料消耗定额为8 000 千克，甲材料每千克 50 元。二车间 4 月份领用甲材料共 7 800 千克，其填制的限额领料单如表 6－2 所示。

表 6－2 限额领料单

领料部门：二车间　　　　编号：B201

用　　途：B 产品　　　　20××年 4 月　　　　仓库：一号仓库

材料编号	名称及规格	计量单位	计划单价	领用限额	全月实领															
					数量	单价							金额							
						万	千	百	十	元	角	分	十	万	千	百	十	元	角	分
	甲材料	千克	50	8 000	7 800				5	0	0	0	3	9	0	0	0	0	0	0

日期	领用		实发			退料			限额结余数量
	数量	领料人	数量	领料人	发料人	数量	领料人	发料人	
3	2 000	陈飞	2 000	陈飞	张琳				6 000
12	3 500	陈飞	3 500	陈飞	张琳				2 500
23	1 000	陈飞	1 000	陈飞	张琳				1 500
28	1 300	陈飞	1 300	陈飞	张琳				200
合计	7 800		7 800						200

供应部门：张向阳　　　　生产计划部门：胡泉　　　　仓库：张琳

3. 汇总凭证

汇总凭证又称原始凭证汇总表，是指将一定时期内若干同类性质的经济业务的多张原始凭证加以汇总而编制的凭证。它可以集中反映某类经济业务，提供经营管理所需的总量指标，并简化记账凭证的填制工作，例如发料汇总表就属于汇总原始凭证。

【例 6－3】 20××年 5 月 1 日至 10 日，新华工厂一、二车间生产领用甲材料共填制 30 份领料单，据其填制的发料汇总表如表 6－3 所示。

表 6-3 发料汇总表

20××年5月1日—10日 （附件30张）

材料类别：甲材料 单位：元

用途	领料部门	第一仓库	第二仓库	总计
生产耗用	一车间	2 000.00	1 000.00	3 000.00
	二车间	4 000.00		4 000.00
一般耗用	一车间	300.00		300.00
	二车间	500.00	350.00	850.00
总计		6 800.00	1 350.00	8 150.00

会计主管：金明 记账：王梅 复核：赵阳 制表：朱军

（二）外来原始凭证

外来原始凭证是指在同外单位或个人发生经济往来时，从企业外部取得的原始凭证。外来原始凭证一般都是一次凭证。例如，以货币资金对外投资取得被投资单位的收款收据，采购材料从外单位取得的增值税专用发票，支付运输部门运费的发票，从银行付款的电汇凭证，银行的收款或支款通知，向银行借款的借款借据，以及火车、轮船、飞机等交通工具的票据等，都是外来原始凭证。

【例6-4】 20××年3月5日，新华工厂对万达公司以货币资金投资，金额1 800 000元。新华工厂收到万达公司开具的收款收据如表6-4所示。

表 6-4

收　　据

20××年3月5日 №：015985

交款单位名称（或姓名）	新华工厂	
摘　要	投资款	
人民币	（大写）壹佰捌拾万元整	￥1 800 000.00
备　注		

单位盖章： 出纳：张萍 经手人：李涛

【例6-5】 20××年3月15日，新华工厂向宏顺工厂购入甲材料，以现金1 635元支付材料运费。新华工厂收到运输单位开具的运费发票如表6-5所示。

【例6-6】 20××年3月22日，新华工厂向宏达工厂购入甲材料15吨，单价2 000元，计买价30 000元，进项税额3 900元，增值税专用发票已取得，材料已验收入库，款项已通过银行电汇。新华工厂收到宏达工厂开具的增值税专用发票（发票联）及从银行取得的电汇凭证分别如表6-6、表6-7所示。

表 6－5

222000410175

货物运输业增值税专用发票

№：02133805

222000410175
02133805

此联不作报销扣税凭证使用　　　开票日期：20××年3月15日

承运人及纳税人识别号	连云港万通运输公司 320705589061043	密码区	-780/94+8+*2>73*7/346<91<851+6914 -4-/2+10828/>6663 -/2+44-00946<*214-5 852*0/2/1905<10*49<23* -/8*-83271 44+5//>755>8*07>9>>+*
实际受票方及纳税人识别号	新华工厂 320705222065238		
收货人及纳税人识别号	新华工厂 320705222065238	发货人及纳税人识别号	宏顺工厂 320705111075239
起运地、经由、到达地	东海到新浦		

费用项目及金额	费用项目	金额	费用项目	金额	运输货物信息	
	甲材料运费	1 500.00				

合计金额	¥1 500.00	税率	9%	税额	¥135.00	机器编号	000000000207015
价税合计（大写）	⊗壹仟陆佰叁拾伍元整				（小写）¥1 635.00		
车种车号		车船吨位		备注			
主管税务机关及代码	连云港地方税务局 320705						

收款人：张飞　　复核人：王标　　开票人：张思宝　　承运人：（章）

税总函[2014]410号南京造币厂

第一联　发票联　付款方报销凭证

表 6－6

江苏省增值税专用发票

发　票　联

№：003691166

开票日期：20××年3月22日

购货单位	名　　称：新华工厂 纳税人识别号：320705222065238 地 址、电话：江苏省南通市江海路169号 83558268 开户行及账号：中国工商银行江苏省分行江海支行 3206021135984216655233	密码区	382 * 5 －28265 ＞+56 ＞ 428+* * 6＞5－95＜－－ 8267／8 * 92／363+－39 ／2－／89+6389663＜7 * 56＞2＞3 * 63908／94＞ ＞06 加密版本：01 3200152280 003691166

货物或应税劳务名称	规格型号	单位	数量	单价	金额	税率	税额
甲材料		吨	15	2 000	30 000	13%	3 900
合　计					¥30 000	13%	¥3 900
价税合计（大写）	⊗叁万叁仟玖佰元整						（小写）¥33 900.00

销货单位	名　　称：宏达工厂 纳税人识别号：430205324306889 地 址、电 话：江苏省如皋市城山路65号 83576905 开户行及账号：中国工商银行江苏省分行城山支行 32001648663256118264	备注	

收款人：李平　　复核：张阳　　开票人：丁玲　　销货单位：（章）

第二联　发票联　购货方记账凭证

表 6-7

中国工商银行　　电汇凭证（回　单）　　1

委托日期20××年3月22日

汇款人	全　称	新华工厂		收款人	全　称	宏达工厂
	账号或地址	江苏省南通市江海路169号			账号或地址	江苏省如皋市城山路65号
	汇出地点	江苏省南通市	汇出行名称：中国工商银行江苏省分行江海支行		汇入地点	江苏省如皋市　汇入行名称：中国工商银行江苏省分行城山支行
金额	人民币（大写）	叁万叁仟玖佰元整				

千	百	十	万	千	百	十	元	角	分
		¥	3	3	9	0	0	0	0

汇款用途：付材料款	汇出行盖章
上列款项已根据委托办理，如需查询，请持此回单来行面洽。 单位主管　会计　复核　记账	年　月　日

此联为汇出行给汇款人的回单

【例 6-7】 20××年3月26日，新华工厂收到光大工厂预订100件B产品的货款100 000元存入银行。新华工厂收到的银行进账单如表6-8所示。

表 6-8

中国工商银行　进账单（收账通知）　3

20××年3月26日

收款人	全　称	新华工厂	付款人	全　称	光大工厂
	账　号	3206021135984216655233		账　号	28075316875284328995
	开户银行	中国工商银行江苏省分行江海支行		开户银行	中国工商银行江苏省分行西桥支行
金额	人民币（大写）	壹拾万元整			

亿	千	百	十	万	千	百	十	元	角	分
		¥	1	0	0	0	0	0	0	0

票据种类	转账	票据张数	1	
票据号码				
复核　记账				收款人开户银行签章

此联是收款人开户银行交给收款人的收账通知

【例 6-8】 20××年4月1日，新华工厂向银行借款300 000元存入其开户银行账户，期限为半年，年利率8%，利息按季支付。新华工厂收到的银行借款借据如表6-9所示。

无论是自制原始凭证还是外来原始凭证，都是用来证明经济业务已经发生或完成的凭证，凡是不能证明经济业务已经发生或完成的文件，如材料请购单、经济合同、派工单等都不能作为原始凭证，也就不能作为记账的依据。

表 6-9

中国工商银行　　借款借据（回单）

20××年 4 月 1 日

银行编号：　　　　　　　　　　　　　　　　　　　　№：0002288

<table>
<tr><td rowspan="2">借款单位名称</td><td rowspan="2">新华工厂</td><td>放款账号</td><td colspan="5"></td><td colspan="2" rowspan="2">利率</td><td colspan="3" rowspan="2">8%</td></tr>
<tr><td>存款账号</td><td colspan="5">32060211359842166655233</td></tr>
<tr><td rowspan="2">借款金额(大写)</td><td colspan="2" rowspan="2">叁拾万元整</td><td>千</td><td>百</td><td>十</td><td>万</td><td>千</td><td>百</td><td>十</td><td>元</td><td>角</td><td>分</td></tr>
<tr><td></td><td>¥</td><td>3</td><td>0</td><td>0</td><td>0</td><td>0</td><td>0</td><td>0</td><td>0</td></tr>
<tr><td>约定还款日期</td><td>本年度10月1日</td><td rowspan="2">借款种类</td><td colspan="2" rowspan="2">短期借款</td><td colspan="3" rowspan="2">借款合同号码</td><td colspan="5" rowspan="2">20××-4-112</td></tr>
<tr><td>展期到期日期</td><td>年　月　日</td></tr>
<tr><td rowspan="5">借款直接用途</td><td rowspan="2">1. 购入原材料</td><td rowspan="2">4.</td><td rowspan="5">还款记录</td><td>年</td><td>月</td><td>日</td><td colspan="3">还款金额</td><td colspan="3">余额</td></tr>
<tr><td></td><td></td><td></td><td colspan="3"></td><td colspan="3"></td></tr>
<tr><td rowspan="2">2.</td><td rowspan="2">5.</td><td></td><td></td><td></td><td colspan="3"></td><td colspan="3"></td></tr>
<tr><td></td><td></td><td></td><td colspan="3"></td><td colspan="3"></td></tr>
<tr><td>3.</td><td>6.</td><td></td><td></td><td></td><td colspan="3"></td><td colspan="3"></td></tr>
<tr><td colspan="7">根据签订的借款合同和你单位申请借款用途，经审查同意发放上列金额贷款
中国工商银行　　　　批准人</td><td colspan="6">20××年 4 月 1 日</td></tr>
</table>

此联退交借款单位

二、原始凭证的基本内容

由于经济业务是多种多样的，因此用来记录经济业务的原始凭证也是多种多样的。例如，收料单记录原材料的收入，而领料单记录原材料的发出，两者的具体内容显然不同。虽然原始凭证的名称、格式和反映的具体内容不同，但是无论哪一种原始凭证，都应该说明经济业务的执行和完成情况，明确经办业务部门和人员以及有关单位的经济责任。因此，各种原始凭证又都具有共同的基本内容。原始凭证所包括的基本内容通常称为凭证要素，具体包括：

（1）原始凭证的名称。

（2）填制凭证的日期。

（3）填制和接受原始凭证单位的名称。

（4）经济业务的内容。

（5）经济业务的数量、单价和金额。

（6）填制单位和有关人员的签名盖章。

三、原始凭证的填制

自制原始凭证是由本单位根据经济业务的执行和完成情况直接填制的。例如，领料单根据实际领用材料的名称和数量等填列。还有一部分自制原始凭证是根据账簿资料把某类经济业务加以分析、整理后编制而成的。例如，月末为了计算产品成本，必须根据“制造费用”账户本月借方发生额，编制制造费用分配表，将本月发生的全部制造费用按一定的分配标准分配到各种产品成本中去。

【例 6-9】 新华工厂 20××年 5 月份发生制造费用 7 040 元，以生产 A、B 产品的工时为标准分配制造费用，其编制的制造费用分配表如表 6-10 所示。

表 6-10 制造费用分配表

20××年 5 月 31 日

产品名称	分配标准（工时）	分配率	分配金额
A 产品	4 800		3 840
B 产品	4 000		3 200
合计	8 800	0.80	7 040

审核：赵阳　　　　制表：江军

外来原始凭证是由外单位或个人填制的，和自制原始凭证一样，必须具备证明经济业务的实际完成情况和明确经济责任的一切内容。

为了保证原始凭证能够正确、及时、完整、清晰地反映经济业务的实际情况，原始凭证的填制必须符合下列基本要求。

（一）记录真实

填制在凭证上的内容和数字，必须真实可靠，与有关经济业务完全吻合，不允许任何歪曲或弄虚作假。例如，材料入库时必须验收数量、检查质量，然后按照实际入库材料的数量和质量填制收料单。

（二）内容完整

原始凭证的全部内容均须逐项填写齐全，不可遗漏。项目填写不全的原始凭证，既不能作为经济业务的合法证明，也不能作为有效的会计凭证。购买实物的原始凭证，必须有验收证明；支付款项的原始凭证，必须有收款单位和收款人的收款证明；经上级有关部门批准的经济业务，应当将批准文件作为原始凭证附件，如果批准文件需要单独归档的，应当在凭证上注明批准机关名称、日期和文件字号；发生销货退回的，除填制退货发票外，还必须有退货验收证明；退款时，必须取得对方的收款收据或者汇款银行的凭证。

（三）填制及时

经济业务执行和完成后必须及时填制、取得原始凭证，并及时送交会计机构。

（四）手续完备

原始凭证的填制必须手续完备。从外单位取得的原始凭证，必须盖有填制单位的公章；从个人取得的原始凭证，必须有填制人员的签名或者盖章；自制原始凭证必须有经办单位领导人或者其指定的人员签名或者盖章；对外开出的原始凭证，必须加盖本单位公章。

从外单位取得的原始凭证如有遗失，应当取得原开出单位盖有公章的证明，并注明原来凭证的号码、金额和内容等，由经办单位会计机构负责人、会计主管人员和单位领导人批准后，才能代作原始凭证。如果确实无法取得证明的，如火车、轮船、飞机票等凭证，由当事人写出详细情况，由经办单位会计机构负责人、会计主管人员和单位领导人批准后，代作原始凭证。

（五）书写清楚规范

原始凭证上的数字和文字必须填写清楚，易于辨认；填有大写和小写金额的原始凭证，大写和小写金额必须相符，并且要遵循下列要求：

(1) 阿拉伯数字应当一个一个地写，不得连笔写。阿拉伯金额数字前面应当书写货币币种符号或者货币名称简写和币种符号，如人民币符号“¥”。币种符号与阿拉伯数字之间不得留有空白。凡阿拉伯数字前面有币种符号的，数字后面不再写货币单位。

(2) 所有以“元”为单位的阿拉伯数字，除表示单价等情况外，一律填写到角分；无角分的，角位和分位可写“00”，或者符号“—”；有角无分的，分位应当写“0”，不得用符号“—”代替。

(3) 汉字大写数字金额如零、壹、贰、叁、肆、伍、陆、柒、捌、玖、拾、佰、仟、万、亿等，一律用正楷或行书体书写，不得用〇、一、二、三、四、五、六、七、八、九、十等简化字代替，不得任意自造简化字。大写金额数字到元或者角为止的，在“元”或者“角”字之后应当写“整”字或者“正”字；大写金额数字有分的，分字后面不写“整”字或者“正”字。

(4) 大写金额数字前未印有货币名称的，应当加填货币名称，货币名称与数字之间不得留有空白。

(5) 阿拉伯金额数字中间有“0”时，汉字大写金额要写“零”字；阿拉伯数字金额中间连续有几个“0”时，汉字大写金额中可以只写一个“零”字；阿拉伯数字金额元位是“0”，或者数字中间连续有几个“0”、元位也是“0”但角位不是“0”时，汉字大写金额可以只写一个“零”字，也可以不写“零”字。如将¥600 095.00写成汉字大写金额应为：人民币陆拾万零玖拾伍元整；将¥2 008.20写成汉字大写金额应为：人民币贰仟零捌元贰角整；将¥800 660.15写成汉字大写金额可以为：人民币捌拾万零陆佰陆拾元壹角伍分，或者人民币捌拾万陆佰陆拾元壹角伍分。

四、原始凭证的审核

为了保证原始凭证的合法性和真实性，会计人员必须对原始凭证进行严格的审查和核对。审核原始凭证不仅是正确组织会计核算和进行会计检查的重要方面，也是实行会计监督的重要手段。可以说，原始凭证的审核是实行会计监督的第一道关口，只有经过审核合格的原始凭证，才能作为编制记账凭证和登记账簿的依据。

审核原始凭证，主要从以下四个方面入手。

（一）真实性审核

审核原始凭证本身是否真实以及原始凭证反映的经济业务内容是否真实，即确定原始凭证是否虚假，是否存在伪造或涂改等情况；核实原始凭证是否真实地反映了经济业务的发生或完成情况，是否存在巧立名目、虚报冒领等情况。

（二）合法性审核

根据国家有关政策、法规和制度，审核经济业务内容是否合理、合法，是否符合有关规定，有没有违反财经纪律等违法乱纪的行为；审核经济业务的内容是否符合有关的审批权限和手续，是否符合规定的开支标准，是否擅自扩大开支范围，有无滥发钱物等情况。

（三）完整性审核

根据原始凭证的基本内容要求，审核原始凭证的各项目是否填写齐全，是否经过主管人员审批同意，手续是否完备，文字是否清楚，有关经办人员是否都已签名或盖章等。

（四）正确性审核

审核原始凭证的摘要和数字及其他项目是否正确，数量、单价、金额、合计数的计算有无差错，大写与小写金额是否相符等。

会计人员在原始凭证的审核过程中，必须坚持原则，履行职责。《会计法》明确规定：会计机构、会计人员必须对原始凭证进行审核，对不真实、不合法的原始凭证有权不予接受，并向单位负责人报告；对记载不准确、不完整的原始凭证予以退回，并要求按照规定更正、补充；原始凭证记载的各项内容均不得涂改；原始凭证有错误的，应当由出具单位重开或更正，更正处应加盖出具单位印章；金额有错误的，应当由出具单位重开，不得在原始凭证上更正。

同步思考

1. 企业组织员工旅游，支付旅行社 50 000 元，原始凭证是什么？
2. 企业购买原材料，有哪些具体的原始凭证？

第三节　记账凭证

由于原始凭证不能清楚地表明应记入账户的名称和方向，为了便于记账，就有必要将原始凭证所反映的经济业务，加以归纳和整理，编制记账凭证。

记账凭证是会计人员根据审核后的原始凭证，将经济业务内容加以归类，并据以确定会计分录而编制的凭证，它是登记账簿的依据。前已述及，一切经济业务发生后，都需要编制会计分录，然后据以登记有关账簿。实际工作中，会计分录就是通过编制记账凭证来完成的。

一、记账凭证的种类

（一）按记录的经济内容是否与货币资金有关分类

记账凭证按记录的经济内容是否与货币资金有关，分为收款凭证、付款凭证和转账凭证。

收款凭证、付款凭证是用来记录现金和银行存款收付业务的记账凭证，它们根据有关现金和银行存款收付业务的原始凭证编制。

对于现金及银行存款之间的收付业务，如从银行提取现金或将现金存入银行，为避免重复记账，一般只编制付款凭证，不编制收款凭证，即将现金存入银行时编制现金付款凭证，从银行提取现金时编制银行存款付款凭证。

【例 6 - 10】 南方公司 20××年 3 月 18 日销售甲产品 6 000 千克，每千克 50 元，价款 300 000 元，增值税 39 000 元，会计部门收到转账支票一张存入银行，金额 339 000 元。南方公司编制的银行存款收款凭证如表 6 - 11 所示。

表 6 - 11 收款凭证

借方科目：银行存款　　　　20××年 3 月 18 日　　　　银收字第 1 号

摘要	贷方总账科目	明细科目	登账记号	金额									
				千	百	十	万	千	百	十	元	角	分
销售甲产品	主营业务收入	甲产品				3	0	0	0	0	0	0	0
	应交税费	应交增值税					3	9	0	0	0	0	0
合计					¥	3	3	9	0	0	0	0	0

附件　张

会计主管：　　记账：　　出纳：　　审核：　　制单：

【例 6 - 11】 承【例 6 - 6】，新华工厂编制的银行存款付款凭证如表 6 - 12 所示。

表 6 - 12 付款凭证

贷方科目：银行存款　　　　20××年 3 月 22 日　　　　银付字第 8 号

摘要	借方总账科目	明细科目	登账记号	金额									
				千	百	十	万	千	百	十	元	角	分
购入甲材料	原材料	甲材料					3	0	0	0	0	0	0
	应交税费	应交增值税						3	9	0	0	0	0
合计						¥	3	3	9	0	0	0	0

附件　张

会计主管：　　记账：　　出纳：　　审核：　　制单：

转账凭证是用来记录不涉及现金和银行存款的转账业务的凭证，它根据有关转账业务的原始凭证编制。

【例 6 - 12】 承【例 6 - 1】，新华工厂根据领料单编制的转账凭证如表 6 - 13 所示。

表 6-13 转账凭证

20××年 3 月 23 日　　　　转字第 28 号

摘要	总账科目	明细科目	登账记号	借方金额									登账记号	贷方金额								
				百	十	万	千	百	十	元	角	分		百	十	万	千	百	十	元	角	分
生产领用材料	生产成本	A 产品				5	0	0	0	0	0	0										
	原材料	甲材料														5	0	0	0	0	0	0
合计					¥	5	0	0	0	0	0	0			¥	5	0	0	0	0	0	0

附件　张

会计主管：　　　　记账：　　　　审核：　　　　制单：

收款凭证、付款凭证和转账凭证的划分，有利于对不同经济业务进行分类管理，有利于经济业务的检查，但工作量较大，适用于规模较大、经济业务量较多的单位。对于经济业务较少、规模较小、收付款业务不多的单位，还可以采用通用记账凭证来记录所有经济业务。这时，经济业务不再区分为收款、付款和转账业务，所有记账凭证统一编号，在同一格式而不是专用格式中进行记录。通用记账凭证的格式与转账凭证的格式基本相同。

【例 6-13】 20××年 4 月 22 日，厂部行政管理人员李明出差回来，报销差旅费 2 800 元，交回现金 200 元，结清前借款项 3 000 元。编制的通用记账凭证如表 6-14 所示。

表 6-14 记账凭证

20××年 4 月 22 日　　　　记字第 23 号

摘要	总账科目	明细科目	登账记号	借方金额									登账记号	贷方金额								
				百	十	万	千	百	十	元	角	分		百	十	万	千	百	十	元	角	分
李明报销差旅费	管理费用	差旅费					2	8	0	0	0	0										
	库存现金							2	0	0	0	0										
	其他应收款	李明															3	0	0	0	0	0
合计						¥	3	0	0	0	0	0				¥	3	0	0	0	0	0

附件　张

会计主管：　　　　记账：　　　　出纳：　　　　审核：　　　　制单：

（二）按编制方式的不同分类

记账凭证按编制方式的不同分为复式记账凭证和单式记账凭证。

复式记账凭证就是把一项经济业务完整地填列在一张记账凭证上，即该业务涉及的会计科目集中反映在一张记账凭证上。复式记账凭证可以完整地反映账户的对应关系和经济业务的全貌，并且能减少凭证数量，但不便于汇总计算每一会计科目的发生额，也不利于会计人员分工记账。上述收款凭证、付款凭证和转账凭证，都是复式记账凭证。

单式记账凭证是按一项经济业务所涉及的每个会计科目，分别编制记账凭证，一项经济业务涉及几个会计科目就编制几张记账凭证，每张记账凭证只填列一个会计科目。显然，单式记账凭证便于汇总计算每一会计科目的发生额，也便于会计人员分工记账，但它不能完整地反映账户的对应关系和经济业务的全貌。这种记账凭证通常适用于业务较多、会计部门内部分工较细的单位。

根据【例 6－13】编制的单式记账凭证如表 6－15～表 6－17 所示。

表 6－15　借项记账凭证

20××年 4 月 22 日　　　　凭证编号 23 $\frac{1}{3}$ 号

摘要	总账科目	明细科目	账页	金额
李明报销差旅费	管理费用	差旅费		2 800
对应总账科目：其他应收款				

附件　张

会计主管：　记账：　出纳：　审核：　制单：

表 6－16　借项记账凭证

20××年 4 月 22 日　　　　凭证编号 23 $\frac{2}{3}$ 号

摘要	总账科目	明细科目	账页	金额
李明报销差旅费	库存现金			200
对应总账科目：其他应收款				

附件　张

会计主管：　记账：　出纳：　审核：　制单：

表 6－17　贷项记账凭证

20××年 4 月 22 日　　　　凭证编号 23 $\frac{3}{3}$ 号

摘要	总账科目	明细科目	账页	金额
李明报销差旅费	其他应收款	李明		3 000
对应总账科目：管理费用				

附件　张

会计主管：　记账：　出纳：　审核：　制单：

二、记账凭证的基本内容

记账凭证是登记账簿的依据，它必须对原始凭证加以归类整理，确定会计科目及方向，编制出会计分录。无论哪一种格式的记账凭证，都具备一些共同的内容。一般来说，记账凭证必须具备以下基本内容：

（1）记账凭证的名称。

（2）填制凭证的日期和编号。

（3）经济业务内容摘要。

（4）会计科目（包括一级科目、二级科目和明细科目）的名称、记账方向和金额。

（5）所附原始凭证的张数和其他有关资料。

（6）制单、记账、出纳、审核、会计主管等有关人员的签名、盖章。

三、记账凭证的编制

收款凭证和付款凭证根据有关现金和银行存款收付业务的原始凭证编制。编制收款凭证时，在收款凭证的左上角借方科目处，应填列“库存现金”科目或“银行存款”科目；在“年、月、日”处填写制证的日期；在凭证右上角的“字第号”处填写“银收”或“现收”字和该凭证的顺序号；摘要栏填写经济业务内容的简要说明；“贷方总账科目”和“明细科目”栏填写与银行存款或库存现金相对应的科目；“金额”栏填写经济业务的发生额；“合计”栏填写发生额的合计数；凭证右边“附件张”处填写所附原始凭证的张数；“登账记号”栏应在登记账簿后划“√”符号，表示已经入账，以免发生漏记或重记错误；最后，有关人员需在凭证的下方签名或盖章。

付款凭证的编制方法和收款凭证基本相同，只是借方科目和贷方科目的位置不同，在左上角的贷方科目处，填列“库存现金”或“银行存款”科目；在“借方总账科目”和“明细科目”栏，则应填列与库存现金或银行存款相对应的会计科目。

转账凭证根据有关转账业务的原始凭证编制。转账凭证的编制方法与收款凭证和付款凭证不同，具体在于：凭证左上角不设“借方科目”或“贷方科目”，将反映经济业务内容的会计科目都在“总账科目”和“明细科目”栏填列，金额栏也相应分为“借方金额”和“贷方金额”。其他栏目的填写方法与收、付款凭证相同。

记账凭证是进行会计处理的直接依据，因此其编制也必须符合记录真实、内容完整、填制及时、手续完备、书写清楚规范等要求。但由于记账凭证的内容区别于原始凭证，它必须确定会计分录等栏目，所以记账凭证的编制还必须符合下列要求：

（1）简要准确地填写“摘要”栏。记账凭证“摘要”栏的填写，不仅有利于从记账凭证上了解经济业务的内容，还便于根据“摘要”栏登记明细分类账，因此不能漏填。“摘要”栏的填写，既要做到简要，用简短的文字高度概括经济业务的内容，让人一目了然，又要做到准确，恰如其分地反映经济业务的内容。

（2）正确运用会计科目。会计科目的运用要遵循统一规定，不得任意变更会计科目的名称和它的核算内容，同时要依据经济内容的性质，正确使用会计科目，并保持正确的对应关系。

（3）必须连续编号。采用通用记账凭证的，应按经济业务发生的先后顺序编号，每月从第 1 号编起。采用多种格式的记账凭证的，应分类编字号，例如收字第 1 号、付字第 1 号、转字第 1 号等。如果一笔经济业务需要编制多张记账凭证的，可采用“分数编号法”，例如一笔经济业务需填制三张转账凭证，凭证的序号为 13 时，则可编制转字第 $13\frac{1}{3}$ 号、第 $13\frac{2}{3}$ 号、第 $13\frac{3}{3}$ 号。每月末最后一张记账凭证的编号旁边要加注“全”字，以免记账凭证失散。

（4）正确计算金额。借贷方金额必须相等，一级科目金额与所属明细科目金额必须相等。

（5）附件张数完整。注明原始凭证张数，一方面便于复核“摘要”栏所说明的经济业务内容和所确定的会计分录是否正确，另一方面也有利于日后查阅原始凭证。职工因公出差借款凭据，必须附在记账凭证之后，收回借款时，应当另开收据或退还借据副本。

四、记账凭证的审核

为了保证账簿记录正确，首先必须保证记账凭证正确。记账凭证应根据审核无误的原始凭证编制，因此记账凭证的编制人员应认真审核原始凭证并按规定编制记账凭证，另外财会部门还必须配备专人负责审核记账凭证。记账凭证审核的主要内容是：

（1）内容是否真实。

（2）会计分录是否正确。

（3）摘要是否简要准确。

（4）项目是否齐全。

在审核中如果发现记账凭证记载的内容与所附的原始凭证不符，会计科目、记账方向和金额以及其他项目有错误，应及时查明原因并按规定的方法和要求重新编制或办理更正手续。只有经过审核无误后的记账凭证，才能作为记账的依据。

实行会计电算化的单位，对于机制记账凭证，要认真审核，做到会计科目使用正确，数字准确无误。打印出的机制记账凭证要加盖制单人员、审核人员、记账人员及会计机构负责人、会计主管人员印章或者签字。

同步思考

2013 年，江苏省宜兴市审计局在对某局局长任期经济责任审计过程中，揪出了一只藏在记账凭证背后的“黑手”。审计人员在审计过程中高度关注大额现金支出的真实性和规范性，审核票据时发现一份记账凭证列支金额比所附原始票据金额多 4 500 元，以此为线索，对 2012 年以来所有支出票据进行详细核查，并且结合现金突击盘点等方法，最终发现该局出纳利用财务审核“盲区”，采取记账凭证列支金额大于所附原始票据金额报销的手段，仅一年时间，就分十四次套取现金 75 800 元并据为己有。

你认为记账凭证与所附原始凭证之间是什么关系？如何防范上述凭证后面的“黑手”？

资料来源：江苏省审计厅网.

第四节　会计凭证的传递和保管

一、会计凭证的传递

会计凭证的传递是指会计凭证从填制或取得起到归档保管为止，在本单位内部各有关部门和有关人员之间的传递程序和传递时间。单位的各种经济业务性质不同，经办各项业务的部门和人员以及办理凭证手续所需要的时间也不一样，因此，各种经济业务的凭证的传递程序和传递时间也不尽相同。经常发生的、需要由有关部门共同办理的主要经济业务，单位应规定凭证的传递程序和传递时间。

明确规定凭证的传递程序和传递时间，不仅可以及时地反映和监督经济业务的完成情况，有利于会计检查工作的开展，而且可以促使经办业务的部门和人员及时地、正确地完成经济业务和办理凭证手续，从而可以加强有关部门经济管理上的责任制。例如，对于材料收入业务的凭证传递，应该明确规定：材料运到企业后需要多少时间验收入库，由谁负责填制收料单，在何时将收料单送到会计部门及其他有关部门，会计部门收到的收料单应由谁进行审核，由谁在何时编制记账凭证和登记账簿，由谁负责整理和保管凭证，等等。这样，就可以把材料收入业务从验收入库时起到登记入账时止的全部工作，在本单位内部进行分工，同时可以考核经办业务的有关部门和人员是否按照规定的会计手续办事。

正确的凭证传递程序，应该使会计凭证沿着最合理、最迅速的路线传递。为此，在制定凭证传递程序时，要根据各单位经济业务的特点，结合机构组织和人员分工情况，从满足经营管理和会计核算需要出发，恰当规定会计凭证流经的必要环节，既要保证会计凭证经过必要的环节进行处理和审核，又要避免会计凭证经过不必要的环节。同时，要根据各个环节办理经济业务所需要的时间，规定凭证在各个环节停留的最长时间，以保证会计凭证及时传递。只有这样，才能保证传递工作有规律地进行，提高工作效率。

二、会计凭证的保管

会计凭证是记录一个单位经济业务的重要会计档案，会计部门应定期进行整理、归类、装订并妥善保管，严格按照《会计档案管理办法》进行管理。单位的各种会计凭证在办理好各项业务手续并据以登记账簿后，应按以下要求进行整理、归类并保管：

（1）每月记账完毕后，会计人员应将本月各种记账凭证加以整理，检查有无缺号，附件是否齐全。各种记账凭证应当连同所附的原始凭证或原始凭证汇总表，按照编号顺序，折叠整齐，按期装订成册，并加具封面、封底，注明单位名称、年度和起讫日期、凭证种类、起讫号码、凭证张数、当月凭证总册数、本册是第几册等，并由装订人在装订线封签处签名或盖章。

（2）对于数量过多的原始凭证，可以单独装订保管，在封面上注明记账凭证的日期、编号、种类，同时在记账凭证上注明“附件另订”字样和原始凭证的名称及编号；各种经济合同和涉外文件等重要资料，应当另编目录，单独登记保管，并在有关记账凭证和原始凭证上相互注明日期和编号。

（3）原始凭证不得外借，其他单位如因特殊原因需要使用原始凭证时，经本单位会计机构负责人、会计主管人员批准，可以复制并应当在专设的登记簿上登记，由提供人员和收取人员共同签名或盖章。

（4）会计凭证应由专人负责集中保管，年终登记归档，并按年和月的顺序排列，以便查阅。查阅时应按规定办理有关手续。各种会计凭证应按规定的保管期限 30 年进行管理。当年的会计凭证，在会计年度终了后，可暂由本单位会计部门保管一年，之后必须移交单位档案管理部门保管。期满后需要销毁的凭证必须按规定办理销毁手续，经批准后才能销毁。但保管期满仍未结清的债权债务原始凭证和涉及其他未了事项的原始凭证不得销毁，应当单独抽出立卷，保管到未了事项完结时为止。

⇨ 同步思考

1. 每个单位会计凭证的传递程序都应该相同，对吗？
2. 会计凭证为什么要由专人负责保管？

贴心提示

怎样才能掌握会计凭证的具体内容和填制要求？

会计凭证种类非常多，尤其是原始凭证，不同的业务涉及不同的原始凭证，不同的原始凭证填写要求也各不一样，例如企业填写支票时出票日期一定要大写，而其他原始凭证不需要这样。所以学习时应通过实际操作，掌握各式各样会计凭证的填制方法和要求，本教材配套实训中有很多真实的凭证供大家练习。另外，如果有观摩实际单位财会部门工作现场的机会，一定不要错过，可能的话多向财会人员请教会计凭证的具体作用、传递保管要求等，真正掌握会计凭证的相关知识。

自测题六

一、单项选择题

1. 用以记录经济业务的发生和完成情况，明确经济责任的会计凭证是（　　）。
A. 原始凭证　　B. 转账凭证　　C. 收款凭证　　D. 付款凭证
2. 将原始凭证分为自制原始凭证和外来原始凭证的依据是（　　）。
A. 凭证的编制方法　　B. 凭证的取得来源
C. 凭证的用途　　D. 凭证的格式
3. 下列单据中，属于自制原始凭证的是（　　）。
A. 工资计算单　　B. 购买材料所取得的发票
C. 银行转来的收账通知　　D. 承运部门开出的运费发票
4. 下列单据中，属于外来原始凭证的是（　　）。
A. 收料单　　B. 领料单　　C. 购货发票　　D. 内部借款单
5. “材料耗用汇总表”属于（　　）。
A. 一次凭证　　B. 累计凭证　　C. 汇总凭证　　D. 转账凭证
6. “限额领料单”属于（　　）。
A. 一次凭证　　B. 转账凭证　　C. 汇总凭证　　D. 累计凭证
7. 下列不属于原始凭证的是（　　）。
A. 收料单　　B. 银行结算凭证
C. 经济合同　　D. 飞机票
8. “发料汇总表”属于（　　）。
A. 汇总原始凭证　　B. 汇总记账凭证

C. 外来原始凭证　　D. 自制原始凭证

9. 现金与银行存款之间的收付业务，如将现金存入银行，为避免重复记账，应编制（　　）。

A. 现金收款凭证　　B. 银行存款收款凭证

C. 银行存款付款凭证　　D. 现金付款凭证

10. 单位购买材料一批，以银行存款支付一部分货款，其余货款暂欠，计划下一年度偿还，应编制的记账凭证是（　　）。

A. 付款凭证和收款凭证　　B. 转账凭证和付款凭证

C. 两张转账凭证　　D. 两张付款凭证

11. 以一种格式记录全部类型经济业务的记账凭证是（　　）。

A. 专用记账凭证　　B. 通用记账凭证

C. 收款凭证　　D. 付款凭证

12. 一般来说可以作为登记总账的直接依据的是（　　）。

A. 汇总原始凭证　　B. 累计原始凭证

C. 外来原始凭证　　D. 记账凭证

二、多项选择题

1. 下列各种单据中，属于原始凭证的是（　　）。

A. 工资汇总计算单　　B. 材料请购单

C. 发票　　D. 领料单

E. 银行对账单

2. 原始凭证必须具备的基本内容包括（　　）。

A. 原始凭证的名称　　B. 填制凭证的日期

C. 经济业务的内容　　D. 填制和接受原始凭证单位的名称

E. 会计科目的名称和记账方向

3. 下列单据中，属于外来原始凭证的是（　　）。

A. 限额领料单　　B. 银行存款利息通知单

C. 运费发票　　D. 水电费托收凭证

E. 工资汇总计算单

4. 原始凭证的填制要求是（　　）。

A. 记录真实　　B. 填制及时　　C. 内容完整　　D. 分录正确

E. 书写清楚规范

5. 原始凭证的审核内容包括（　　）。

A. 真实性审核　　B. 合法性审核

C. 完整性审核　　D. 正确性审核

E. 复核性审核

6. 记账凭证按其所记录经济业务的内容是否与现金和银行存款的收付有联系，可以分为（　　）。

A. 转账凭证　　B. 汇总凭证　　C. 付款凭证　　D. 收款凭证

E. 专用凭证

7. 记账凭证的基本内容包括（　　）。

A. 记账凭证的名称　　B. 经济业务内容摘要

C. 会计科目名称、记账方向和金额　　D. 所附原始凭证的张数

E. 记账凭证的编号

8. 记账凭证编制的要求是（　　）。

A. 简要准确地填写“摘要”栏　　B. 正确运用会计科目

C. 记账凭证必须连续编号　　D. 正确计算金额

E. 注明所附原始凭证张数

9. 记账凭证的审核内容包括（　　）。

A. 记账凭证是否附上全部经过审核了的原始凭证

B. 会计分录的编制是否符合要求　　C. “摘要”栏是否简要准确

D. 项目是否齐全　　E. 书写是否清楚

10. 原始凭证不得外借，其他单位因特殊原因需使用原始凭证时，应办理下列哪些手续？（　　）

A. 会计机构负责人批准　　B. 在专设的登记簿上登记

C. 会计主管人员批准　　D. 有关人员签名或盖章

E. 上级主管部门批准

三、判断题

1. 企业从其他单位取得的各种单据，均是外来原始凭证。（　　）

2. 在一定时期内连续记载同类重复发生经济业务的原始凭证，是汇总原始凭证。（　　）

3. 原始凭证和记账凭证同属于会计凭证，它们都是由会计人员根据经济业务的发生或完成情况编制的。（　　）

4. 会计人员必须对原始凭证进行审核，原始凭证金额有错误的，应当由出具单位更正，并在更正处加盖出具单位印章。（　　）

5. 记账凭证是由会计部门编制的，因而是自制原始凭证。（　　）

6. 记账凭证可以根据每一原始凭证单独编制，也可以汇总编制。（　　）

7. 编制记账凭证的依据，必须是记录真实并经过审核符合手续的原始凭证。（　　）

8. 对于现金和银行存款之间发生的收支业务，如从银行提取现金业务，既可以编制付款凭证，也可以编制收款凭证。（　　）

9. 转账凭证是以一种格式记录反映单位各种经济业务内容的凭证。（　　）

10. 原始凭证记载的是经济业务发生和完成情况的经济信息，记账凭证是根据原始凭证进行归类、整理，并确定会计分录而编制的凭证，记载的是会计信息。（　　）

11. 记账凭证的审核，主要是对记账凭证中的会计科目和借贷方向进行审核，无须对所附的原始凭证进行审核。（　　）

12. 会计凭证是记录单位经济业务的重要会计档案，必须按照《会计档案管理办法》进行管理。（　　）

四、简答题

1. 填制和审核会计凭证有什么作用?
2. 原始凭证有哪些种类?
3. 原始凭证应具备哪些基本内容? 填制原始凭证的基本要求有哪些?
4. 为什么要审核原始凭证? 怎样审核?
5. 记账凭证应具备哪些基本内容? 编制记账凭证的基本要求有哪些?
6. 为什么要审核记账凭证? 怎样审核?

五、综合业务题

习题一

目的：掌握通用记账凭证的填制方法。

资料：信华工厂为增值税一般纳税人，5 月份发生下列经济业务：

1. 5 月 3 日，收到国家 2 000 000 元的货币资金投资，款项已存入银行。

2. 5 月 8 日，向银行借款 500 000 元，期限为 3 年，款项存入银行。

3. 5 月 8 日，向光远工厂购入甲材料 20 吨，每吨 4 000 元，计买价 80 000 元，进项税额 10 400 元，材料尚在运输途中，开出半年期无息商业承兑汇票一张，票面金额 90 400 元。

4. 5 月 8 日，上述材料运到并验收入库。

5. 5 月 12 日，以转账支票 9 000 元支付广告费（增值税忽略）。

6. 5 月 15 日，A 产品入库 100 件，每件制造成本 10 000 元，结转完工产品制造成本。

7. 5 月 16 日，收到罚款 8 000 元存入银行。

8. 5 月 18 日，销售 A 产品 80 件，每件售价 15 000 元，增值税税率为 13%，货款尚未收到。

9. 5 月 18 日，计算销售 A 产品应纳的消费税，税率为 10%。

10. 5 月 22 日，销售原材料一批，收到 11 300 元（含税价格）存入银行。

11. 5 月 22 日，结转已售原材料的成本 8 000 元。

12. 5 月 28 日，接到银行通知，收到存款利息收入 7 000 元。

13. 5 月 31 日，企业管理部门分摊以前支付但应由本月负担的财产保险费 15 000 元。

14. 5 月 31 日，计算本月应负担的银行短期借款利息 5 000 元。

15. 5 月 31 日，通过红十字会向地震灾区捐款 18 000 元。

16. 5 月 31 日，结转本月已售 A 产品的制造成本（期初无存货）。

17. 5 月 31 日，按 25%的税率计算应纳的所得税。

18. 5 月 31 日，将收入类账户结转至“本年利润”账户。

19. 5 月 31 日，将费用类账户结转至“本年利润”账户。

20. 5 月 31 日，按税后利润的 10%和 20%分别计提法定盈余公积和任意盈余公积。

要求：根据以上经济业务编制通用格式的记账凭证。

习题二

目的：掌握专用记账凭证的填制方法。

资料：信华工厂 3 月 1 日库存现金的余额为 2 800 元，银行存款的余额为 580 000 元，3 月份发生下列货币资金收付业务：

1.1 日，职工陈涛预借差旅费 1 000 元，经审核以现金付讫。

2.2 日，签发现金支票 5 000 元，从银行提取现金，以备日常开支需要。

3.4 日，以银行存款 60 000 元交纳税金。

4.5 日，从银行取得短期借款 80 000 元，存入开户行。

5.6 日，签发现金支票 75 000 元，从银行提取现金，以备发放工资。

6.7 日，以现金 75 000 元发放职工工资。

7.10 日，收到银行通知，购货单位偿还上月所欠货款 95 000 元，已收妥入账。

8.12 日，企业行政管理部门报销购买零星办公用品费 300 元，经审核以现金付讫。

9.12 日，采购员李阳回厂报销差旅费 850 元，原借 1 200 元，余款以现金退回。

10.14 日，仓库保管员交来现金 150 元，偿还上月欠交赔款。

11.15 日，签发转账支票 30 000 元，支付所欠供应单位货款。

12.16 日，销售产品一批，货款 50 000 元，增值税 6 500 元，款项收到存入银行。

13.17 日，以现金 800 元支付罚款。

14.21 日，以银行存款 3 600 元支付第一季度借款利息，其中应由本月负担的利息 1 200 元。

15.25 日，签发转账支票 43 000 元，预付供应单位购料款。

16.27 日，收到购货单位交来的暂借包装物押金，现金支票 600 元已存入银行。

17.28 日，将库存现金 3 800 元送交银行。

18.30 日，以银行存款 90 000 元，支付下季度租入固定资产租金。

19.31 日，收到购货单位预付的货款 48 500 元，存入银行。

20.31 日，以现金支付广告费用 800 元。

要求：根据上述经济业务，编制收款凭证、付款凭证和转账凭证。

第七章

会 计 账 簿

同步思考
参考答案

本章学习目标

通过本章的学习，学生应能够认识各种账簿的用途、内容和格式，学会日记账的登记方法、总账和明细账的平行登记方法以及更正错账的方法。

重点与难点

1. 库存现金日记账和银行存款日记账的登记方法
2. 总账和明细账的平行登记方法
3. 更正错账的方法

引例

“90后”会计挪用数百万公款的背后

2019年1月11日，浙江省东阳市佐村镇中心卫生院原院长杜玉堂、出纳金啸骝涉嫌国有事业单位人员失职案件在东阳市人民法院开庭。

“卫生院会计挪用公款造成巨额经济损失，我负有不可推卸的责任，对财务管理不重视，监督不到位，给国家造成了重大损失……”杜玉堂在庭审现场几度哽咽，掩面痛哭。

这是一起东阳市纪委监委加大问责力度，实行“一案双查”的典型案例，在当地引起了很大震动。事情缘于一名乡镇卫生院会计贪污挪用公款案。2007年10月，出生于1990年的张初蕾到佐村镇中心卫生院担任会计。她平时热衷于购物，但每月的工资难以满足其日常消费，于是从2007年12月至2016年6月期间，利用职务之便，贪污人民币5万余元，挪用公款人民币400余万元，至今尚有260余万元公款未归还。2017年8月，张初蕾被判处有期徒刑8年3个月，并处罚金10万元。

“张初蕾贪污挪用公款除她自己被判刑外，其他无一人被追责。时任佐村镇中心卫生院院长杜玉堂、现任院长马立强、出纳金啸骝是否应该承担巨额公款损失的责任?”2018年7月，东阳市委第四巡察组在对市卫计局进行巡察时，第一时间将该问题线索移交至东阳市纪委监委处理。

“张初蕾重大贪污挪用案件的背后，是制度的疏漏，监管的缺失，更是法纪意识的淡漠。深究其原因，佐村镇中心卫生院原院长杜玉堂、现任院长马立强以及卫生院出纳金啸骝都负有不可推卸的责任。”东阳市纪委监委案件主办负责人表示，杜玉堂在担任佐村镇中心卫生院院长期间，对单位财务疏于管理，未形成完善的财务管理内控制度，造成出纳、会计并未相互牵制。本该由会计出纳分开保管的银行印鉴、转账支票却由张初蕾一人保管，甚至在医药公司数次向其催要药款时仍未采取有效措施追查原因，应负主要领导责任。金啸骝未全面履行出纳职责，将本该由自己保管的U盾交给张初蕾保管，并且对银行存款日记账未做全面登记，也不拿会计账和银行对账单进行核对，甚至在发现卫生院资金可能出现问题后，也未及时跟院领导反映，应负直接责任。马立强虽然案发时仅仅就任佐村镇中心卫生院院长3个月，但对单位财务监管不力，未能及时发现财务管理漏洞，导致张初蕾继续作案，也应担负一定领导责任。

根据相关问题线索和前期初核情况，东阳市纪委监委于2018年10月19日对杜玉堂、马立强、金啸骝涉嫌严重违纪违法问题予以立案审查调查。2018年10月30日，杜玉堂、金啸骝受到开除党籍和开除公职处分，其涉嫌犯罪问题移送检察机关依法审查提起公诉。2018年12月14日，马立强受到党内严重警告处分和政务记过处分。

资料来源：新浪网.

第一节　会计账簿的作用和分类

一、设置会计账簿的作用

会计账簿是指具有专门格式、由相互联系的账页组成的，分类地、序时地记录经济业务的簿籍。各单位经济业务的发生，首先是以会计凭证的形式反映的。由于每一张会计凭证只能就个别经济业务的内容加以记录和反映，会计凭证数量很多，又很分散，不能够全面、连续、系统、综合地反映一个单位同类或全部经济业务的完成情况，因此，就有必要运用登记账簿这个专门方法，把会计凭证提供的大量而分散的资料，加以归类整理，登记到各类会计账簿中去，从而为经济管理提供系统的核算资料。

（一）会计账簿可以连续、全面、系统、综合地反映单位的经济活动

通过设置和登记账簿，把会计凭证反映的经济业务按经济性质进行归类汇总，把分散的核算资料系统化、综合化，全面地反映资产、负债、所有者权益的增减变化，监督资金的合理使用和单位财产物资的安全、完整。

（二）会计账簿是进行会计分析和会计检查的主要依据

会计账簿的记录提供资金、成本和利润等各项指标，利用这些资料进行会计分析，可以评价企业经营成果的好坏，进而发现生产经营中存在的问题，分析原因，促进企业改善经营管理；同时，利用会计账簿记录也可以进行会计检查，实施会计监督。

（三）会计账簿是编制财务报表的主要依据

财务报表指标是否真实，编报是否及时，都与会计账簿的设置和登记有密切的关系。

总之，会计账簿作为记载经济业务的载体，可以全面、连续、系统和综合地反映经济

活动，为加强会计分析和会计检查及编制财务报表提供资料。设置和登记会计账簿，是会计核算工作中十分重要的一环，在整个会计方法体系中处于十分重要的地位。

二、会计账簿的种类

为了满足经济管理的需要，各单位应该设置一套账簿体系来记录全部经济业务，不同的账簿其用途及格式各不相同。

(一) 按用途分类

会计账簿按用途不同，可分为序时账簿、分类账簿和备查账簿。

1. 序时账簿

序时账簿又称日记账，是按照经济业务发生时间的先后顺序，逐日逐笔连续地登记经济业务的账簿。序时账簿按其记录内容的不同，又分为普通日记账和特种日记账。

普通日记账是用来登记全部经济业务发生情况的日记账。普通日记账把每天发生的经济业务，按照业务发生时间的先后顺序登记在账簿中，以此作为连续登记分类账的依据，所以又称为通用日记账。

特种日记账是用来记录某一类经济业务发生情况的日记账。特种日记账把某一类比较重要的经济业务，按照经济业务发生时间的先后顺序记入账簿中。如库存现金日记账、银行存款日记账和材料采购日记账等。

在实际工作中，很少利用一本序时账簿来记录单位的全部经济业务。通常只设反映货币资金业务的库存现金日记账和银行存款日记账，以便加强对货币资金的管理。

2. 分类账簿

分类账簿，是对经济业务进行分类登记的账簿。按账簿反映会计核算资料详细程度的不同，可分为总分类账簿（也称总分类账，简称总账）和明细分类账簿（也称明细分类账，简称明细账）。

总分类账是根据一级会计科目设置的，用来分类登记全部经济业务，提供各种总括核算资料的分类账簿。总分类账是整个单位账簿体系的核心。

明细分类账是根据二级或明细科目设置的，用来分类登记某一类经济业务，提供明细核算资料的分类账簿。明细分类账是对总分类账的补充和具体化，并受总分类账的控制和统驭。

3. 备查账簿

备查账簿，是对某些在日记账和分类账等主要账簿中未能记载的事项或记载不全的经济业务进行补充登记的账簿，也称为辅助账簿。它可以为某些经济业务的内容提供必要的参考资料。例如，租入固定资产登记簿、委托加工材料登记簿等都是备查账簿。并非每一个单位都设置备查账簿，应根据每个单位的实际需要确定需不需要设置、设置哪些备查账簿。

(二) 按外表形式分类

会计账簿按其外表形式的不同，又可分为订本式账簿、活页式账簿和卡片式账簿。

1. 订本式账簿

订本式账簿是在未启用前就把一定数量的具有专门格式的账页装订在一起的账簿，每张账页上预先编好顺序号数。订本式账簿的优点是能够避免账页散失和防止抽换账页；缺点是账页固定后不能增减，必须为每一账户预留空白账页，如果账页有多余，就会造成浪费，如果账页不够，又会影响账簿记录的连续登记，而且在同一时间内只能由一人登记，不便于记账人员的分工等。一般说来，具有统驭性的和重要的账簿，如总分类账、库存现金日记账和银行存款日记账等，都必须采用订本式账簿。

2. 活页式账簿

活页式账簿是指在启用前不固定地装订在一起，由一定数量零散的具有专门格式的账页组成的账簿。活页式账簿的优点是：在记账时，可以根据实际需要随时将空白账页加入账簿中，便于序时和分类地连续登记，有利于记账人员分工和提高工作效率。缺点是：容易造成账页的散失或抽换。为了尽量避免这一缺点，空白账页在使用时必须编号并装置在账夹内，由有关人员签名盖章。活页式账簿使用完毕或更换新账时，应装订成册妥善保管。这种账簿主要用于明细分类账，如原材料、库存商品等明细账。

3. 卡片式账簿

卡片式账簿则是由一定数量零散的具有专门格式的硬纸卡片组成的账簿。这种账簿一般用卡片箱装置，可以随取随放，它实际上也是一种活页账，除具有一般活页账的优点缺点外，还可以跨年度使用，不需要每年更换。固定资产明细账等一般采用这种形式。

⇨ 同步思考

你认为每个单位都必须设置序时账簿、分类账簿和备查账簿吗？

第二节　会计账簿的设置和登记

一、设置会计账簿的原则

设置会计账簿，包括确定会计账簿的种类、内容及登记方法。账簿的设置必须做到组织严密、层次分明、账簿之间的内在联系和钩稽关系紧密，起到相互制约和控制作用。账簿设置应遵循下列原则。

（一）满足管理需要

会计账簿的设置要能全面、系统地反映和监督经济活动和财务收支情况，对于经营管理中需要考核的指标，如产量、质量、品种、资金、成本、利润等，都应在会计账簿上得到反映。会计账簿必须能够控制财产物资的增减变动，满足财产管理的需要，做到有物有账、以账管物。会计账簿的设置，要保证为经济管理提供详尽的信息。

（二）结合实际情况

设置会计账簿要根据各单位的规模和业务特点，从实际出发，便于会计工作分工和加强岗位责任制。在满足管理需要的前提下，考虑人力和物力的节约，避免重复设账。

（三）利于报表编制

设置会计账簿应有利于提供财务报表所需的数据资料，各种财务报表都应有相应的会计账簿与之相联系，并能从会计账簿中取得所需数据，尽量减少在编制财务报表时根据会计账簿资料进行的计算。

（四）简便、灵活、实用

会计账簿设置要考虑到便于会计人员操作，账页的格式应当简单明了，账本册数不宜过多，账页尺寸不宜过大，栏次不宜过多，避免臃肿烦琐，做到简便灵活；会计账簿的形式应便于翻阅和保管，利于实际工作中使用。

二、会计账簿的基本要素

虽然会计账簿的格式各不相同，但各种账簿都具备一些基本的要素，即封面、扉页、账页。

（一）封面

写明单位名称和会计账簿名称。

（二）扉页

填列会计账簿启用的日期和截止日期、页数、册次、经管账簿人员一览表和签章、会计主管人员签章、账户目录等。

（三）账页

账页因反映经济业务内容的不同而具有多种格式，但基本内容应包括：

（1）账户名称（一级科目、二级或明细科目）；

（2）日期栏；

（3）凭证种类和号数栏；

（4）摘要栏（对经济业务作简要说明）；

（5）金额栏（记录经济业务的增减变动及现状）；

（6）总页次和分户页次等。

三、会计账簿的格式和登记方法

（一）日记账的格式和登记

1. 库存现金日记账

库存现金日记账是专门记录库存现金收支情况的特种日记账，其账本形式必须采用订本式，账页金额栏一般采用三栏式，也可采用多栏式等其他格式。

（1）三栏式库存现金日记账。三栏式库存现金日记账是指在一张账页上，金额栏分设“收入”“支出”“结余”三栏。为了清晰地反映库存现金收支业务的具体内容，在“摘要”栏后，还专设“对方科目”栏，登记对方科目名称。其格式见表7-1。

表 7-1　库存现金日记账（三栏式）

第　　页

20××年		凭证		摘要	对方科目	收入	支出	结余
月	日	种类	号数					
1	1			上年结转				500
1	3	银付	1	签发支票提取现金备用	银行存款	800		1 300
	3	现付	1	业务员李明预借差旅费	其他应收款		600	700
	3	现付	2	厂长办公室报销费用	管理费用		300	400
	3	现收	1	出售废旧材料收入现金	其他业务收入	120		520
				本日合计		920	900	520
	31			本日合计		850	780	800
	31			本月合计		38 000	37 700	800

库存现金日记账通常由出纳人员根据审核后的现金收款凭证、现金付款凭证、银行存款付款凭证（提取现金业务）逐日逐笔按顺序登记。在登记库存现金日记账时，应按账页所设栏目逐项记入。库存现金日记账上设置的“凭证”栏，应记录每笔业务所依据的收款凭证或付款凭证的种类和号数；“摘要”栏一般根据记账凭证的“摘要”填写；“对方科目”栏也应根据记账凭证所列的对方科目登记以观察每笔款项收入的来源、支出的去向和用途；“收入”栏根据现金收款凭证和银行存款付款凭证（提取现金业务）上的金额登记；“支出”栏根据付款凭证上的金额登记。每日收付款项逐笔登记完毕后，应分别计算现金收入和支出的合计数及账面的结余额，并将库存现金日记账的账面余额与实存现金金额相核对，借以检查每日现金收支和结存情况。

（2）多栏式库存现金日记账。在会计实务中，为了在日记账中反映现金的收入来源和支出用途，可以采用多栏式的库存现金日记账格式，即收入栏（借方栏）下按与库存现金相对应的贷方科目设置专栏，支出栏（贷方栏）下按与库存现金相对应的借方科目设置专栏。登记多栏式库存现金日记账时，按收入、支出的对应科目分栏登记。采用这种格式，账户的对应关系及现金的来源去向一目了然。其格式见表 7-2。

表 7-2　库存现金日记账（多栏式）

第　　页

年		凭证		摘要	收入					支出					结余
月	日	种类	号数		应贷科目				合计	应借科目				合计	

2. 银行存款日记账

银行存款日记账是用来登记企业银行存款的收入、支出和结存情况的特种日记账。其账本形式必须采用订本式，账页格式一般采用三栏式，也可采用多栏式等其他格式。银行存款日记账通常也是由出纳人员根据审核后的银行存款收款凭证、银行存款付款凭证、现金付款凭证（存入现金业务）逐日逐笔按顺序登记。若一个企业开设有若干银行存款账号，应分别按银行账号设置银行存款日记账登记，这样便于与银行核对，也有利于银行存款的管理。

（1）三栏式银行存款日记账。三栏式银行存款日记账的格式与三栏式库存现金日记账相类似，但增设了“结算凭证”栏以反映结算凭证的种类及号数，目的是便于和银行对账，也便于反映银行存款收支所采用的结算方式，并突出企业支票的管理。其格式见表 7－3。

表 7－3　银行存款日记账（三栏式）

第　　页

20××年		凭证		摘要	结算凭证		对方科目	收入	支出	借或贷	结余
月	日	种类	号数		种类	号数					
1	1			上年结转						借	8 600
1	3	银付	1	签发支票提取现金	现支	35	库存现金		800	借	7 800
	3	银收	1	销售收入存入银行			主营业务收入	3 000		借	10 800
	3	银付	2	支付运费	转支	16	销售费用		1 200	借	9 600
	3	银收	2	收到罚款			营业外收入	2 000		借	11 600
				本日合计				5 000	2 000		11 600
	31			本日合计				6 800	9 800		38 600
	31			本月合计				750 000	720 000		38 600

（2）多栏式银行存款日记账。多栏式银行存款日记账与多栏式库存现金日记账类似，只需在账页中增设“结算凭证”栏以反映结算凭证的种类及号数即可。其格式见表 7－4。

表 7－4　银行存款日记账（多栏式）

第　　页

年		凭证		摘要	结算凭证		收入						支出						结余
月	日	种类	号数		种类	号数	应贷科目					合计	应借科目					合计	

多栏式库存现金日记账和多栏式银行存款日记账由于按收入、支出的对应科目分设专栏，在使用会计科目较多时，账页必然很大，登记不便，并容易发生串行、错栏的错误。为了避免多栏式日记账篇幅过大，可以分别按照收款业务和付款业务，设置库存现金收入

日记账、库存现金支出日记账、银行存款收入日记账、银行存款支出日记账。其格式见表7－5～表7－8。

表7－5　库存现金收入日记账（多栏式）

第　　页

年		凭证		摘要	贷方科目					支出合计	结余
月	日	种类	号数						收入合计		

表7－6　库存现金支出日记账（多栏式）

第　　页

年		凭证		摘要	借方科目					
月	日	种类	号数							支出合计

表7－7　银行存款收入日记账（多栏式）

第　　页

年		凭证		摘要	结算凭证		贷方科目						支出合计	结余
月	日	种类	号数		种类	号数						收入合计		

表 7-8 银行存款支出日记账（多栏式）

第 页

年		凭证		摘要	结算凭证		借方科目					
月	日	种类	号数		种类	号数						支出合计

在分设收入日记账和支出日记账的情况下，出纳人员每日应将支出日记账中当日支出合计数，转记入收入日记账当日支出合计栏内，以计算当日账面结余额。

需要强调的是，在实际工作中，为了坚持内部牵制原则，实行钱、账分管，出纳人员不得负责登记库存现金日记账和银行存款日记账以外的任何账簿。出纳人员登记库存现金日记账和银行存款日记账后，应将各种收付款凭证交由会计人员据以登记总分类账及有关的明细分类账。通过总账与日记账的定期和不定期核对，达到控制库存现金日记账和银行存款日记账的目的。

（二）分类账的格式和登记

1. 总分类账的格式和登记

总分类账是按照总分类账户分类登记全部经济业务的账簿。在总分类账中，应按照会计科目的编码顺序分设账户，并为每个账户预留若干账页。由于总分类账能够全面、总括地反映经济活动情况，并为编制财务报表提供资料，因而任何企业都要设置总分类账。为了保证账簿资料的安全、完整，其账本形式必须采用订本式，账页格式一般采用三栏式，其金额栏分为借方、贷方、余额三栏，具体格式见表 7-9。

表 7-9 总分类账（三栏式）

会计科目：原材料　　　　第 页

20××年		凭 证		摘 要	借 方	贷 方	借或贷	余 额
月	日	种类	号数					
4	1			月初余额			借	60 000
	10	转	6	原材料验收入库	30 000		借	90 000
	20	转	13	领用原材料生产 A 产品		40 000	借	50 000
	30			本月合计	30 000	40 000	借	50 000

上述三栏式总分类账不能反映账户的对应关系，为此也可以分别在借、贷两栏内设置“对方科目”栏，这种三栏式总账的格式见表 7-10。

表 7-10　总分类账（三栏式）

会计科目：原材料　　　　　　　　　　　　　　　　　　　　　　第　　页

20××年		凭证		摘要	借方		贷方		借或贷	余额
月	日	种类	号数		金额	对方科目	金额	对方科目		
4	1			月初余额					借	60 000
	10	转	6	原材料验收入库	30 000	在途物资			借	90 000
	20	转	13	领用原材料生产产品			40 000	生产成本	借	50 000
	30			本月合计	30 000		40 000		借	50 000

总分类账可以直接根据各种记账凭证逐笔进行登记，也可以将各种记账凭证先汇总编制成科目汇总表或汇总记账凭证，然后再据以登记。具体登记方法取决于企业采用的账务处理程序，有关内容将在第十章中作详细介绍。

2. 明细分类账的格式和登记

明细分类账是按照明细分类账户详细记录某一类经济业务的账簿。明细分类账是总分类账的明细记录，更具体地说明经济业务，它不仅能提供金额指标，还能提供数量、单价等详细信息，可以为编制财务报表提供必需的资料。企业在设置总分类账的基础上，应根据管理的需要设置若干必要的明细分类账，作为总分类账的补充，各种明细分类账分别按照二级科目或明细科目开设账户，并为每一个账户预留若干账页，用来分类、连续地记录有关资产、负债、所有者权益、收入、费用、利润等详细资料。

明细分类账的账本形式一般采用活页式账簿，常用的账页格式有三栏式、数量金额式、多栏式等。

（1）三栏式明细分类账。三栏式明细分类账的格式和三栏式总分类账的格式基本相同，账页上设有借方、贷方和余额三个金额栏。它主要适用于只要求反映金额而不需要反映数量的经济业务，如应收账款、应付账款等债权债务结算业务的核算。三栏式应收账款明细分类账的格式见表 7-11。

表 7-11　应收账款明细分类账（三栏式）

二级或明细科目：　　　　　　　　　　　　　　　　　　　　　　第　　页

年		凭证		摘要	借方	贷方	借或贷	余额
月	日	种类	号数					
				本月合计				

(2) 数量金额式明细分类账。数量金额式明细分类账的账页上不仅设有金额栏，同时还设置了“数量栏”，并按“收入”“发出”“结余”分别设置。这种格式的明细账适用于既需要反映金额又需要反映数量的经济业务，如原材料、库存商品等账户的明细分类核算，具体格式见表 7-12。

表 7-12 原材料明细分类账（数量金额式）

类别： 品名和规格： 编号：
计量单位： 储备定额： 第 页
计划单价： 最高储备量：
存放地点： 最低储备量：

年		凭证		摘要	收入			发出			结余		
月	日	种类	号数		数量	单价	金额	数量	单价	金额	数量	单价	金额
				本月合计									

(3) 多栏式明细分类账。多栏式明细分类账是根据经济业务的特点和经济管理的需要，在一张账页内记录某一科目及其所属的各明细科目的内容，按该总账科目的明细项目设专栏记录。这种账页格式适用于只记金额，不记数量，而且在管理上需要了解其构成内容的收入、费用、利润等明细分类核算。

费用明细账一般按借方设多栏，若需冲减有关费用，可以在明细账中以红字在借方登记，会计期末将借方净发生额从贷方结转到“本年利润”账户。多栏式费用明细账的一般格式见表 7-13。

表 7-13 管理费用明细分类账（多栏式）

第 页

年		凭证		摘要	借方（明细项目）						贷方	余额
月	日	种类	号数							合计		

收入明细账一般按贷方设多栏，若需冲减有关收入，可以在明细账中以红字在贷方登记，会计期末将贷方净发生额从借方结转到“本年利润”账户。多栏式收入明细账的一般格式见表7-14。

表7-14　主营业务收入明细分类账（多栏式）

第　　页

年		凭证		摘要	借方	贷方（明细项目）						余额
月	日	种类	号数								合计	

各种明细账的登记方法，应根据单位经济业务的繁简和经济管理的需要而定。明细分类账通常根据原始凭证或标有明细科目及金额的记账凭证进行登记，可以逐笔登记，也可以定期汇总登记。

同步思考

你认为出纳可以既登记日记账又登记总账吗？

第三节　会计账簿的规则

记账是会计核算的一个重要环节，是一项重要的基础工作。记账工作完成得好坏，直接关系着能否为编制财务报表提供正确可靠的数据资料。因此，必须切实做到登账及时、内容完整、数字真实、摘要清楚，要便于查阅，不能漏记账、记重账、记错账。

一、启用账簿的规则

为了保证会计账簿记录的合法性和完整性，保证会计核算的质量，明确记账责任，启用会计账簿时应注意以下几点：

（1）在账簿封面上应当写明单位名称和账簿名称。

（2）在账簿扉页上应当填写账簿启用表，内容包括：启用日期，账簿页数，会计部门负责人、会计主管人员、审核人员、记账人员姓名，并加盖名章和单位公章。记账人员或者会计部门负责人、会计主管人员变动时，应当注明移交日期、移交人员、接管日期、接管人员，并由交接双方和监交人签名盖章。“账簿启用及交接表”的一般格式见表7-15。

表 7-15 账簿启用及交接表

<table>
<tr><td colspan="2">单位名称</td><td colspan="3"></td><td colspan="4">印 鉴</td></tr>
<tr><td colspan="2">账簿名称</td><td colspan="3"></td><td colspan="4" rowspan="4"></td></tr>
<tr><td colspan="2">账簿编号</td><td colspan="3"></td></tr>
<tr><td colspan="2">账簿页数</td><td colspan="3">本账簿共计 页</td></tr>
<tr><td colspan="2">启用日期</td><td colspan="3">年 月 日</td></tr>
<tr><td rowspan="3">经管人员</td><td colspan="2">部门负责人</td><td colspan="2">会计主管</td><td colspan="2">审核</td><td colspan="2">记账</td></tr>
<tr><td>姓名</td><td>盖章</td><td>姓名</td><td>盖章</td><td>姓名</td><td>盖章</td><td>姓名</td><td>盖章</td></tr>
<tr><td></td><td></td><td></td><td></td><td></td><td></td><td></td><td></td></tr>
<tr><td rowspan="8">交接记录</td><td colspan="2">移交日期</td><td colspan="2">移交人姓名及签章</td><td colspan="2">接管日期</td><td>接管人姓名及签章</td><td>会计主管姓名及签章</td></tr>
<tr><td colspan="2"></td><td colspan="2"></td><td colspan="2"></td><td></td><td></td></tr>
<tr><td colspan="2"></td><td colspan="2"></td><td colspan="2"></td><td></td><td></td></tr>
<tr><td colspan="2"></td><td colspan="2"></td><td colspan="2"></td><td></td><td></td></tr>
<tr><td colspan="2"></td><td colspan="2"></td><td colspan="2"></td><td></td><td></td></tr>
<tr><td colspan="2"></td><td colspan="2"></td><td colspan="2"></td><td></td><td></td></tr>
<tr><td colspan="2"></td><td colspan="2"></td><td colspan="2"></td><td></td><td></td></tr>
<tr><td colspan="2"></td><td colspan="2"></td><td colspan="2"></td><td></td><td></td></tr>
<tr><td>备注</td><td colspan="2"></td><td colspan="2"></td><td colspan="2"></td><td></td><td></td></tr>
</table>

（3）启用订本式账簿。应当按第一页到最后一页的顺序编定页数，不得跳页、缺号。

（4）使用活页式账簿。应当按账户顺序编号，并须定期装订成册。装订后再按实际使用的账页顺序编写页码，另加目录，记明每个账户的名称和页次。

二、登记账簿的规则

会计人员应当根据审核无误的记账凭证登记会计账簿。账簿登记一般应遵循下列规则：

（1）登记账簿时，应当将会计凭证日期、编号、摘要、金额和其他有关资料逐项记入账页内，做到数字准确、摘要清楚、登记及时、字迹工整。

（2）登记完毕后，要在会计凭证上签名或盖章，并注明已经登账的符号（如“√”），表示已经记账。

（3）账簿中书写的文字和数字上面要留适当空距，不要写满格，一般应占格长的1/2。

（4）登记账簿要用蓝黑或黑色墨水书写，不得使用圆珠笔（银行的复写账簿除外）或铅笔书写。但下列情况可以用红色墨水记账：

1）按照红字冲账的记账凭证，冲销错误记录。

2）在不设借贷栏的多栏式账页中，登记减少数。

3）在三栏式账户的余额栏前，如未印明余额的方向，在余额栏内登记负数余额。

4）根据规定可以用红字登记的其他会计记录。

(5) 各种账簿按页次顺序连续登记，不得跳行、隔页。如果发生跳行、隔页，应将空行、空页划线注销，或注明“此行空白”或“此页空白”字样，并由记账人员签名或盖章。

(6) 凡需要结出余额的账户，结出余额后，应在“借或贷”栏内写明“借”或“贷”字样；没有余额的账户，应在“借或贷”栏内写“平”字，并在“余额”栏内用“0”表示。库存现金日记账和银行存款日记账必须逐日结出余额。

(7) 每一账页登记完毕结转下页时，应结出本页合计数及余额，写在本页最后一行和下页第一行有关栏内，并在本页的摘要栏内注明“转后页”字样，在次页的摘要栏内注明“承前页”字样。

(8) 账簿记录发生错误，不准涂改、挖补、刮擦或者用药水消除字迹，不准重新抄写，必须按规定的方法进行更正。

实行会计电算化的企业，总账和明细账应当定期打印。发生收款和付款业务的，在输入收款凭证和付款凭证的当天必须打印出库存现金日记账和银行存款日记账，并与库存现金核对无误。

三、总分类账和明细分类账平行登记的规则

(一) 总分类账和明细分类账的关系

总分类账是根据总分类科目开设，用以提供总括指标的账簿；明细分类账是根据明细分类科目开设，用以提供明细指标的账簿。在总分类账中进行的核算，称为总分类核算；在明细分类账中进行的核算，称为明细分类核算。

总分类账提供总括指标，明细分类账提供详细、具体的指标，总分类账对其所属的明细分类账起统驭和控制的作用，明细分类账对其总分类账起补充和说明的作用，因此，总分类账又称为统驭账户，明细分类账则称为从属账户。会计实务中，并不是所有总分类账户都要分设明细分类账户，各企业在进行总分类核算的同时，应根据管理的需要，进行必要的明细分类核算。

总分类账与其所属的明细分类账所反映的经济业务是相同的，登账时所依据的原始依据也相同。总分类账提供总括的金额指标，明细分类账除提供金额指标外，还能提供具体的数量指标，它们既总括又详细地说明同一事项。为了使总分类账与其所属的明细分类账之间能起到统驭与补充的作用，便于账户核对，并确保核算资料的正确、完整，必须采用平行登记的方法，在总分类账及其所属的明细分类账中进行记录。

(二) 总分类账和明细分类账平行登记的方法

平行登记是指经济业务发生后，根据会计凭证，一方面要登记有关的总分类账户，另一方面要登记所属的各有关明细分类账户。平行登记的规则，包括以下几个要点：

(1) 依据相同。登记总分类账户与其所属的明细分类账户的原始依据必须一致，平行登记的各账簿所记录的经济业务内容、性质及发生的期间必须一致。

(2) 方向一致。根据会计凭证记入有关总分类账户与其所属的明细分类账户的记账方向必须一致。在总分类账中登记借方，在其所属明细分类账中登记的方向也在借方；在总

分类账中登记贷方，在其所属明细分类账中登记的方向也在贷方。

(3) 金额相等。在总分类账中登记的金额与其所属的明细分类账中登记的金额必须相等。如登记总分类账户时涉及几个明细分类账户，则在总分类账中登记的金额与其所属的明细分类账中登记的金额之和相等。

(三) 总分类账和明细分类账的核对

根据平行登记规则记账后，总分类账与其所属的明细账之间形成了下列数量关系：

总分类账有关账户余额与其所属的各个明细账户余额之和必然相等。以公式表示为：

总分类账期初余额＝所属明细账期初余额合计

总分类账期末余额＝所属明细账期末余额合计

总分类账有关账户本期发生额与其所属的各个明细账户本期发生额的合计数之和必然相等。以公式表示为：

总分类账本期借方发生额＝所属明细账本期借方发生额合计

总分类账本期贷方发生额＝所属明细账本期贷方发生额合计

下面以原材料的核算为例，说明总分类账与明细分类账的平行登记方法及相互关系。

【例 7-1】 某企业 20××年 5 月初“原材料”账户借方余额为 16 000 元，其有关明细账的借方余额见表 7-16。

表 7-16 原材料明细账借方余额

材料名称	计量单位	数量	单价（元）	金额（元）
甲材料	吨	50	200	10 000
乙材料	吨	60	100	6 000
合计				16 000

该企业 20××年 5 月份发生以下经济业务：

(1) 5 月 5 日向阳光公司购入原材料，货款 7 000 元，增值税 910 元。其中甲材料 30 吨，每吨 200 元，计 6 000 元；乙材料 10 吨，每吨 100 元，计 1 000 元。材料已验收入库，款项尚未支付。会计分录为：

借：原材料——甲材料　　6 000
　　　　　——乙材料　　1 000
　　应交税费——应交增值税（进项税额）　　910
　贷：应付账款　　7 910

(2) 5 月 15 日生产产品领用原材料 11 000 元。其中甲材料 40 吨，每吨 200 元，计 8 000 元；乙材料 30 吨，每吨 100 元，计 3 000 元。会计分录为：

借：生产成本　　11 000
　贷：原材料——甲材料　　8 000
　　　　　　——乙材料　　3 000

(3) 5 月 22 日向金华公司购入原材料，货款 8 000 元，增值税 1 040 元。其中甲材料 20 吨，每吨 200 元，计 4 000 元；乙材料 40 吨，每吨 100 元，计 4 000 元。材料已验收入库，货款及增值税以银行存款支付。会计分录为：

借：原材料——甲材料　　4 000

　　　　　——乙材料　　4 000

　　应交税费——应交增值税（进项税额）　　1 040

　贷：银行存款　　9 040

将上述原材料期初余额及本月发生额记入有关总分类账户与明细分类账户，见表7-17至表7-19。

表7-17　总分类账

会计科目：原材料　　单位：元

20××年		凭证		摘要	借方	贷方	借或贷	余额
月	日	种类	号数					
5	1			月初余额			借	16 000
	5	略	1	购入材料	7 000		借	23 000
	15		2	生产领用		11 000	借	12 000
	22		3	购入材料	8 000		借	20 000
5	31			本月合计	15 000	11 000	借	20 000

表7-18　原材料明细分类账

账户名称：甲材料　　计量单位：吨/金额单位：元

20××年		凭证		摘要	收入			发出			结存		
月	日	种类	号数		数量	单价	金额	数量	单价	金额	数量	单价	金额
5	1			月初余额							50	200	10 000
	5	略	1	购入材料	30	200	6 000				80	200	16 000
	15		2	生产领用				40	200	8 000	40	200	8 000
	22		3	购入材料	20	200	4 000				60	200	12 000
5	31			本月合计	50	200	10 000	40	200	8 000	60	200	12 000

表7-19　原材料明细分类账

账户名称：乙材料　　计量单位：吨/金额单位：元

20××年		凭证		摘要	收入			发出			结存		
月	日	种类	号数		数量	单价	金额	数量	单价	金额	数量	单价	金额
5	1			月初余额							60	100	6 000
	5	略	1	购入材料	10	100	1 000				70	100	7 000
	15		2	生产领用				30	100	3 000	40	100	4 000
	22		3	购入材料	40	100	4 000				80	100	8 000
5	31			本月合计	50	100	5 000	30	100	3 000	80	100	8 000

从上面三张账表中可以看出，“原材料”总分类账户与其明细分类账户按照“依据相同、方向一致、金额相等”的平行登记要求登记以后，它们之间的数量关系如表 7－20 所示。

表 7－20 原材料总分类账户与明细分类账户发生额及余额对照表

20××年 5 月　　金额单位：元

账户名称	月初余额		本期发生额		月末余额	
	借方	贷方	借方	贷方	借方	贷方
甲材料	10 000		10 000	8 000	12 000	
乙材料	6 000		5 000	3 000	8 000	
原材料	16 000		15 000	11 000	20 000	

四、更正错账的规则

（一）错账查找的方法

记账以后，一旦发现账簿记录出现错误就应立即查找，错账金额的查找方法通常有差额核对法、差额二除法、差额九除法等。

1. 差额核对法

在记账工作中，有时会发生漏记现象，如某项经济业务只登记了一个账户，而另一个账户被遗漏未登记，在计算账户余额时，有时也会遗漏一笔金额。发生漏登漏计，所有账户借方金额的合计与贷方金额的合计就不能试算平衡。差额核对法是根据错账的差额去查找错误。例如，借方合计数超过贷方合计数 8 000 元，就应检查是否有一笔 8 000 元的贷方记录漏记了或数字漏加了。可见，这种方法适用于查找漏记账和漏加数字而产生的错误。

2. 差额二除法

在登记账簿时，有时会发生记错方向的错误，即把应记入借方的金额误记入贷方，或是把应记入贷方的金额误记入借方。这种情况下，出现的差额将是错误金额的 2 倍。当发生差错采用差额核对法无效后，可将差额除以 2，如能除尽，错账就有可能是记账方向错误而引起的，差额除以 2 得到的商可能就是错误金额。例如，借方合计数超过贷方合计数 8 000 元，通过差额核对法未发现漏记账和漏加数字的情况，可将差额 8 000 元除以 2 得 4 000 元，然后再检查是否有一笔 4 000 元的贷方记录被当作了借方记录，而使借方合计数超过贷方合计数 8 000 元。显然，差额二除法适用于查找记错方向而引起的错账。

3. 差额九除法

在登记账簿时，有时会把相邻的两个数字记颠倒了，引起相邻数字倒置。例如，62 记成 26，826 记成 286；或者记错了数字的位置，引起数字移位，如 50 误记为 500，72 误为 720。这样的错误引起的差额往往易于辨认，因为它们总可以被 9 除尽（62－26＝36，36÷9＝4；826－286＝540，540÷9＝60；500－50＝450，450÷9＝50；720－72＝648，648÷9＝72）。因此，如果错账差额能被 9 除尽，可检查是否有相邻数倒置或数字移位的情况。因此，差额九除法适用于查找相邻数字倒置和数字移位而引起的错误。

如果错账是由几种错误同时引起的，综合错误引起的差额就没有规律了，而且当出现了重记或遗漏了一项会计分录或会计分录中错用了会计科目而引起的账簿记录错误，其合计数平衡，显然不可能用上述方法来确定错账的错误所在，甚至有时出现了错账也不知道，这就需要采用全面检查的方法，将全部账簿记录重新检查一遍，工作量很大。因此，在记账过程中，必须认真负责、细致小心，并加强复核，尽量避免错账的发生。万一发生错账应按照规定的方法更正。

（二）更正错账的方法

更正错账的方法一般有划线更正法、红字更正法和补充登记法三种。

1. 划线更正法

在结账以前，如果发现账簿上所记文字或数字有笔误或计算上的错误，而记账凭证并没有错，应采用划线更正法进行更正。更正时，应先将错误的文字或数字划一条红线予以注销，但必须使原有字迹仍可辨认，以备查考，然后在红线的上面，用蓝字写上正确的文字或数字，并由更正人员在更正处签名盖章，以明确责任。必须注意的是，对于错误数字必须全部划销，不得只划线更正其中的个别数字。举例说明如下：

【例 7－2】 某企业开出转账支票一张，交纳所得税 7 560 元，会计分录正确，“应交税费”账户记录的金额为 7 650 元。

在“应交税费”账页上采用划线更正法，应将错误数字 7 650 划上一条红线，然后用蓝字在红线的上面写上正确数字 7 560，并由更正人员在旁边盖章。更正后为：

7 560
~~7 650~~ 李敏

2. 红字更正法

（1）记账以后，如果发现记账凭证中的应借应贷会计科目或记账方向有错误从而导致账簿错误，应用红字更正法进行更正。红字在记账中表示减少，它起着冲销的作用。更正时，先用红字填写一张与原错误记账凭证内容完全相同的记账凭证，在“摘要”栏中注明冲销错账以及错误凭证的号数与日期，并据以用红字登记入账，冲销原有的错误记录；然后，再用蓝字填制一张正确的记账凭证，在“摘要”栏中注明更正错账以及冲账凭证的号数与日期，并据以用蓝字登记入账。举例说明如下：

【例 7－3】 某企业用银行存款支付投资者红利 5 000 元。编制记账凭证时，误作下列会计分录，并已登记入账：

1）借：应付账款　　5 000
　　贷：银行存款　　5 000

当发现这一错误时，先用红字填制一张与原错误凭证内容完全相同的记账凭证：

2）借：应付账款　　[5 000]
　　贷：银行存款　　[5 000]

（注：“□”表示红字，下同。）

然后，再用蓝字填写一张正确的记账凭证：

3）借：应付股利　　5 000

　　贷：银行存款　　5 000

根据以上记账凭证登记账簿以后，有关账户记录情况见图 7－1。

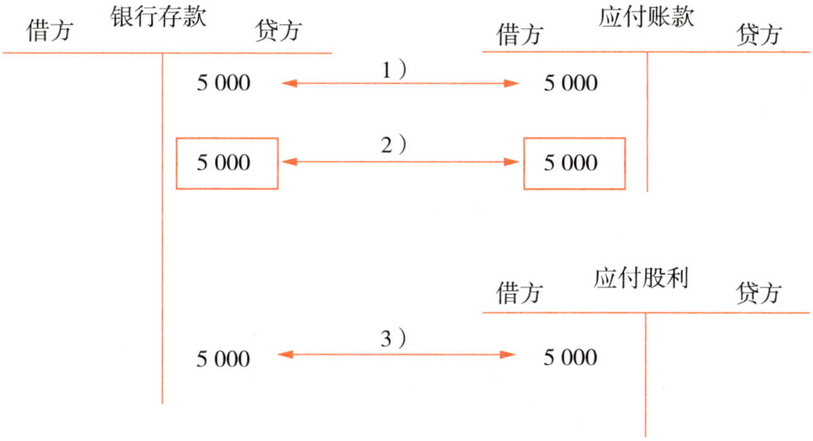

图 7－1

（2）记账以后，如果发现原填记账凭证中会计科目和借贷方向并无错误，只是所记金额大于应记金额而导致账簿错误，也应采用红字更正法更正。更正时，将多记的金额用红字填制一张与原错误记账凭证所记载的借贷方向、应借应贷会计科目相同的记账凭证，在“摘要”栏中注明冲销错账以及原错误凭证的号数与日期，并据以用红字登记入账，以冲销多记金额，从而得出正确金额。举例说明如下：

【例 7－4】 企业生产 A 产品领用原材料一批共计 3 500 元，填制记账凭证时，将金额误填为 5 300 元，并已登记入账。原编会计分录为：

1）借：生产成本　　5 300

　　贷：原材料　　5 300

为了更正有关账户中多记 1 800 元的错误，用红字编制一张记账凭证如下：

2）借：生产成本　　1 800

　　贷：原材料　　1 800

根据以上记账凭证登记账簿以后，“生产成本”和“原材料”账户均反映了正确的发生额 3 500 元。有关账户记录情况见图 7－2。

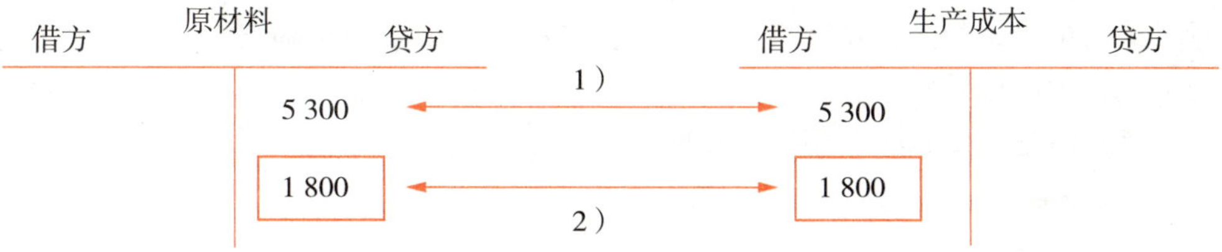

图 7－2

3. 补充登记法

记账以后，如果发现原填记账凭证中应借应贷会计科目并无错误，只是凭证所记金额小于应记金额而导致账簿错误，应该采用补充登记法更正。更正时，将少记的金额用蓝字填制一张与原错误记账凭证所记载的借贷方向、应借应贷会计科目相同的记账凭证，在“摘要”栏中注明补记少记金额以及原错误凭证的号数与日期，并据以用蓝字登记入账，补记少记金额，从而得出正确金额。举例说明如下：

【例7-5】 向宏信工厂购入的4 000元原材料运到并已验收入库。填制记账凭证时，将金额误填为400元，并已登记入账。原编会计分录为：

（1）借：原材料　　400
　　　贷：在途物资　　400

为了更正有关账户中少记3 600元的错误，用蓝字编制一张记账凭证如下：

（2）借：原材料　　3 600
　　　贷：在途物资　　3 600

根据以上记账凭证登记账簿以后，“原材料”和“在途物资”账户均反映了正确的发生额4 000元。有关账户记录情况见图7-3。

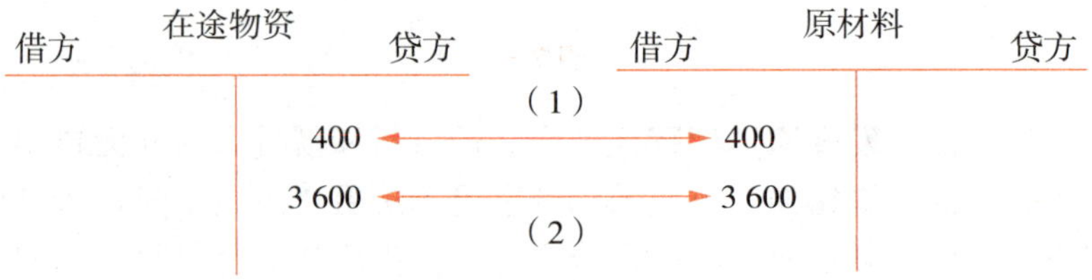

图7-3

⇨ 同步思考

1. 总分类账和明细分类账平行登记的要求之一是它们要同时登记，你认为对吗？

2. 【例7-4】中，如果更正时借记“原材料”账户，贷记“生产成本”账户，从而对多记的金额1 800元进行冲减，你认为这样进行更正是否正确？为什么？

第四节　对账和结账

一、对账

对账，简单地说就是核对账目。为了保证各种账簿记录的正确性，如实反映和监督经济活动情况，为编制财务报表提供真实可靠的数据资料，记账以后还必须对账，将各种账簿的记录核对清楚，做到账证相符、账账相符、账实相符。

（一）账证核对

账证核对是指总分类账、明细分类账以及现金和银行存款日记账等各种账簿的记录与记账凭证及其所附的原始凭证核对，保证账证相符。

（二）账账核对

账账核对是指账簿之间的有关记录要相互核对，具体包括各总分类账户借方期末余额合计与贷方期末余额合计相核对；明细分类账各账户期末余额合计与有关总分类账户期末余额相核对；日记账期末余额和有关总分类账期末余额相核对；会计部门各种财产物资明细分类账期末余额与财产物资保管和使用部门的有关财产物资明细分类账期末余额相核对，保证账账相符。

（三）账实核对

账实核对是指各种财产物资的账面余额与实存数额相核对，具体包括库存现金日记账账面余额每天与库存现金实有数相核对；银行存款账面余额定期与开户银行账目相核对；财产物资明细分类账账面余额数与库存实物相核对；各种应收、应付款明细分类账账面余额与有关债权、债务单位的账目相核对，保证账实相符。账实核对一般通过财产清查进行。

二、结账

结账，简单地说就是结出每个账户的本期发生额和期末余额，从而结束本期账簿记录。各单位必须定期进行结账。

（一）结账前的准备工作

结账前必须将本期内所发生的各项经济业务全部登记入账。要检查有无重复、遗漏和记错的业务；不得将尚未发生的经济业务提前入账，也不得将已经在本期发生的业务延至下期入账；根据权责发生制，必须确认的本期应计收入和应计费用要进行期末账项调整，编制有关调整分录并据以入账；期末需要结转的业务均应编制有关结转分录并据以入账，如“制造费用”账户本期发生额应按一定的标准分配结转记入“生产成本”账户；完工产品的实际生产成本应由“生产成本”账户结转记入“库存商品”账户；本期销售产品的实际生产成本应由“库存商品”账户结转记入“主营业务成本”账户；各损益类账户应结转至“本年利润”账户；年度终了“本年利润”账户应结转至“利润分配”账户；通过财产清查发现的财产物资的盘盈、盘亏应按照规定登记入账等。

在完成以上工作后，才能按规定在账簿上进行结账。按结账期间的不同，结账分为月结、季结、年结等。

（二）结账方法

企业月末进行结账工作时，应在账户本月份最后一笔记录下面一行进行月结，在“摘要”栏注明“本月合计”字样，结出本月发生额和月末余额，如无余额，在“余额”栏内写上0，然后在下面通栏划单红线。本月份未发生金额变化的账户，一般不需要进行月结。对不需按月结计本期发生额的账户，每次记账以后，都要随时结出余额，每月最后一笔余额即为月末余额，不需再结计一次余额，月末结账时只需要在最后一笔经济业务记录下面通栏划单红线。

企业季末进行结账工作时，在季末月的月结行下面一行进行季结，在“摘要”栏内注明“本季合计”字样，结出本季发生额，季末月的月末余额即为季终余额，再在下面划一通栏单红线。需要结出本年累计发生额的某些明细账户，应当在本月月结或本季季结行下面一行进行，在“摘要”栏内注明“本年累计”字样，结出自年初起至本期止的累计发生额，并在下面通栏划单红线。12 月末的“本年累计”就是全年累计发生额，全年累计发生额下面应当通栏划双红线。

年度终了，所有总账账户都应当结出全年发生额和年末余额。企业年末结账应在 12 月份月结或在第四季度的季结下面一行进行，在“摘要”栏内注明“本年合计”字样，计算填列全年 12 个月月结的发生额合计数或四个季度的发生额合计数，12 月末的余额即为年末余额，并在下面通栏划双红线。各账户的年末余额应结转到下一会计年度，在下一会计年度新建有关会计账簿的第一行“余额”栏内填写上年结转的余额，并在摘要栏注明“上年结转”字样。结账的格式及方法见表 7－21。

在新会计年度开始时单位通常启用新账，总分类账、日记账和绝大部分明细分类账应每年更换一次，只有平时记录较少的一小部分明细分类账如固定资产明细账可以连续使用，不必每年更换新账。

表 7－21　总分类账

会计科目：原材料

20××年		凭证		摘要	借方	贷方	借或贷	余额
月	日	种类	号数					
1	1			上年结转			借	16 000
				……	……	……		
	31			本月合计	10 000	9 000	借	17 000
2				……	……	……		……
	28			本月合计	11 000	9 000	借	19 000
12				……	……	……		……
	31			本月合计	9 000	7 000	借	26 000
	31			本年合计	120 000	110 000	借	26 000

⇨ 同步思考

为什么要对账？如果“原材料”总账账户与其所属的明细账户核对有出入，你认为可能是什么原因？

贴心提示

账簿知识的学习方法建议

账簿知识的学习和会计凭证的学习一样，要通过实际操作，才能真正掌握各种账簿的登记方法和要求，本教材配套实训中也有很多账页供大家练习，有可能的话请到单位财会部门观摩，增加对账簿的感性认识，向财会人员请教各种账簿的用途，真正掌握账簿的相关知识。我们也可以将账簿知识运用于日常生活中，例如可以把自己一个阶段的收支，通过日记账的形式连续、完整地记录下来，对于日记账有什么作用自然而然就体会到了。

自测题七

一、单项选择题

1. 日记账按用途分类属于（　　）。

A. 备查账簿　　B. 序时账簿

C. 总分类账簿　　D. 明细分类账簿

2. 库存现金日记账应采用的形式是（　　）。

A. 订本式账簿　　B. 活页式账簿

C. 卡片式账簿　　D. 数量金额式账簿

3. 总分类账大多采用（　　）。

A. 多栏式账簿　　B. 三栏式账簿

C. 单栏式账簿　　D. 数量金额式账簿

4. 制造费用明细账一般采用（　　）。

A. 双栏式账簿　　B. 三栏式账簿

C. 多栏式账簿　　D. 数量金额式账簿

5. “委托加工材料登记簿”按用途分类属于（　　）。

A. 总分类账簿　　B. 备查账簿

C. 明细分类账簿　　D. 日记账簿

6. 从银行提取现金时，登记库存现金日记账的依据是（　　）。

A. 银行存款收款凭证　　B. 现金付款凭证

C. 现金收款凭证　　D. 银行存款付款凭证

7. 活页式账簿和卡片式账簿主要适用于（　　）。

A. 特种日记账　　B. 普通日记账

C. 总分类账簿　　D. 明细分类账簿

8. 固定资产明细账的格式一般采用（　　）。

A. 订本式　　B. 卡片式　　C. 活页式　　D. 多栏式

9. 某会计人员根据记账凭证登记入账时，误将 800 元记作 8 000 元，而记账凭证无误，应用（　　）予以更正。

A. 红字更正法　　B. 补充登记法　　C. 划线更正法　　D. 蓝字更正法

10. 若记账凭证上的会计科目和应借应贷方向未错，但所记金额大于应记金额，并据以登记入账，对此应采用（　　）。

A. 划线更正法
B. 红字更正法
C. 补充登记法
D. 编制相反分录冲减

11. 账证核对是将各种账簿记录与有关（　　）相核对。
A. 记账凭证　B. 会计凭证　C. 原始凭证　D. 会计分录

12. 登记日记账的方式是按照经济业务发生的时间先后顺序进行（　　）。
A. 逐日逐笔登记
B. 逐日汇总登记
C. 逐笔定期登记
D. 定期汇总登记

13. 序时账簿按其登记内容的不同分为（　　）。
A. 普通日记账和特种日记账
B. 银行存款日记账和库存现金日记账
C. 普通日记账和日记总账
D. 三栏式日记账和多栏式日记账

14. 账簿在启用时，账簿名称应填在账簿的（　　）上。
A. 扉页　B. 封面　C. 账页　D. 封底

15. 新的会计年度开始，启用新账时，（　　）可以继续使用，不必更换新账。
A. 日记账
B. 总分类账
C. 明细分类账
D. 固定资产卡片账

二、多项选择题

1. 账簿按其用途分类，可以分为（　　）。
A. 序时账簿　B. 订本式账簿　C. 分类账簿　D. 活页式账簿
E. 备查账簿

2. 账簿按其外表形式分类，可以分为（　　）。
A. 订本式账簿　B. 三栏式账簿　C. 卡片式账簿　D. 活页式账簿
E. 多栏式账簿

3. 下列账簿中采用订本式的有（　　）。
A. 库存现金日记账
B. 银行存款日记账
C. 备查账
D. 总分类账
E. 明细分类账

4. 任何会计主体都必须设置的账簿有（　　）。
A. 库存现金日记账
B. 银行存款日记账
C. 总分类账
D. 备查账
E. 明细分类账

5. 库存现金、银行存款日记账的账页格式主要有（　　）。
A. 三栏式　B. 卡片式　C. 多栏式　D. 数量金额式
E. 活页式

6. 数量金额式明细分类账的账页格式适用于（　　）。
A. 库存商品明细账
B. 制造费用明细账
C. 应付账款明细账
D. 应收账款明细账
E. 原材料明细账

7. 三栏式明细分类账的账页格式适用于（　　）。

A. 管理费用明细账　　B. 库存商品明细账
C. 应收账款明细账　　D. 制造费用明细账
E. 应付账款明细账
8. 红色墨水登记账簿，适用于下列哪些情况？（　　）
A. 按照红字冲账的记账凭证，冲销错误记录
B. 在不设借贷栏的多栏式账页中，登记减少数
C. 在期末结账时，用红色墨水划通栏红线
D. 在三栏式账户的余额栏前，如未印明余额的方向，在余额栏内登记负数余额
E. 根据规定可以用红字登记的其他会计记录
9. 账实核对主要包括（　　）。
A. 库存现金日记账与现金实存数的核对
B. 银行存款日记账与银行对账单的核对
C. 材料明细账与材料实存数的核对
D. 总账借贷方期末余额合计数的核对
E. 应收账款明细账与债务单位对账单的核对
10. 账账核对包括（　　）。
A. 总分类账户借方期末余额合计数与贷方期末余额合计数相核对
B. 明细分类账各账户期末余额合计数与有关总分类账户期末余额数相核对
C. 银行存款日记账与银行对账单的核对
D. 会计部门各种财产物资明细分类账与财产物资保管部门的明细分类账相核对
E. 日记账期末余额和有关总分类账期末余额相核对
11. 结账分为（　　）。
A. 日结　　B. 月结　　C. 旬结　　D. 季结
E. 年结
12. 应采用红字更正法进行更正的账簿错误有（　　）。
A. 记账以后，发现记账凭证所列会计科目有错误
B. 记账以后，发现记账凭证所列金额大于正确金额
C. 记账以后，发现记账凭证所列金额小于正确金额
D. 结账之前，发现账簿上所记文字或数字有错误，而记账凭证正确
E. 记账以后，发现记账凭证借贷方向发生错误
13. 错账更正的方法有（　　）。
A. 划线更正法　　B. 补充登记法　　C. 差额除二法　　D. 红字更正法
E. 差额除九法
14. 对账包括以下主要内容（　　）。
A. 账证核对　　B. 账目核对　　C. 账账核对　　D. 账表核对
E. 账实核对

三、判断题

1. 库存现金日记账和银行存款日记账，必须采用订本式账簿。（　　）

2. 库存现金和银行存款日记账属于普通日记账。 （ ）

3. 三栏式明细账适用于那些只需进行金额核算而不需要进行数量核算的明细分类账户。 （ ）

4. 备查账簿是对某些在日记账和分类账中未能记录或记录不全的经济业务进行补充登记的账簿，因此各单位都必须设置。 （ ）

5. 为了满足内部牵制原则，实行钱、账分管，通常由出纳人员根据收、付款凭证进行现金收支，然后将收付款后的现金收款凭证和付款凭证交给会计人员，由会计人员登记三栏式库存现金日记账。 （ ）

6. 总分类账一般采用订本式账簿。 （ ）

7. 多栏式明细账，一般适用于债权、债务结算的经济业务。 （ ）

8. 各种明细账的登记依据，既可以是原始凭证，也可以是记账凭证。 （ ）

9. 各种明细账的登记，可以逐日逐笔登记，也可以汇总登记。 （ ）

10. 登记账簿必须用蓝、黑墨水书写，不得使用圆珠笔、铅笔书写，更不得用红色墨水书写。 （ ）

11. 某会计人员在填制记账凭证时，误将 5 800 元记作 8 500 元，并已登记入账。月终结账前发现错误，更正时应采用划线更正法。 （ ）

12. 设有明细分类账户的总分类账户，又称统驭账户。 （ ）

13. 总分类账户和明细分类账户必须在同一会计期间内登记。 （ ）

14. 新的会计年度开始时，企业必须更换全部账簿。 （ ）

15. 结账是在各个会计期末进行的。 （ ）

16. 季结时应划通栏双红线。 （ ）

17. 划线更正法适用于记账凭证错误引起的账簿记录错误。 （ ）

18. 将企业的银行存款日记账与银行对账单定期核对属于账账核对。 （ ）

四、简答题

1. 为什么要设置和登记会计账簿？

2. 会计账簿按用途分为哪几种？会计账簿的外表形式有哪几种？这些形式各有哪些优缺点？会计账簿的设置原则有哪些？

3. 库存现金日记账和银行存款日记账通常有哪些格式？如何登记？

4. 总分类账通常采用什么样的格式？如何登记？

5. 明细分类账有哪几种格式？简述各自的适用范围。

6. 更正错账有哪几种方法？简述各自的适用范围。

7. 什么是对账？怎样对账？

8. 查找错账的方法有哪几种？它们各适用于什么样的错账？

9. 什么是结账？年终结账应注意什么？

五、综合业务题

习题一

目的：掌握库存现金日记账和银行存款日记账的登记方法。

资料：自测题六综合业务题习题二的业务。

要求：根据已编制的收款凭证和付款凭证，登记库存现金日记账和银行存款日记账，填入表 7－22、表 7－23，并结出本月发生额合计及期末余额。

表 7－22　库存现金日记账

单位：　元

年		凭证		摘要	对方科目	收入	支出	结余
月	日	字	号					

表 7－23　银行存款日记账

单位：　元

年		凭证		摘要	结算凭证		对方科目	收入	支出	结余
月	日	字	号		种类	号数				

习题二

目的：掌握总分类账和明细分类账平行登记的方法。

资料：信华公司5月初“原材料”总账账户借方余额为18 000元，其有关明细账资料见表7-24。

表7-24 原材料明细账借方余额

材料名称	计量单位	数量	单价（元）	金额（元）
甲材料	吨	50	300	15 000
乙材料	吨	30	100	3 000
合计				18 000

该公司5月份发生以下经济业务：

1.5月2日向宏达公司购入原材料，货款9 000元，增值税1 170元。其中：甲材料20吨，每吨300元，计6 000元；乙材料30吨，每吨100元，计3 000元。材料已验收入库，款项尚未支付。

2.5月16日生产产品领用原材料14 000元。其中：甲材料40吨，每吨300元，计12 000元；乙材料20吨，每吨100元，计2 000元。

3.5月28日向东丽公司购入原材料，货款10 000元，增值税1 300元。其中：甲材料30吨，每吨300元，计9 000元；乙材料10吨，每吨100元，计1 000元。材料已验收入库，货款及增值税以银行存款支付。

要求：

1. 根据上述经济业务编制会计分录。

2. 根据期初资料和上述会计分录登记“原材料”总分类账和所属明细分类账，并结出本期发生额合计和期末余额，分别填入表7-25至表7-27。

3. 编制原材料总分类账与明细分类账发生额及余额对照表，填入表7-28。

表7-25 总分类账

会计科目：　　　　单位：元

年		凭证		摘要	借方	贷方	借或贷	余额
月	日	种类	号数					

表7-26 原材料明细分类账

账户名称：　　　　计量单位：吨

年		凭证		摘要	收入			发出			结存		
月	日	种类	号数		数量	单价	金额	数量	单价	金额	数量	单价	金额

表 7-27 原材料明细分类账

账户名称：　　　　　　　　　　　　　　　　　　　　　　　　计量单位：吨/金额单位：元

年		凭证		摘要	收入			发出			结存		
月	日	种类	号数		数量	单价	金额	数量	单价	金额	数量	单价	金额

表 7-28 原材料总分类账与明细分类账发生额及余额对照表

年　月　　　　　　　　　　　　　　　　　　　　　　单位：元

账户名称	月初余额		本期发生额		月末余额	
	借方	贷方	借方	贷方	借方	贷方
甲材料						
乙材料						
原材料						

习题三

目的：掌握错账的更正方法。

资料：信华公司在核对账簿记录时，发现下列经济业务的凭证或账簿记录发生错误。

1. 5 月 3 日，开出转账支票一张，支付前欠货款 13 000 元，所编记账凭证为：

借：应付账款　　13 000

　贷：银行存款　　13 000

在登记"应付账款"总分类账户时，所记金额为 31 000 元。

2. 5 月 8 日，开出现金支票一张，预付货款 4 800 元。所编记账凭证为：

借：预付账款　　4 800

　贷：库存现金　　4 800

3. 5 月 12 日，收到前进工厂偿付前欠货款 29 500 元，存入银行。所编记账凭证为：

借：银行存款　　25 900

　贷：应收账款　　25 900

4. 5 月 20 日，生产 A 产品领用材料 47 500 元，所编记账凭证为：

借：生产成本　　74 500

　贷：原材料　　74 500

5. 5 月 31 日，计算本月的应付工资 7 700 元，其中生产工人工资 6 100 元，车间管理人员工资 1 600 元。所编记账凭证为：

借：生产成本　　6 100

　　管理费用　　1 600

　贷：应付职工薪酬　　7 700

要求：根据资料指出上述经济业务的处理错误、应该采用的更正方法，并进行更正，同时用 T 形账户列出各账户的更正情况。

第八章

财 产 清 查

同步思考
参考答案

本章学习目标

通过本章的学习，学生应能够描述财产清查的概念和作用，认识财产清查的种类和财产物资的盘存制度，学会货币资金、实物资产和往来款项的清查方法，熟悉财产清查结果的账务处理。

重点与难点

1. 财产物资的盘存制度
2. 财产清查的方法
3. 财产清查结果的账务处理

引例

失而复得的股票

2014 年 12 月，扬州市江都区审计局对某工业园区管委会进行审计，审计人员在核实资产时，发现该单位购买的淮江路股票 56.23 万元，财务账面收益为零，有关人员也不能提供所有的股票实物。后经追查了解，因为该单位从 2001 年至 2013 年末前后多次更换会计，均未办理交接手续，上述股票在前任会计接手时就未清点核对，以至于近 30 万元股票实物下落不明、投资收益长期未结算。审计人员要求被审计单位立即整改并追查核实该资产。针对审计发现的问题和建议，该单位立即督促相关人员进行了交接，并积极与发行机构联系，对遗失的股票办理挂失手续后重新领取了股票，并结回累计分红 113.58 万元。

资料来源：江苏省审计厅网.

第一节　财产清查概述

一、财产清查的概念

财产清查是指通过对库存现金、实物资产的实地盘点以及对银行存款、往来款项和其他财产的核对，确定其实有数，查明账实是否相符，并查清账实不符原因的一种专门方法。

账簿记录是否正确，直接影响到会计信息的真实性。加强对会计凭证的日常审核，进行账证核对和账账核对，只能保证过账不出差错，并不一定能保证账簿记录与客观实际相符。一些主观和客观的原因，会使账簿记录的结存数与各项财产的实存数不一致，即账实不符。造成账实不符的原因主要有以下几个方面：

（1）在财产物资收发时，由于计量、计算和检验不准确而造成品种、规格、数量、质量上的差错。

（2）收发财产物资过程中，发生错收、错付或在凭证、账簿中出现漏记、重记或错记。

（3）财产物资在保管过程中发生的自然损溢或自然灾害造成的财产物资损失。

（4）因管理不善或工作失职造成财产物资损坏、变质或短缺以及货币资金和往来款项的差错。

（5）由于不法分子贪污盗窃、营私舞弊等造成财产物资损失。

（6）在结算过程中，由于未达账项等原因而造成的账实不符。

因此，为了掌握财产物资的真实情况，保证会计资料的正确与真实，做到账实相符，就必须进行财产清查。

二、财产清查的作用

（一）保证会计资料真实可靠

通过财产清查，可以确定各项财产的实存数，并与账存数进行核对，以查明账实是否相符，以及发生盘盈、盘亏的原因和责任，及时调整账面记录，做到账实相符，保证会计资料真实正确。

（二）促进企业改善经营管理

通过财产清查，应查明财产物资有无积压、呆滞，以便采取积极措施予以处理，充分挖掘物资的利用潜力，加速资金周转，改善企业的经营管理。

（三）保护财产物资安全完整

通过财产清查，查明财产账存数与实存数是否相符，检查各项财产有无毁损、变质，有无被贪污、盗窃，检查各种财产物资的保管是否安全，从而及时发现问题，以便采取措施，切实保护企业财产物资的安全与完整。

（四）维护财经纪律，遵守结算制度

通过财产清查，可以查明企业是否切实遵守财经纪律和结算制度，对各种往来款项有无逾期拖欠情况，从而促使企业严格地遵守各项财经制度和纪律，按照财务制度和财经纪律进行正常的经济活动。

三、财产物资的盘存制度

财产物资的盘存制度有永续盘存制和实地盘存制两种。在不同的盘存制度下，各项财

产物资在账簿中的登记方法和盘点目的是不同的。

（一）永续盘存制

永续盘存制是指对各项财产物资的增加或减少，都必须根据会计凭证连续地记入有关账簿，并随时在账面上结出其结存数额的一种制度。这种利用账面记录来了解各项财产物资结存数额的制度，亦称账面盘存制。

采用永续盘存制度的优点是会计核算手续较为严密，能够及时反映财产物资的增、减、结存情况，有利于加强财产物资的管理和保护财产物资的安全完整；缺点是日常核算工作量比较大。一般情况下各单位都应采用永续盘存制。

必须指出，在永续盘存制下，对财产物资仍要定期不定期地进行实地盘点，以便查明财产物资的账存数与实存数是否一致，如有出入，要查明账实不符的原因。

（二）实地盘存制

实地盘存制是指平时在账簿中只登记财产物资的增加数，不登记减少数，每到期末或结账时，根据实地盘点确定财产物资的实存数，倒挤推算出本期财产物资的减少数，并据以登记入账的一种制度。本期减少数的计算公式为：

本期减少数额＝期初结存数额＋本期增加数额－期末实存数额

可见，在这种方法下，定期实地盘点的数额是计算财产物资减少数额并据以记入有关账簿的依据，因此这种方法又称定期盘存制。

采用实地盘存制的优点是核算工作简单，缺点是核算手续不严密，平时在账面上不能反映各项财产物资的减少数额和结存数额，差错、毁损、丢失、盗窃等情况造成的短少均计入本期发出数额，不利于财产物资的管理及财产物资的安全。因此，一般情况下不采用这种制度。

四、财产清查的种类

（一）按清查范围分类

财产清查按清查的范围，可分为全面清查和局部清查。

1. 全面清查

全面清查就是对所有的财产物资进行全面清查、盘点和核对。其清查对象一般包括：

（1）货币资金，包括库存现金、银行存款等。

（2）财产物资，包括在本单位的所有固定资产、库存商品、材料物资；属于本单位但在途中的各种在途物资；存放在本单位的代销商品、材料物资等；委托加工或保管的商品材料等。

（3）债权债务，包括各项应收款项、应付款项以及银行借款等。

由于全面清查的内容多、范围广、工作量大，一般在下列情况下才进行：年终决算前；开展清产核资时；单位撤销、合并、改组或改变隶属关系时；中外合资、国内联营时。

2. 局部清查

局部清查是根据需要对一部分财产物资所进行的盘点与核对。一般情况下，对于库存现金，出纳人员应每日清点，单位还要不定期组织人员对出纳经管的现金进行盘点；对于银行存款，每月至少要同银行核对一次；对于流动性较大的材料物资，除年度清查外，年内还要轮流盘点或重点抽查；对于各种贵重物资，每月都应清查盘点一次；对于各种债权债务，最好每隔三个月核对一次。

（二）按清查时间分类

财产清查按清查的时间，可分为定期清查和不定期清查。

1. 定期清查

定期清查是按规定时间对资产所进行的清查，一般是在年度、半年度、季度或月度结账时进行。这种清查可以是全面清查，也可以是局部清查。

2. 不定期清查

不定期清查是指根据实际情况的需要而临时进行的财产清查，这种清查通常在下列情况下进行：

（1）更换财产、物资和现金经管人员时；

（2）财产物资发生非常灾害或意外损失时；

（3）财政、审计、银行等部门对企业进行会计检查时；

（4）进行临时性清产核资时和管理上需要清查时；

（5）单位撤销、合并、改组、改变隶属关系时。

根据情况需要，不定期清查可以是全面清查，也可以是局部清查。

⇨ 同步思考

小明有个漂亮的糖罐，里面有 10 粒糖，他又去买了一袋 100 粒的糖放进了糖罐。一段时间后小明想知道糖罐里还有多少粒糖，就把糖倒出来数了一数，还有 30 粒，于是他知道自已吃掉了 80 粒糖。

小军也有个漂亮的糖罐，里面也有 10 粒糖，他也买了一袋 100 粒的糖放进了糖罐。和小明不同的是，小军每次吃糖时都用笔记录吃了几粒糖，所以他只要看一下记录就知道已经吃了多少糖、还剩多少糖。

请你思考一下小明和小军他俩采用的是永续盘存制还是实地盘存制。

第二节 财产清查的实施

一、财产清查前的准备工作

财产清查是加强会计核算和改善经营管理的重要手段，是一项涉及面广、工作量大、非常复杂细致的工作。它不仅涉及有关物资保管部门，而且涉及各生产车间和各个职能部门乃至个人。为了做好财产清查工作，在进行清查前，必须充分做好准备工作，财产清查前的准备工作，包括组织准备和业务准备。

（一）组织准备

财产清查应专门成立清查组织，具体可以是在有关主管厂长和总会计师的领导下，成立由财会部门牵头，生产、技术、设备、行政及各有关部门参加的财产清查领导小组。其主要任务有：在财产清查前，制订清查计划，确定清查的对象和范围，安排清查工作的进度，配备清查人员，确定清查方法；在清查过程中，做好具体组织、检查和督促工作，及时研究和处理清查中出现的问题；在清查结束后，将清查结果和处理意见上报领导和有关部门审批。

（二）业务准备

（1）会计部门和会计人员应在财产清查之前将有关账目登记齐全，结出余额，做到账簿记录完整、计算正确、账证相符、账账相符，为财产清查提供正确可靠的账簿资料。

（2）财产物资的保管部门和保管人员，应在财产清查之前登记好所经管的财产物资明细账，结出余额；对所要清查的财产物资进行整理、排列，挂上标签，标明品种、规格、结存数量，以便在进行清查时与账簿记录核对。

（3）准备好必要的计量器具，进行检查校正，保证计量的正确性，减少误差。

（4）银行存款、银行借款、结算款项以及债权债务的清查，需要取得对账单、有关的函证材料等。

（5）准备好各种空白的清查登记表册。

二、财产清查的方法

（一）货币资金的清查

1. 库存现金的清查

为了加强现金管理，出纳员必须对现金的收入和付出，按照有关凭证逐笔序时地记入库存现金日记账，并要日清月结，将现金日记账余额与现金实有数相核对，做到账实相符。

库存现金的清查，通过实地盘点的方法进行。盘点时，出纳人员必须在场，如果发现盘盈、盘亏，清查人员必须会同出纳人员当场核实。除查明账实是否相符外，还要查明有无违反现金管理制度规定的行为，如有无以“白条”抵充库存现金、库存现金是否超过银行核定的限额、有无坐支现金等。现金清点完毕，应编制“库存现金盘点报告表”，其一般格式如表 8－1 所示。

表 8－1　库存现金盘点报告表

单位：　　　　　　　　　　　　　　　年　月　日

币种	实存金额	账存金额	实存与账存对比		备注
			盘盈	盘亏	

盘点人：（签章）　　　　　　出纳员：（签章）　　　　　　监盘人：（签章）

应该注意的是，库存现金清查时间一般以一天业务开始前或一天业务结束后为宜；清查方式一般以突击检查为好。

2. 银行存款的清查

银行存款的清查采用与银行核对账目的方法进行。在核对前，先要详细检查本单位银行存款日记账的正确性和完整性，然后与银行对账单逐笔核对，以查明账实是否相符。由于办理结算手续和凭证传递的原因，银行对账单余额与单位银行存款日记账余额有时不相符，这种差异主要是由未达账项造成的。所谓未达账项，是指单位与银行由于双方之间结算凭证传递的时间不一致而发生的一方已经登记入账，另一方因尚未收到结算凭证而未登记入账的款项。未达账项有以下四种类型：

（1）企业已收款入账，银行尚未收款入账；

（2）企业已付款入账，银行尚未付款入账；

（3）银行已收款入账，企业尚未收款入账；

（4）银行已付款入账，企业尚未付款入账。

任何一种未达账项的出现，都会使银行对账单余额与企业银行存款日记账账面余额不一致。在上述（1）、（4）两种情况下，会使企业银行存款日记账余额大于银行对账单余额，在（2）、（3）两种情况下，会使企业银行存款日记账余额小于银行对账单余额。因此，为了查明银行存款是否账实相符，应根据未达账项情况，编制“银行存款余额调节表”。

“银行存款余额调节表”的一般格式如表 8－2 所示。

表 8－2　银行存款余额调节表

年　月　日　　　　单位：元

项目	金额	项目	金额
企业银行存款日记账的账面余额		银行对账单余额	
加：银行已收、企业未收款 减：银行已付、企业未付款		加：企业已收、银行未收款 减：企业已付、银行未付款	
调节后的存款余额		调节后的存款余额	

主管：　　会计：　　出纳：　　制表：

编制单位：（盖章）

“银行存款余额调节表”的编制步骤如下：

第一步，填写余额。

将企业银行存款日记账的余额和银行对账单的余额，分别填写在调节表第二行两边的金额栏中。

第二步，找出未达账项。

将企业银行存款日记账与银行对账单逐笔核对（见图 8－1），找出一方已经入账、另一方尚未入账的记录。

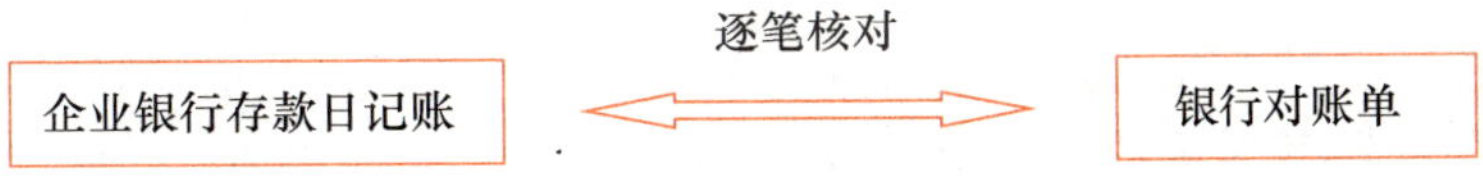

图 8－1

第三步，补记未达账项。

将未达账项的金额按照补记的原则分别填在调节表两边相应项目的金额栏中。银行对账单中已经记录，而企业银行存款日记账中没有记录的，在调节表中增加或减少企业这边的金额；企业银行存款日记账中已经记录，而银行对账单中没有记录的，在调节表中增加或减少银行这边的金额。

第四步，计算调节后的余额。

如果两边调节后的余额计算结果相同，一般没有问题，但主管仍然要重点检查每一笔付款是否都经过批准，以防止贪污挪用公款。若调节后的余额不等，需要进一步查明有无记账错误，并核实错误原因、及时更正。

下面举例说明“银行存款余额调节表”的编制。

【例 8－1】 新华公司 20××年 4 月末银行存款日记账的账面余额为 50 000 元，银行送来的对账单上存款余额为 55 000 元，经逐笔核对，发现有以下未达账项：

（1）企业于月末开出转账支票 5 000 元，持票人尚未向银行办理转账手续，银行尚未入账。

（2）企业于月末存入从其他单位收到的转账支票 3 000 元，银行尚未入账。

（3）企业委托银行代收外地销货款 4 500 元，银行已经收到入账，但企业尚未收到收款通知，企业尚未入账。

（4）银行代企业支付水电费 1 500 元，但企业尚未收到付款通知，企业尚未入账。

根据上述资料，编制“银行存款余额调节表”，如表 8－3 所示。

表 8－3　银行存款余额调节表

20××年 4 月 30 日　　　　单位：元

项　　目	金额	项　　目	金额
企业银行存款日记账余额	50 000	银行对账单余额	55 000
加：银行已收、企业未收款 减：银行已付、企业未付款	4 500 1 500	加：企业已收、银行未收款 减：企业已付、银行未付款	3 000 5 000
调节后的存款余额	53 000	调节后的存款余额	53 000

值得注意的是，由于未达账项不是错账、漏账，因此不能把“银行存款余额调节表”作为原始凭证并据此做账务处理，双方账面仍保持原有的余额，待有关结算凭证到达后再进行账务处理，“银行存款余额调节表”只是起到检查账簿记录的作用；同时按照内部牵制的原则，“银行存款余额调节表”应由出纳以外的人员编制。取得银行打印的对账单要有银行盖章，调节表中编制日期、有关人员签名、单位盖章都要手续完备。银行存款的清查一般每月进行一次。

（二）实物资产的清查

1. 存货的清查

存货的清查是指对库存商品、原材料、在产品、产成品、低值易耗品、包装物等进行的清查。各种存货都必须从数量上和质量上进行清查。由于企业各种财产物资的实物形态、体积重量、堆放方式不完全相同，因而可采用实地盘点法和技术推算盘点法等。

（1）实地盘点法。实地盘点法是对存货进行逐一清点，或用计量器具确定其实存数量的方法。这种方法盘出的数字正确可靠，但工作量较大。大部分存货的清查均可采用这种方法。

（2）技术推算盘点法。技术推算盘点法是通过量方、计尺等技术方法推算存货实有数量的方法。这种方法盘点出的数字不够准确，但工作量较小，适用于大量成堆、难以逐一清点的存货的清查，如堆存的煤或沙石等。

对于存货质量的检查，可根据不同实物采用物理方法或化学方法等来检查。为了明确经济责任和便于查核，盘点时实物保管人员必须在场并参加盘点，但不应单独承担实物清查的全部工作。对盘点的结果要如实登记“盘存单”，并由清盘人员和实物保管人员签章。“盘存单”既是记录实物盘点结果的书面证明，又是反映财产物资实有数的原始凭证，其一般格式如表 8-4 所示。

表 8-4　盘存单

单位名称：　　　　　　盘点时间：　　　　　　编号：

财产类别：　　　　　　存放地点：　　　　　　金额单位：

编号	名称	规格或型号	计量单位	实存数量	单价	金额	备注

盘点人：（签章）　　　　　　实物保管人：（签章）　　　　　　监盘人：（签章）

财会部门收到清查小组交来的“盘存单”后，将实存数与账存数进行核对，并编制“实存账存对比表”，反映存货的盘盈盘亏情况，并据以调整账簿记录，分析各种存货实存同账存的差异及产生差异的原因，明确经济责任。“实存账存对比表”的格式如表 8-5 所示。

表 8-5　实存账存对比表

单位名称：　　　　　　年　月　日

编号	名称及类别	规格型号	计量单位	单价	实存		账存		对比结果				备注
									盘盈		盘亏		
					数量	金额	数量	金额	数量	金额	数量	金额	

2. 固定资产的清查

固定资产清查是指对企业房屋及建筑物、机器设备、运输设备、工具器具等实施的清查。固定资产在企业的资产总额中占有很大的比重，因此每年至少要清查一次。

固定资产通常采用实地盘点法清查，具体方法是：将固定资产明细账上的记录情况与固定资产实物逐一核对，包括明细账上所列固定资产的类别、名称、编号等；发现固定资产盘亏或毁损情况，要进一步查明该项固定资产的原值、已提折旧额等；发现固定资产盘盈，要对其估价；在此基础上，编制“固定资产盘盈、盘亏报告单”，其格式如表 8－6 所示。

表 8－6　固定资产盘盈、盘亏报告单

部门：　　　　　　　　　　　　　年　月　日

编号	名称	规格型号	盘盈			盘亏			毁损			原因
			数量	重置价值	估计折旧	数量	原价	已提折旧	数量	原价	已提折旧	
处理意见	审批部门				清查小组				使用保管部门			

（三）往来款项的清查

往来款项包括各种应收款、应付款、预收款、预付款等。往来款项清查，一般采取与对方单位核对账目的方法。清查单位应在检查各项往来款项账簿记录的正确性和完整性的基础上，编制往来款项对账单，送交对方单位进行核对。对账单应一式两联，其中一联作回单。对方单位核对相符，应在回单上加盖公章后退回，若数字不符，应在回单上注明不符的情况，或者另抄对账单退回，作为进一步核对的依据。清查单位收到对方的回单后，应根据清查结果编制“往来款项清查报告单”，其格式如表 8－7 所示，对不符的账目应及时查明原因，并按规定的手续和方法加以处理。

表 8－7　往来款项清查报告单

年　月　日

明细分类账户		清查结果		不符的原因分析				
单位名称	金额	相符	不相符	未达账项	拖欠款项	争执款项	无法收回	其他

记账员：（签章）　　　　　　　　　　清查人员：（签章）

⇨ 同步思考

1. 某企业月底编制了“银行存款余额调节表”，其调节后的余额未能相等，是否能据此认定该企业“银行存款余额调节表”编错了？为什么？

2. 为什么在要求出纳每日盘点库存现金的情况下，还要对库存现金进行突击检查？

第三节 财产清查结果的处理

一、财产清查结果的处理程序

财产清查结果处理是指对财产物资发生盘盈、盘亏、毁损情况的处理。当实存数大于账存数时，称为盘盈；当实存数小于账存数时，称为盘亏；当实存数等于账存数时，因实存的财产物资有质量问题而不能按正常的财产物资正常使用，称为毁损。不论盘盈、盘亏、毁损，都要以国家有关政策、法令制度和有关规定为依据，认真地做好清查结果的处理工作。

对财产清查中所发现的各种财产物资的盘盈、盘亏、毁损等情况，要核准数字，查明发生差异的原因，明确经济责任，根据有关政策和法令制度，提出处理意见，并按规定的程序和审批权限，报请股东大会或董事会、经理厂长会议或类似机构审批处理；对于财产清查中发现的呆滞积压物资及长期拖欠不清或有争执的债权、债务，应当报请批准后积极处理；积压物资除在企业内部尽量利用外，应积极组织调拨或销售；对债权、债务方面存在的问题应指定专人负责，查明原因，限期清理；对于财产清查中暴露的问题和缺点，应在查明原因并分析性质的基础上，认真总结经验教训，提出改进工作的具体措施，建立健全有关财产物资的管理制度，做好会计核算工作，保护财产的安全完整，提高经营管理水平。

财产清查中所发现的各种财产物资的盘盈、盘亏、毁损等情况，都应在账簿上予以反映，及时调整账簿记录，做到账实相符。在调整账簿记录时，应分为两个步骤进行：首先，将已查明属实的财产盘盈、盘亏和毁损等，根据有关原始凭证编制记账凭证，并据以登记账簿，使各项财产的账存数和实存数相一致；其次，在审批之后，根据发生差异的原因、性质和批准处理的意见，再编制记账凭证，据以登记入账。

二、财产清查结果的账务处理

为了核算和监督企业在财产清查中查明的财产物资盘盈、盘亏和毁损及其处理情况，应设置“待处理财产损溢”账户，该账户下设“待处理固定资产损溢”和“待处理流动资产损溢”两个明细账户。“待处理财产损溢”账户属双重性质账户，借方用来登记发生的各项财产盘亏、毁损数和经批准处理盘盈财产的转销数；贷方登记发生的各项财产盘盈数和经批准处理的盘亏、毁损财产转销数；期末如为借方余额，表示尚待处理的净损失，如为贷方余额，表示尚待处理的净溢余。对于等待批准处理的财产盘盈、盘亏和毁损，应在年终前处理完毕，本账户会计年末不保留余额。“待处理财产损溢”账户的用途和结构如

图 8－2 所示。

待处理财产损溢

本期发生额：有关财产发生的盘亏、毁损数 有关财产盘盈转销数	本期发生额：有关财产发生的盘盈数 有关财产盘亏、毁损转销数
期末余额：尚待处理的财产净损失	期末余额：尚待处理的财产净溢余

图 8－2 “待处理财产损溢”账户

需要特别说明的是，固定资产盘盈、无法收回的应收账款和无法支付的应付账款，不通过“待处理财产损溢”账户核算。

（一）库存现金清查结果的处理

库存现金清查中，发现现金短缺或溢余时，应及时根据“库存现金盘点报告表”进行账务处理，待查明原因后，根据批准的处理意见转销。

现金溢余时，按现金实际溢余数，借记“库存现金”账户，贷记“待处理财产损溢——待处理流动资产损溢”账户。查明原因后，属于应支付给有关人员或单位的，借记“待处理财产损溢——待处理流动资产损溢”账户，贷记“其他应付款”账户；属于无法查明原因的长款，经批准后应借记“待处理财产损溢——待处理流动资产损溢”账户，贷记“营业外收入”账户。

现金短缺时，按现金实际短缺数，借记“待处理财产损溢——待处理流动资产损溢”账户，贷记“库存现金”账户。查明原因后，应由责任人赔偿的部分，借记“其他应收款”账户，贷记“待处理财产损溢——待处理流动资产损溢”账户。无法查明原因的部分，经批准后借记“管理费用——现金短缺”账户，贷记“待处理财产损溢——待处理流动资产损溢”账户。

【例 8－2】 某企业某日进行现金清查，发现现金长款 180 元。

发现现金溢余时，应编制如下会计分录：

借：库存现金	180	
贷：待处理财产损溢——待处理流动资产损溢		180

若经反复核查，仍无法查明原因，经批准后转作营业外收入，应编制如下会计分录：

借：待处理财产损溢——待处理流动资产损溢	180	
贷：营业外收入		180

【例 8－3】 某企业某日进行现金清查，发现现金短款 300 元。

发现现金短缺时，应编制如下会计分录：

借：待处理财产损溢——待处理流动资产损溢	300	
贷：库存现金		300

经批准，应由出纳员张菁赔偿 100 元，其余 200 元经批准作为管理费用。编制如下会计分录：

借：其他应收款——张菁	100	
管理费用——现金短缺	200	
贷：待处理财产损溢——待处理流动资产损溢		300

（二）存货清查结果的处理

存货盘盈时，应及时根据“盘存单”及“实存账存对比表”等原始凭证进行账务处理，借记有关存货账户，贷记“待处理财产损溢——待处理流动资产损溢”账户。盘盈多是由于计量和核算的误差等原因造成的，报经批准后，方可冲减管理费用，借记“待处理财产损溢——待处理流动资产损溢”账户，贷记“管理费用”账户。

存货发生盘亏、毁损时，在报经批准前，借记“待处理财产损溢——待处理流动资产损溢”账户，贷记有关存货账户。批准后，对于入库和残料价值，借记“原材料”账户；应由过失人或保险公司赔偿的部分，借记“其他应收款”账户；属于一般经营损失，借记“管理费用”账户；属于非常损失的部分，借记“营业外支出”账户。批准后，贷记“待处理财产损溢——待处理流动资产损溢”账户。

【例 8-4】 某企业在财产清查中盘盈 A 商品，价值 5 000 元。

发生盘盈时，应编制如下会计分录：

借：库存商品——A 商品	5 000	
贷：待处理财产损溢——待处理流动资产损溢		5 000

经查明，盘盈 A 商品是由于收发计量上的误差造成的，经批准后冲减管理费用，应编制如下会计分录：

借：待处理财产损溢——待处理流动资产损溢	5 000	
贷：管理费用		5 000

【例 8-5】 某企业发生意外灾害损失，盘亏乙材料一批。其价值 30 000 元，购入时负担的增值税进项税额为 3 900 元。

发生盘亏时，应编制如下会计分录：

借：待处理财产损溢——待处理流动资产损溢	33 900	
贷：原材料——乙材料		30 000
应交税费——应交增值税（进项税额转出）		3 900

经审核批准，盘亏的乙材料应由保险公司赔偿 23 400，其余部分作为营业外支出，应编制如下会计分录：

借：其他应收款——保险公司	23 400	
营业外支出	10 500	
贷：待处理财产损溢——待处理流动资产损溢		33 900

（三）固定资产清查结果的处理

固定资产是一种单位价值较高、使用期限较长的有形资产，因此，对于管理规范的企业而言，在清查中发现盘盈、盘亏的固定资产是比较少见的，也是不正常的。如果清查中发现固定资产的损溢应及时查明原因，在期末结账前处理完毕。

企业在财产清查中盘亏的固定资产，通过“待处理财产损溢——待处理固定资产损溢”账户核算，盘亏造成的损失，经过批准作为营业外支出计入当期损益。在财产清查中盘盈的固定资产，应作为前期差错处理，通过“以前年度损益调整”账户核算。

企业发生固定资产盘亏时，按盘亏固定资产净值，借记“待处理财产损溢——待处理固定资产损溢”账户，按已提折旧数，借记“累计折旧”账户；按固定资产的原价，贷记“固定资产”账户。盘亏的固定资产报经批准转销时，借记“营业外支出”账户，贷记

“待处理财产损溢——待处理固定资产损溢”账户。

企业发生固定资产盘盈时，按同类或类似固定资产的市场价格减去按该固定资产新旧程度估计的价值损耗后的余额，借记“固定资产”账户，贷记“以前年度损益调整”账户；“以前年度损益调整”账户的余额期末转入“利润分配——未分配利润”账户。

【例 8-6】 某企业在年终财产清查中，发现盘亏设备一台，账面原价为30 000元，已提折旧 12 000 元。

固定资产盘亏时，应编制如下会计分录：

借：待处理财产损溢——待处理固定资产损溢	18 000	
累计折旧	12 000	
贷：固定资产		30 000

经批准转销时，应编制如下会计分录：

借：营业外支出	18 000	
贷：待处理财产损溢——待处理固定资产损溢		18 000

【例 8-7】 某企业在年终财产清查中发现账外设备一台，其市场价值为20 000元，六成新（本例不考虑固定资产盘盈对所得税的影响）。

发现固定资产盘盈时，应编制如下会计分录：

借：固定资产	12 000	
贷：以前年度损益调整		12 000

（四）往来款项清查结果的处理

在财产清查中对于已查明确实无法收回的应收账款和无法支付的应付账款，不通过“待处理财产损溢”账户进行核算，而是按规定程序报经批准后进行相应的账务处理。对于确实无法收回的应收账款即坏账损失，经批准后冲减坏账准备；对于因债权人原因确实无法支付的应付账款，作为营业外收入计入当期损益。

【例 8-8】 某企业在财产清查中发现有长期无法收回的应收账款 15 000 元，按规定程序报经批准后确认为坏账。

将无法收回的应收账款确认为坏账损失，应编制如下会计分录：

借：坏账准备	15 000	
贷：应收账款		15 000

【例 8-9】 某企业在对往来款项清查时，发现确实无法支付的应付账款8 000元。经核实对方单位已撤销，经批准作销账处理。

将确实无法支付的应付账款确认为营业外收入，应编制如下会计分录：

借：应付账款	8 000	
贷：营业外收入		8 000

⇨ 同步思考

某大型企业一员工在出纳岗位上工作了九年，企业从来没有由别人对其经管的货币资金进行认真清查，“银行存款余额调节表”一直由该出纳编制。一日该员工不辞而别，企业经过清查发现该员工涉嫌贪污 6 000 万元，这个案件造成企业货币资金巨额损失。你认为该企业管理制度存在什么问题？资金损失应该如何进行会计处理？

贴心提示

财产物资增减变动都要记账，为什么还要进行财产清查呢?

财产物资种类很多、各有特点且收发频繁，有很多种原因会导致账实不符，即使存在银行的资金也有可能不安全，所以完善的财产清查制度及有效的实施是保护财产物资安全完整、会计信息真实可靠的重要手段。大家不妨借到超市或其他单位实习的机会，参与财产清查的具体工作，如库存商品的盘点与核对，体会财产清查的必要性，真正掌握财产清查的要求和方法。

自测题八

一、单项选择题

1. 财产物资的经管人员变动时对这部分财产物资进行的清查属于（　　）。

A. 全面清查　　B. 局部清查
C. 定期清查　　D. 资产评估

2. 一般说来，单位撤销、合并、改组或改变隶属关系时要进行（　　）。

A. 全面清查　　B. 局部清查
C. 实地盘点　　D. 与银行核对账目

3. 下列说法正确的是（　　）。

A. 定期清查为全面清查，不定期清查为局部清查
B. 定期清查为局部清查，不定期清查为全面清查
C. 定期清查或不定期清查，可以是全面清查，也可以是局部清查
D. 定期清查和局部清查均为全面清查

4. 实地盘存制对各种财产物资平时在账面上（　　）。

A. 只登记增加数，不登记减少数
B. 只登记减少数，不登记增加数
C. 既登记增加数，也登记减少数
D. 不登记增加数，也不登记减少数

5. 存货清查的方法有（　　）。

A. 永续盘存制　　B. 实地盘点法和技术推算盘点法
C. 与对方核对账目　　D. 实地盘存制

6. 库存现金清查采用（　　）。

A. 实地盘点法　　B. 技术推算盘点法
C. 与对方核对账目的方法　　D. 实地盘存制

7. 银行存款清查采用的方法是（　　）。

A. 实地盘点法　　B. 与银行核对账目

C. 技术推算盘点法　　D. 实地盘存制

8. 某企业采用实地盘存制，“原材料”总账期初余额为 200 元，其所属的“甲材料”和“乙材料”两个明细账本期增加发生额分别为 4 000 元和 6 000 元，期末实地盘点材料实存数额为 300 元，则“原材料”总账本期减少发生额为（　　）元。

A. 9 500　　B. 9 900　　C. 9 700　　D. 9 000

9. 在双方记账正确无误的情况下，银行存款日记账与银行对账单两者余额不一致的原因是（　　）。

A. 记账方法不一致引起的　　B. 坏账损失引起的

C. 记账依据不一致引起的　　D. 未达账项引起的

10. 存货清查，若存在盘盈、盘亏和毁损的情况，应先通过（　　）账户反映。

A. 营业外收入　　B. 管理费用

C. 营业外支出　　D. 待处理财产损溢

二、多项选择题

1. 往来款项清查结果的账务处理常用账户有（　　）。

A. 坏账准备　　B. 待处理财产损溢

C. 营业外收入　　D. 实收资本

E. 资本公积

2. 造成账实不符的原因主要有（　　）。

A. 自然损耗　　B. 计量、计算和检验不准确

C. 漏记、重记或错记　　D. 不法分子营私舞弊

E. 自然灾害造成非常损失

3. 财产清查按其清查范围，可分为（　　）。

A. 全面清查　　B. 定期清查　　C. 局部清查　　D. 不定期清查

E. 内部清查

4. 一般需进行全面清查的情形有（　　）。

A. 年终决算之前　　B. 单位撤销、合并时

C. 单位改变隶属关系时　　D. 月末、季末编制财务报表前

E. 开展清产核资时

5. 财产清查中发现账实不符时，用以调整账簿记录的原始凭证有（　　）。

A. 盘存单　　B. 实存账存对比表

C. 现金盘点报告表　　D. 盘盈、盘亏报告表

E. 银行存款余额调节表

6. 财产物资的盘存制度有（　　）。

A. 永续盘存制　　B. 实地盘点法

C. 实地盘存制　　D. 技术推算盘点法

E. 对账法

三、判断题

1. 实地盘存制下，财产清查的目的是保证账实相符。（　　）

2. 会计账簿记录与会计凭证核对一致，表明账实相符。（ ）
3. 库存现金清查时，出纳人员应回避。（ ）
4. 财产清查时一般不检查财产物资的质量情况。（ ）
5. 库存现金的清查方式一般以突击式检查为宜。（ ）
6. 编制“银行存款余额调节表”是为了调整账簿记录。（ ）
7. 企业银行存款日记账与银行对账单核对，如果核对不符说明至少有一方记账错误。（ ）
8. 企业不得将收入的现金直接用于支出。（ ）
9. 银行存款的清查一般每月进行一次。（ ）
10. “待处理财产损溢”账户年末不得留有余额。（ ）

四、简答题

1. 造成账实不符的原因有哪些？财产清查有什么作用？
2. 永续盘存制和实地盘存制各有什么优缺点？
3. 货币资金、存货、固定资产和往来款项各用什么方法进行清查？
4. 为什么要编制“银行存款余额调节表”？

五、综合业务题

习题一

目的：练习银行存款余额调节表的编制方法。

资料：信华公司5月末银行存款日记账余额为120 000元，开户银行送来的对账单余额为128 400元。经逐笔核对，发现有如下未达账项：

1.5月30日，银行收到企业委托收款10 000元，银行已收入本企业存款户，收款通知书尚未送达企业。

2.5月30日，本企业开出转账支票一张，支付设备日常修理费5 800元，企业已入账，银行尚未收到转账支票。

3.5月30日，本企业收到外单位的转账支票一张，金额2 200元，企业已记账，支票尚未送到银行。

4.5月31日，银行为本企业代付电话费5 200元，银行已减少本企业存款，付款通知尚未送达企业。

要求：根据上述资料编制银行存款余额调节表，填入表8-8。

表8-8 银行存款余额调节表

年 月 日 单位：元

项目	金额	项目	金额
企业银行存款日记账的账面余额		银行对账单的存款余额	
加：银行已收款入账、企业未收款入账的款项 减：银行已付款入账、企业未付款入账的款项		加：企业已收款入账、银行未收款入账的款项 减：企业已付款入账、银行未付款入账的款项	
调节后的存款余额		调节后的存款余额	

习题二

目的：练习财产清查结果的账务处理。

资料：信华公司在财产清查中发现以下情况：

1. 现金长款 150 元，原因待查。

2. 上述长款经反复核查，仍无法查明原因，经批准后转作营业外收入。

3. 现金短款 200 元，原因待查。

4. 上述短款查明原因，应由出纳员张阳赔偿 80 元，其余 120 元经批准作为管理费用。

5. 盘盈 A 商品，价值 3 000 元，原因待查。

6. 经查，盘盈 A 商品是由于收发计量上的误差造成的，经批准后冲减管理费用。

7. 盘亏乙材料一批，其价值 80 000 元，购入时增值税进项税额为 10 400 元。

8. 经审核批准，盘亏的乙材料应由保险公司赔偿 70 200 元，其余部分转作营业外支出。

9. 盘亏设备一台，账面原价为 60 000 元，已提折旧 32 000 元。

10. 经批准，上述设备盘亏损失作为营业外支出。

要求：根据上述资料编制相关会计分录。

第九章

财 务 报 表

同步思考
参考答案

本章学习目标

通过本章的学习，学生应能够列出财务报表的构成，能够描述资产负债表、利润表、现金流量表、所有者权益变动表的内容，会编制资产负债表和利润表。

重点与难点

1. 财务报表的构成
2. 财务报表的编制要求
3. 资产负债表的内容、结构及编制方法
4. 利润表的内容、结构及编制方法

引例

扇贝去哪儿了?

2017 年 12 月 31 日，上市公司獐子岛发布《2017 年度业绩预告修正公告》。公告称 2017 年归属于上市公司股东的净利润区间为—72 000 万元～—53 000 万元。2017 年 10 月 27 日，公司在披露的《2017 年第三季度报告》中预计，2017 年度归属于上市公司股东的净利润比上年同期增减变动幅度为 13.07%～38.20%，2017 年度归属于上市公司股东的净利润变动区间为 9 000 万元～11 000 万元。巨额亏损的主要原因之一是在年终存货盘点中发现部分海域的底播虾夷扇贝存货异常。

2018 年 2 月 5 日，獐子岛发布《关于底播虾夷扇贝 2017 年终盘点情况的公告》，2018 年 1 月 18 日至 2 月 4 日，公司按相关制度进行底播虾夷扇贝的年末存量盘点，大华会计师事务所实施了监盘。根据盘点结果，按照《企业会计准则》的相关规定，公司拟对 107.16 万亩海域成本为 57 758.13 万元的底播虾夷扇贝存货进行核销处理，对 24.3 万亩海域成本为 12 591.35 万元的底播虾夷扇贝存货计提跌价准备 5 110.04 万元，上述两项合计影响净利润 62 868.17 万元，全部计入 2017 年度损益。

2018 年 2 月 10 日，獐子岛发布《关于公司收到中国证监会立案调查通知的公告》，称公司于 2018 年 2 月 9 日收到中国证券监督管理委员会《调查通知书》，因公司涉嫌信息披露违法违规，根据《中华人民共和国证券法》的有关规定，中国证监会决定对公司立案调查。

资料来源：新浪财经.

第一节 财务报表概述

一、财务报表的定义及构成

财务报表是对企业财务状况、经营成果和现金流量的结构性表述，是以货币为主要计量单位，以日常会计核算资料为主要依据，按照一定的格式加以汇总、整理，用来总括反映企业某特定日期财务状况和某特定期间经营成果、现金流量的信息载体。

财务报表至少应当包括下列组成部分：

（1）资产负债表。

（2）利润表。

（3）现金流量表。

（4）所有者权益变动表（或股东权益变动表）。

（5）附注。

二、财务报表的分类

（一）按反映经济内容及其状态的不同分类

财务报表按反映的经济内容及其状态的不同，可以分为静态报表和动态报表。静态报表是指反映某会计主体经济内容在某特定时点静态状况的报表，如资产负债表。动态报表是指反映某会计主体经济内容在某特定时期内动态变化状况的报表，如利润表、现金流量表、所有者权益变动表。

（二）按编制时间的不同分类

财务报表按编制时间不同，可以分为年度财务报表和中期财务报表，月报、季报、半年报等短于一个完整的会计年度的报告称为中期财务报表。年度财务报表涵盖的期间短于一年的，应当披露年度财务报表的涵盖期间、短于一年的原因以及报表数据不具可比性的事实。

（三）按反映会计主体的不同分类

财务报表按反映的会计主体不同，可以分为个别财务报表和合并财务报表。个别财务报表只反映某一会计主体的经济活动情况，而合并财务报表以母公司和子公司组成的企业集团为会计主体，它是根据多个会计主体的个别财务报表合并编制而成的。

三、财务报表的组成

财务报表一般由表首和正表组成。

（一）表首

表首在报表的上端，应标明报表的名称、编制企业名称、资产负债表日或报表涵盖的会计期间、人民币金额单位等，是合并财务报表的，还应当标明，以使报表的使用者明确了解该表反映哪一单位、哪一特定日期或期间的财务状况、经营成果等情况信息。

（二）正表

正表是报表的主体，应将某一特定报表所要反映的基本内容归类到适当的项目中，具体结构格式由财政部统一发布。

四、财务报表的编制要求

财务报表应客观、真实、完整地反映企业的财务状况、经营成果和现金流量信息。在编制报表前，应将本期发生的所有经济业务全部登记入账，不得为编制报表提前结账，应认真对账和进行财产清查，保证账证相符、账账相符、账实相符。在此基础上，还应编制试算平衡表对账簿记录进行检查，为编制财务报表提供准确可靠的数据资料。不得隐瞒、偷换、篡改企业财务资料，提供虚假的会计信息。

企业在财务报表编制过程中，除现金流量表按照收付实现制原则编制外，企业应当以权责发生制为编制报表原则，同时必须遵循以下基本要求。

（一）以持续经营为基础

企业应当以持续经营为基础，根据实际发生的交易和事项，按照企业会计准则的规定进行确认和计量，在此基础上编制财务报表。

在编制财务报表的过程中，企业管理层应当利用所有可获得的信息来评价企业自报告期末起至少 12 个月的持续经营能力。评价时需要考虑宏观政策风险、市场经营风险、企业目前或长期的盈利能力、偿债能力、财务弹性以及企业管理层改变经营政策的意向等因素。企业如有近期获利经营的历史且有财务资源支持，则通常表明以持续经营为基础编制财务报表是合理的。评价结果表明对持续经营能力产生重大怀疑的，企业应当在附注中披露导致对持续经营能力产生重大怀疑的因素以及企业拟采取的改善措施。

企业正式决定或被迫在当期或将在下一个会计期间进行清算或停止营业的，则表明以持续经营为基础编制财务报表不再合理。在这种情况下，企业应当采用其他基础编制财务报表，并在附注中声明财务报表未以持续经营为基础编制的事实，披露未以持续经营为基础编制的原因和财务报表的编制基础。

（二）一致性要求

财务报表项目的列报应当在各个会计期间保持一致，不得随意变更，但下列情况除外：

（1）财政部要求改变财务报表项目的列报。

（2）企业经营业务的性质发生重大变化或对企业经营影响较大的交易或事项发生后，变更财务报表项目的列报能够提供更可靠、更相关的会计信息。

当期财务报表的列报，至少应当提供所有列报项目上一个可比会计期间的比较数据，以及与理解当期财务报表相关的说明。财务报表的列报项目发生变更的，应当至少对可比期间的数据按照当期的列报要求进行调整，并在附注中披露调整的原因和性质，以及调整的各项目金额。对可比数据进行调整不切实可行的，应当在附注中披露不能调整的原因。

（三）重要性要求

若在合理预期下，财务报表某项目的省略或错报会影响使用者据此作出经济决策的，那么该项目具有重要性。

重要性应当根据企业所处的具体环境，从项目的性质和金额两方面予以判断，且对各项目重要性的判断标准一经确定，不得随意变更。判断项目性质的重要性，应当考虑该项目在性质上是否属于企业日常活动，是否显著影响企业的财务状况、经营成果和现金流量等因素。判断项目金额大小的重要性，应当考虑该项目金额占资产总额、负债总额、所有者权益总额、营业收入总额、营业成本总额、净利润、综合收益总额等直接相关项目金额的比重或所属报表单列项目金额的比重。

性质或功能不同的项目，应当在财务报表中单独列报，但是不具有重要性的项目可以合并列报。比如存货和固定资产在性质上和功能上都有本质差别，必须分别在资产负债表上单独列报。

性质或功能类似的项目，其所属类别具有重要性的，应当按其类别在财务报表中单独列报。比如工业企业的在途物资、原材料、周转材料、在产品、完工产品等在性质上类似，均通过一个营业周期变现，因此可以在资产负债表上合并列报，合并之后的类别统称为“存货”。

某些项目的重要性程度不足以在资产负债表、利润表、现金流量表或所有者权益变动表中单独列示，但对附注却具有重要性，则应当在附注中单独披露。比如房地产企业中库存商品对该企业具有重要性，但在资产负债表中是合并在“存货”项目列示，所以应当在附注中单独披露。

对于财政部发布的一般企业财务报表格式，企业根据重要性原则并结合自身的实际情况，可以对确需单独列示的内容增加报表项目，不存在相应业务的报表项目可以进行删减。

（四）不抵销要求

财务报表中的资产项目和负债项目的金额、收入项目和费用项目的金额、直接计入当期利润的利得项目和损失项目的金额不得相互抵销，不过一组类似交易形成的利得和损失应当以净额列示，但具有重要性的除外。

资产或负债项目按扣除备抵项目后的净额列示，不属于抵销；非日常活动产生的利得和损失，以同一交易形成的收益扣减相关费用后的净额列示更能反映交易实质的，不属于抵销。

（五）充分性要求

如果按照会计准则规定披露的信息不足以让报表使用者了解特定交易或事项对企业财务状况和经营成果的影响时，企业还应当披露其他的必要信息。

企业不应以附注披露代替确认和计量，不恰当的确认和计量也不能通过充分披露相关会计政策而纠正。

⇨ 同步思考

为什么企业对外提供的报表格式、编制要求应统一？

第二节 资产负债表

一、资产负债表的作用

资产负债表是总括反映企业某一特定日期全部资产、负债和所有者权益情况的报表。资产负债表的作用有：

（1）从整体上反映企业的资产总额以及这些资产的来源。

（2）揭示企业资产构成和负债构成，通过资产和负债的对比，反映企业的偿债能力。

（3）反映所有者在企业中拥有的权益以及权益的构成情况。

（4）通过对资产负债表各项目前后期数据的比较分析，可以反映企业财务状况的变化趋势。

二、资产负债表的结构和项目排列

资产负债表有账户式和报告式两种基本格式。账户式资产负债表是左右结构，左方为资产项目，右方为负债及所有者权益项目，两方列示项目的金额总计最终相等，这种结构又称水平式结构，它是“资产＝负债＋所有者权益”这个会计等式的直观体现。报告式资产负债表是上下结构，从上到下分别列示资产、负债和所有者权益，这种结构又称为垂直式结构。根据我国会计准则的规定，我国企业的资产负债表采用账户式结构。

账户式资产负债表左方的资产项目分为流动资产和非流动资产。资产项目按变现能力即流动性大小排列：变现快者即流动性强的资产列前，变现慢者即流动性弱的资产列后，即先流动资产如“货币资金”“应收票据”等项目，后非流动资产如“长期股权投资”“固定资产”等项目。右方为负债及所有者权益项目，负债项目分为流动负债和非流动负债，负债按求偿权先后顺序排列，偿还期短者列前，偿还期长者列后，即先流动负债如“短期借款”“应付票据”等项目，后长期负债如“长期借款”“应付债券”等项目。所有者权益按永久性程度高低排列，永久性程度高者列前，永久性程度低者列后，即按照实收资本、资本公积、盈余公积和未分配利润项目的顺序列示。

三、资产负债表的编制方法

资产负债表的各项目均需填列“上年年末余额”和“期末余额”两栏。

“上年年末余额”栏内各项数字，应根据上年末资产负债表的“期末余额”栏内所列数字填列。如果本年度资产负债表规定的各项目的名称和内容与上年不一致，则应对上年年末资产负债表各项目的名称和数字按照本年度的规定进行调整，填入本表“上年年末余额”栏内。

“期末余额”则可为月末、季末或年末的数字，应根据资产、负债、所有者权益各账户总账、明细账期末余额及备查登记簿的记录填列，各项目填列方法如下。

（一）根据某个总账账户的期末余额直接填列

资产负债表中的有些项目，可直接根据有关总账账户的余额填列，如“应付票据”“递延所得税资产”“短期借款”“应付职工薪酬”“应交税费”“持有待售负债”“预计负债”“递延所得税负债”“实收资本”“资本公积”等。

（二）根据若干总账账户的期末余额计算填列

（1）“货币资金”项目。根据“库存现金”“银行存款”“其他货币资金”等账户的期末余额的合计数填列。

（2）“应收票据”项目。反映资产负债表日以摊余成本计量的、企业因销售商品、提供服务等收到的商业汇票，包括银行承兑汇票和商业承兑汇票。该项目应根据“应收票据”账户的期末余额，减去“坏账准备”账户中相关坏账准备期末余额后的金额填列。

（3）“应收账款”项目。反映资产负债表日以摊余成本计量的、企业因销售商品、提供服务等经营活动应收取的款项。该项目应根据“应收账款”账户的期末余额，减去“坏账准备”账户中相关坏账准备期末余额后的金额填列。

（4）“其他应收款”项目。根据“应收利息”“应收股利”“其他应收款”账户的期末余额合计数，减去“坏账准备”账户中相关坏账准备期末余额后的金额填列。

（5）“存货”项目。存货包括各种材料、库存商品、在产品、半成品等。本项目应根据“在途物资”“原材料”“库存商品”“生产成本”等账户期末余额的合计减去“存货跌价准备”账户期末余额后的金额填列。

（6）“固定资产”项目。根据“固定资产”账户期末余额减去“累计折旧”账户及“固定资产减值准备”账户的期末余额后的金额，以及“固定资产清理”账户的期末余额填列。

（7）“应付账款”项目。反映资产负债表日以摊余成本计量的，企业因购买材料、商品和接受服务等经营活动应支付的款项。该项目应根据“应付账款”和“预付账款”账户所属的相关明细账户的期末贷方余额合计数填列。

（8）“其他应付款”项目。根据“应付利息”“应付股利”“其他应付款”账户的期末余额合计数填列。

（9）“未分配利润”项目。本项目 1 至 11 月份根据“本年利润”账户和“利润分配”账户的余额计算填列，如“本年利润”账户和“利润分配”账户均为贷方余额，将两者合计填列；如“本年利润”账户为贷方余额，“利润分配”账户为借方余额，将两者相减填列。年末本项目根据“利润分配——未分配利润”账户年末余额填列。未弥补的亏损以“—”列示。

其他如“债权投资”“无形资产”“持有待售资产”“在建工程”“其他流动资产”“其他非流动资产”“长期应付款”“其他流动负债”“其他非流动负债”“一年内到期的非流动资产”等项目也需要根据有关总账账户的余额分析计算填列。

（三）根据总账和明细账两者的期末余额计算填列

如“长期借款”项目。根据“长期借款”总账账户期末余额，扣除该账户所属的明细账户中将在一年内（含一年）到期的长期借款部分后填列，一年内（含一年）到期的长期借款应列入“一年内到期的非流动负债”项目。

其他如“长期应收款”“应付债券”等项目，均需要根据总账和明细账两者的期末余额计算分析填列。

四、资产负债表编制实例

【例 9-1】 以第四章第七节表 4-9 新华工厂 12 月份试算平衡表为依据，计算资产负债表中的各项目。新华工厂 12 月末各有关总分类账户期末余额如表 9-1 所示。

表 9-1 总分类账户期末余额

账户名称	借方余额	账户名称	贷方余额
库存现金	1 032	短期借款	200 000
银行存款	2 310 570	应付票据	115 260
应收票据	101 700	应付账款	865 060
应收账款	1 097 000	应交税费	47 012
预付账款	8 500	应付股利	110 924
其他应收款	12 000	长期借款	1 000 000
原材料	592 200	实收资本	6 000 000
生产成本	58 992	盈余公积	83 193
库存商品	235 488	累计折旧	212 840
固定资产	4 000 000	利润分配	83 193
无形资产	300 000		
合计	8 717 482	合计	8 717 482

根据上述资料，新华工厂 20××年 12 月 31 日资产负债表中需要计算的项目计算如下：

“货币资金”项目＝1 032＋2 310 570＝2 311 602（元）

“存货”项目＝592 200＋58 992＋235 488＝886 680（元）

“固定资产”项目＝4 000 000－212 840＝3 787 160（元）

需要特别说明的是，由于年末“本年利润”和“利润分配”所属明细账户中除“利润分配——未分配利润”外的所有明细账户的余额均转入“利润分配——未分配利润”账户，所以本例中“未分配利润”项目直接根据“利润分配——未分配利润”账户的余额 83 193元填列。而 1—11 月末资产负债表中“未分配利润”项目的金额，应根据“本年利润”账户和“利润分配”账户的期末余额分析计算填列。

据此编制的新华工厂 20××年 12 月 31 日的资产负债表如表 9-2 所示。

表 9-2 资产负债表

会企 01 表

编制单位：新华工厂　　　　20××年 12 月 31 日　　　　单位：元

资　产	期末余额	年初余额	负债和所有者权益（或股东权益）	期末余额	年初余额
流动资产：		略	流动负债：		略
货币资金	2 311 602		短期借款	200 000	

续表

资　产	期末余额	年初余额	负债和所有者权益（或股东权益）	期末余额	年初余额
交易性金融资产			交易性金融负债		
应收票据	101 700		应付票据	115 260	
应收账款	1 097 000		应付账款	865 060	
预付款项	8 500		预收款项		
其他应收款	12 000		应付职工薪酬		
存货	886 680		应交税费	47 012	
持有待售资产			其他应付款	110 924	
一年内到期的非流动资产			持有待售负债		
其他流动资产			一年内到期的非流动负债		
流动资产合计	4 417 482		其他流动负债		
非流动资产：			流动负债合计	1 338 256	
债权投资			非流动负债：		
其他债权投资			长期借款	1 000 000	
长期应收款			应付债券		
长期股权投资			长期应付款		
投资性房地产			预计负债		
固定资产	3 787 160		递延收益		
在建工程			递延所得税负债		
生产性生物资产			其他非流动负债		
油气资产			非流动负债合计	1 000 000	
无形资产	300 000		负债合计	2 338 256	
开发支出			所有者权益（或股东权益）：		
商誉			实收资本（或股本）	6 000 000	
长期待摊费用			资本公积		
递延所得税资产			减：库存股		
其他非流动资产			其他综合收益		
非流动资产合计	4 087 160		盈余公积	83 193	
			未分配利润	83 193	
			所有者权益（或股东权益）合计	6 166 386	
资产总计	8 504 642		负债和所有者权益（或股东权益）合计	8 504 642	

⇨ 同步思考

如果“在途物资”总分类账户有余额，你认为应填列在资产负债表中的哪个项目？

第三节 利润表

一、利润表的作用

利润表是反映企业在一定会计期间经营成果的财务报表。

利润表的作用有：

（1）可以反映企业一定会计期间的收入实现情况、费用耗费情况及生产经营活动的成果，即净利润的实现情况，有助于报表使用者据以判断资本保值、增值能力。

（2）充分反映企业经营业绩的主要来源和构成，有助于报表使用者判断净利润的质量及风险，有助于使用者预测净利润的持续性。

（3）将利润表中的信息与资产负债表中的信息相结合，还可以提供进行财务分析的基本资料，可以反映企业资金周转情况及企业的盈利能力和水平，便于报表使用者判断企业未来的发展趋势，做出经济决策。

（4）对于费用按照其在企业所发挥的功能进行分类列报，提供的信息更为相关，有助于报表使用者了解费用发生的领域，掌握企业经营业绩的主要影响因素。

（5）反映综合收益和每股收益信息，全面揭示企业的收益情况。

总之，通过利润表可以从总体上了解企业在一定会计期间的收入、费用及盈亏情况。由于利润既是企业经营业绩的综合体现，又是企业进行利润分配的来源，因此利润表也是财务报表体系中的一张主要报表。

二、利润表的格式和内容

利润表一般采用报告式，其结构形式又有多步式利润表和单步式利润表两种。按照我国会计准则的规定，我国企业的利润表采用多步式。多步式利润表的主要内容如下：

第一步，以营业收入为基础，减去营业成本、税金及附加、销售费用、管理费用、财务费用等，加上其他收益、投资收益、公允价值变动收益、资产减值损失、资产处置收益等，计算出营业利润；

第二步，以营业利润为基础，加上营业外收入，减去营业外支出，计算出利润总额；

第三步，以利润总额为基础，减去所得税费用，计算出净利润（或净亏损）。

企业未在损益中确认的利得和损失扣除所得税影响后的净额称为其他综合收益的税后净额，净利润与其他综合收益的税后净额合计称为综合收益总额，这两项数据也应当列示在利润表中。

普通股或潜在普通股已公开交易的企业，以及正处于公开发行普通股或潜在普通股过程中的企业，还应当在利润表净利润项目的下面列示每股收益信息。

三、利润表的编制方法

（一）利润表各项目的填列方法

利润表各项目应根据损益类账户的发生额分析填列，其中“营业收入”项目应根据“主营业务收入”“其他业务收入”总分类账户的发生额分析计算填列；“营业成本”项目应根据“主营业务成本”“其他业务成本”总分类账户的发生额分析计算填列；“税金及附加”“销售费用”“财务费用”“投资收益”“营业外收入”“营业外支出”“所得税费用”等项目应根据相应的总分类账户发生额分析填列；“管理费用”项目应根据其总分类账户和“研发费用”明细账户发生额分析填列，研发费用单独列项；“营业利润”“利润总额”“净利润”则应计算填列。

（二）金额栏的列报方法

利润表金额栏分为“本期金额”和“上期金额”两栏。

“本期金额”栏内各项数字按照上述各项目的填列方法填列，“上期金额”栏内各项数字应根据上年该期利润表“本期金额”栏内所列数字填列。如果上年该期利润表规定的各个项目的名称和内容同本期不相一致，应对上年该期利润表各项目的名称和数字按本期的规定进行调整，填入利润表“上期金额”栏内。

四、利润表编制实例

【例 9－2】 以第四章第六节【例 4－56】资料为依据，计算利润表中的各项目。新华工厂 20××年 12 月各损益类账户期末结转前发生额见表 9－3。

表 9－3　损益类账户发生额

账户名称	借方发生额	贷方发生额
主营业务收入		400 000
主营业务成本	244 000	
税金及附加	20 000	
其他业务收入		20 000
其他业务成本	13 000	
销售费用	3 000	
管理费用	28 920	
财务费用	10 000	
营业外收入		10 000
营业外支出	8 000	
所得税费用	25 770	

根据上述资料，新华工厂 20××年 12 月利润表中需要计算的项目列示如下：

“营业收入”项目＝400 000＋20 000＝420 000（元）

“营业成本”项目＝244 000＋13 000＝257 000（元）

“营业利润”项目＝420 000－257 000－20 000－3 000－28 920－10 000
＝101 080（元）

“利润总额”项目＝101 080＋10 000－8 000＝103 080（元）

“净利润”项目＝103 080－25 770＝77 310（元）

据此编制的新华工厂20××年12月的利润表如表9-4所示。

表9-4 利润表

会企02表

编制单位：新华工厂　　20××年12月　　单位：元

项　　目	本期金额	上期金额（略）
一、营业收入	420 000	
减：营业成本	257 000	
税金及附加	20 000	
销售费用	3 000	
管理费用	28 920	
研发费用		
财务费用	10 000	
加：其他收益		
投资收益（损失以“－”号填列）		
其中：对联营企业和合营企业的投资收益		
公允价值变动收益（损失以“－”号填列）		
资产减值损失（损失以“－”号填列）		
资产处置收益（损失以“－”号填列）		
二、营业利润（亏损以“－”号填列）	101 080	
加：营业外收入	10 000	
减：营业外支出	8 000	
三、利润总额（亏损总额以“－”号填列）	103 080	
减：所得税费用	25 770	
四、净利润（净亏损以“－”号填列）	77 310	
五、其他综合收益的税后净额		
六、综合收益总额		
七、每股收益：		
（一）基本每股收益		
（二）稀释每股收益		

⇨ 同步思考

利润表和资产负债表都是根据账户的有关金额填列的，但两者有何不同？

第四节 现金流量表

一、现金流量表的概念和作用

现金流量表是指反映企业在一定会计期间现金和现金等价物流入、流出的财务报表。编制现金流量表的主要目的，是为报表使用者提供企业一定会计期间内现金和现金等价物流入、流出的信息，以便于财务报表使用者了解和评价企业获取现金和现金等价物的能力，并据以预测企业未来现金流量。现金流量表的作用主要体现在以下几个方面：

（1）有助于评价企业支付能力、偿债能力。

（2）有助于预测企业未来现金流量。

（3）有助于分析企业收益质量及影响现金净流量的因素，掌握企业经营活动、投资活动和筹资活动的现金流量，为分析判断企业净利润的质量和财务前景提供信息。

二、现金流量表的编制基础和注意事项

现金流量表以现金及现金等价物为基础编制，现金流量划分为经营活动、投资活动和筹资活动三个方面。现金是指企业库存现金以及可以随时用于支付的存款，现金等价物是指企业持有的期限短（通常指购买日起三个月内到期）、流动性强、易于转换为已知金额现金、价值变动风险很小的投资，一般包括 3 个月内到期的短期债券投资。现金等价物虽然不是现金，但当企业需要时可以随时变现为已知金额现金，具有很强的支付能力，因而可视同为现金。

现金流量表以上述现金及现金等价物（即广义的现金）为基础进行编制，编制时需注意：

（1）现金流量表反映同时使现金项目与非现金项目产生增减变动的业务，对于仅涉及各项非现金项目之间增减变动的业务以及仅涉及现金项目之间增减变动的业务，因其不影响现金流量净额，一般不予反映。

（2）有些涉及投资和筹资活动的业务，如债务转为资本等，尽管不涉及当期的现金收支，却会对以后各期的现金流量产生影响，需要在现金流量表附注中予以披露。

（3）现金流量表按照收付实现制原则编制，从而将权责发生制下的盈利信息调整为收付实现制下的现金流量信息。

三、现金流量的分类

现金流量表通常将企业一定期间内产生的现金流量划分为经营活动产生的现金流量、投资活动产生的现金流量和筹资活动产生的现金流量三类。

（一）经营活动产生的现金流量

经营活动是指企业投资活动和筹资活动以外的所有交易和事项。经营活动的现金流入主要是销售商品或提供劳务、税费返还等所收到的现金；经营活动的现金流出主要是指购买商品、接受劳务、支付给职工以及为职工支付的现金、支付的各项税费以及支付其他与

经营活动有关的现金。通过经营活动产生的现金流量的计算，可以反映企业经营活动对现金流入和流出净额的影响程度。

（二）投资活动产生的现金流量

投资活动是指企业固定资产、无形资产和其他长期资产的购建和处置，以及不包括在现金等价物范围内的投资及其处置活动。投资活动的现金流入主要包括收回投资收到现金，分得股利、利润或取得债券利息收入收到的现金，以及处置固定资产、无形资产和其他长期资产收到的现金等；投资活动的现金流出则是指购建固定资产、无形资产和其他长期资产所支付的现金，以及进行投资所支付的现金。因为现金等价物已视同现金，所以投资活动产生的现金流量中不包括现金转换为现金等价物这类投资产生的现金流量。通过投资活动产生的现金流量的计算，可以分析企业经营投资获取现金流量的能力，以及投资产生的现金流量对企业现金流量净额的影响程度。

（三）筹资活动产生的现金流量

筹资活动是指导致企业资本及债务规模和构成发生变化的活动。筹资活动的现金流入主要包括吸收投资以及取得借款等所收到的现金；筹资活动的现金流出主要包括偿还债务或减少资本所支付的现金，发生筹资费用所支付的现金，分配股利、利润或偿付利息所支付的现金等。通过筹资活动产生的现金流量的计算，可以分析企业筹资的能力，以及筹资产生的现金流量对企业现金流量净额的影响程度。

对于企业日常活动之外特殊的、不经常发生的项目，如自然灾害损失、保险赔款、捐赠等，应当归并到相关类别中。比如对于自然灾害损失和保险赔款，如果能够确指，属于流动资产损失，应当列入经营活动产生的现金流量，属于固定资产损失，应当列入投资活动产生的现金流量；如果不能确指，则可以列入经营活动产生的现金流量；捐赠收入和支出，可以列入经营活动产生的现金流量。

四、现金流量表的编制

现金流量表正表部分是现金流量表的主体，主要反映经营活动的现金流量、投资活动的现金流量和筹资活动的现金流量。在正表中用直接法编制，即通过现金收入和支出的主要类别直接反映来自企业经营活动的现金流量。现金流量表的具体结构见表 9 - 5。

表 9 - 5　现金流量表

会企 03 表

编制单位：　　　　____年__月　　　　单位：元

项　　目	本期金额	上期金额
一、经营活动产生的现金流量：		
销售商品、提供劳务收到的现金		
收到的税费返还		
收到其他与经营活动有关的现金		
经营活动现金流入小计		
购买商品、接受劳务支付的现金		

续表

项　　目	本期金额	上期金额
支付给职工以及为职工支付的现金		
支付的各项税费		
支付其他与经营活动有关的现金		
经营活动现金流出小计		
经营活动产生的现金流量净额		
二、投资活动产生的现金流量：		
收回投资收到的现金		
取得投资收益收到的现金		
处置固定资产、无形资产和其他长期资产收回的现金净额		
处置子公司及其他营业单位收到的现金净额		
收到其他与投资活动有关的现金		
投资活动现金流入小计		
购建固定资产、无形资产和其他长期资产支付的现金		
投资支付的现金		
取得子公司及其他营业单位支付的现金净额		
支付其他与投资活动有关的现金		
投资活动现金流出小计		
投资活动产生的现金流量净额		
三、筹资活动产生的现金流量：		
吸收投资收到的现金		
取得借款收到的现金		
收到其他与筹资活动有关的现金		
筹资活动现金流入小计		
偿还债务支付的现金		
分配股利、利润或偿付利息支付的现金		
支付其他与筹资活动有关的现金		
筹资活动现金流出小计		
筹资活动产生的现金流量净额		
四、汇率变动对现金及现金等价物的影响		
五、现金及现金等价物净增加额		
加：期初现金及现金等价物余额		
六、期末现金及现金等价物余额		

⇨ 同步思考

为什么说利用现金流量表提供的信息有助于分析企业收益质量？

第五节　所有者权益变动表

一、所有者权益变动表的内容

所有者权益变动表是指反映构成所有者权益各组成部分当期增减变动情况的报表。所有者权益变动表应当全面反映一定时期所有者权益变动情况，不仅包括所有者权益总量的增减变动，还包括所有者权益增减变动的结构性信息，特别是要反映直接计入所有者权益的利得和损失，以及与所有者的资本交易导致的所有者权益的变动，让报表使用者准确理解所有者权益变动的根源。

所有者权益变动表至少应当单独列示反映下列信息的项目：

（1）综合收益总额；

（2）会计政策变更和前期差错更正的累积影响金额；

（3）所有者投入资本和向所有者分配利润等；

（4）按照规定提取的盈余公积；

（5）所有者权益各组成部分的期初和期末余额及其调节情况。

二、所有者权益变动表的编制方法

所有者权益变动表“上年金额”栏的各项数字，应根据上年度所有者权益变动表“本年金额”栏内所列数字填写。如果上年度所有者权益变动表各项目的名称、内容和本年度不一致，应对上年度所有者权益变动表各项目的名称和数字按本年度的规定进行调整，填入所有者权益变动表“上年金额”栏内。

所有者权益变动表“本年金额”栏的各项数字，应根据“实收资本”“资本公积”“盈余公积”“利润分配”“库存股”“以前年度损益调整”总分类账户的发生额分析填列。

三、所有者权益变动表编制实例

【例 9－3】 以第四章第二节和第六节新华工厂发生的与所有者权益有关的业务为例，新华工厂 20××年 3 月设立，所有者共投入资本 6 000 000 元，20××年全年实现净利润 277 310 元，提取盈余公积 83 193 元，向投资者分配股利 110 924 元，据此编制的新华工厂 20××年的所有者权益变动表，如表 9－6 所示（本表项目稍有删减）。

表 9－6　所有者权益变动表

会企 04 表

编制单位：新华工厂　　　　20××年度　　　　单位：元

项目	本年金额						上年金额（略）					
	实收资本（或股本）	资本公积	减：库存股	盈余公积	未分配利润	所有者权益合计	实收资本（或股本）	资本公积	减：库存股	盈余公积	未分配利润	所有者权益合计
一、上年年末余额												

续表

项　　目	本年金额						上年金额（略）					
	实收资本（或股本）	资本公积	减：库存股	盈余公积	未分配利润	所有者权益合计	实收资本（或股本）	资本公积	减：库存股	盈余公积	未分配利润	所有者权益合计
加：会计政策变更												
前期差错更正												
二、本年年初余额												
三、本年增减变动金额（减少以“－”号填列）												
（一）综合收益总额					277 310	277 310						
（二）所有者投入和减少资本												
所有者投入的普通股	6 000 000					6 000 000						
（三）利润分配												
1. 提取盈余公积				83 193	－83 193	0						
2. 对所有者（或股东）的分配					－110 924	－110 924						
3. 其他												
（四）所有者权益内部结转												
1. 资本公积转增资本（或股本）												
2. 盈余公积转增资本（或股本）												
3. 盈余公积弥补亏损												
4. 其他												
四、本年年末余额	6 000 000			83 193	83 193	6 166 386						

⇨ 同步思考

为什么资产负债表上提供了所有者权益信息，还要编制所有者权益变动表？

第六节　附　　注

一、附注的作用

附注是对在资产负债表、利润表、现金流量表和所有者权益变动表等报表中列示项目的文字描述或明细资料，以及对未能在这些报表中列示项目的说明等。

附注是财务报表的重要组成部分，有助于报表使用者更好地理解报表信息，企业应当按照规定披露附注的内容。

二、附注的主要内容

（一）至少应当披露的信息

附注一般应当按照下列顺序至少披露以下内容：

（1）企业的基本情况。

1）企业注册地、组织形式和总部地址。

2）企业的业务性质和主要经营活动。

3）母公司以及集团最终母公司的名称。

4）财务报告的批准报出者和财务报告批准报出日，或者以签字人及其签字日期为准。

5）营业期限有限的企业，还应当披露有关其营业期限的信息。

（2）财务报表的编制基础。

其内容在第一节概述中已经详述。

（3）遵循企业会计准则的声明。

企业应当声明编制的财务报表符合企业会计准则的要求，真实、完整地反映了企业的财务状况、经营成果和现金流量等有关信息。

（4）重要会计政策和会计估计。

重要会计政策的说明，包括财务报表项目的计量基础和在运用会计政策过程中所做的重要判断等。重要会计估计的说明，包括可能导致下一个会计期间内资产、负债账面价值重大调整的会计估计的确定依据等。

企业应当披露采用的重要会计政策和会计估计，并结合企业的具体实际披露其重要会计政策的确定依据和财务报表项目的计量基础，及其会计估计所采用的关键假设和不确定因素。

（5）会计政策和会计估计变更以及差错更正的说明。

企业应当按照会计准则规定，披露会计政策和会计估计变更以及差错更正的情况。

（6）报表重要项目的说明。

企业应当按照资产负债表、利润表、现金流量表、所有者权益变动表及其项目列示的顺序，对报表重要项目的说明采用文字和数字描述相结合的方式进行披露。报表重要项目的明细金额合计，应当与报表项目金额相衔接。

企业应当在附注中披露费用按照性质分类的利润表补充资料，可将费用分为耗用的原材料、职工薪酬费用、折旧费用、摊销费用等。

（7）或有和承诺事项、资产负债表日后非调整事项、关联方关系及其交易等需要说明的事项。

（8）有助于财务报表使用者评价企业管理资本的目标、政策及程序的信息。

（二）其他综合收益信息

企业应当在附注中披露下列关于其他综合收益各项目的信息：

（1）其他综合收益各项目及其所得税影响。

（2）其他综合收益各项目原计入其他综合收益、当期转出计入当期损益的金额。

（3）其他综合收益各项目的期初和期末余额及其调节情况。

（三）终止经营信息

终止经营，是指满足下列条件之一的已被企业处置或被企业划归为持有待售的、在经营和编制财务报表时能够单独区分的组成部分：

（1）该组成部分代表一项独立的主要业务或一个主要经营地区。

（2）该组成部分是拟对一项独立的主要业务或一个主要经营地区进行处置计划的一部分。

（3）该组成部分是仅仅为了再出售而取得的子公司。

企业应当在附注中披露终止经营的收入、费用、利润总额、所得税费用和净利润，以及归属于母公司所有者的终止经营利润。

（四）利润分配信息

企业应当在附注中披露在资产负债表日后、财务报告批准报出日前提议或宣布发放的股利总额和每股股利金额（或向投资者分配的利润总额）。

同步思考

你认为财务报表附注披露的信息有什么作用？

贴心提示

财务报表提供的信息有什么用？

财务报表提供的信息非常重要，比如资产负债表能够告诉我们一个企业拥有哪些资源、对外承担多少债务、有多少资本和积累等，利润表能够告诉我们一个企业一段时期内实现了多少收入、发生了多少费用、净赚了多少利润。大家要掌握这些报表数据是怎么来的、有什么意义，本教材配套实训中有财务报表供大家练习。虽然企业的会计核算资料如凭证、账簿等，外部人员很难看到，但是上市公司的财务报表则是公开的。建议大家上网搜索感兴趣的公司财务报表，把报表中的数据与同行业其他公司的数据进行对比，很容易就能够发现差距。如果你是投资者，这样的分析有助于你正确做出投资决策。

自测题九

一、单项选择题

1. 财务报表分为个别报表和合并报表的分类标志是（　　）。

A. 财务报表反映的会计主体　　B. 财务报表反映的经济内容

C. 财务报表的编制时间　　D. 财务报表的状态

2. 反映企业一定时期经营成果的报表是（　　）。

A. 利润表　　B. 资产负债表

C. 现金流量表　　D. 所有者权益变动表

3. 下列属于静态报表的是（　　）。

A. 资产负债表　　B. 利润表

C. 现金流量表　　D. 所有者权益变动表

4. 资产负债表中，资产项目是按（　　）排列的。

A. 收益性的大小　　B. 永久性程度的高低

C. 变现能力的快慢　　D. 求偿权的先后

5. 资产负债表中，负债项目是按（　　）排列的。

A. 求偿权的先后　　B. 永久性程度的高低

C. 收益性的大小　　D. 变现能力的快慢

6. 资产负债表中，所有者权益项目是按（　　）排列的。

A. 求偿权的先后　　B. 永久性程度的高低

C. 收益性的大小　　D. 变现能力的快慢

7. 资产负债表的下列项目中，需要几个总分类账户余额汇总计算填列的是（　　）项目。

A. 应付票据　　B. 应收账款　　C. 应付股利　　D. 存货

8. 根据有关账户余额直接填列或分析计算填列的财务报表是（　　）。

A. 利润表　　B. 所有者权益变动表

C. 资产负债表　　D. 现金流量表

9. 处置无形资产所收到的现金属于（　　）。

A. 经营活动产生的现金流量　　B. 投资活动产生的现金流量

C. 筹资活动产生的现金流量　　D. 其他活动产生的现金流量

二、多项选择题

1. 企业财务报表至少包括（　　）。

A. 资产负债表　　B. 利润表

C. 现金流量表　　D. 所有者权益变动表

E. 附注

2. 资产负债表中“货币资金”项目，应根据（　　）等总账科目期末余额合计数填列。

A. 库存现金　　B. 银行存款　　C. 其他应收款　　D. 应收账款

E. 其他货币资金

3. 下列项目中，属于流动资产的项目是（　　）。

A. 存货　　B. 应收账款　　C. 应收票据　　D. 预收账款

E. 预付账款

4. 资产负债表中，“存货”项目应根据（　　）等总账科目的期末余额合计数填列。

A. 原材料　　B. 在途物资　　C. 固定资产　　D. 生产成本

E. 库存商品

5. 资产负债表中“应收票据及应收账款”项目应根据（　　）分析计算填列。

A. “应收票据”及“应收账款”科目所属各明细科目期末借方余额合计

B. “应收票据”及“应收账款”科目所属各明细科目期末贷方余额合计

C. “预收账款”科目所属各明细科目期末贷方余额合计

D. “预收账款”科目所属各明细科目期末借方余额合计

E. “坏账准备”科目期末贷方余额

6. 下列不属于资产负债表项目的有（　　）。

A. 管理费用　　B. 财务费用　　C. 销售费用　　D. 未分配利润

E. 投资收益

7. 下列属于利润表项目的有（　　）。

A. 应交税费　　B. 应付职工薪酬　　C. 税金及附加　　D. 营业外收入

E. 所得税费用

8. 资产负债表的下列各项目中不能根据总账科目的余额直接填列的有（　　）。

A. 货币资金　　B. 固定资产　　C. 持有待售负债　　D. 存货

E. 未分配利润

9. 下列各项中，属于筹资活动产生的现金流出的有（　　）。

A. 购买固定资产所支付的现金

B. 各项税费支付的现金

C. 偿付利息所支付的现金

D. 为职工支付的现金

E. 分配给投资者股利所支付的现金

三、判断题

1. 编制财务报表的主要目的是为企业内部生产经营管理提供信息。（　　）

2. 资产负债表和利润表都是主要的静态报表。（　　）

3. 资产负债表是反映企业一定时期财务状况的报表。（　　）

4. 企业应定期根据会计凭证汇总编制财务报表。（　　）

5. 企业的利润总额减去所得税费用即为净利润。（　　）

6. 年末资产负债表中“未分配利润”项目的金额可以根据“利润分配”账户的余额直接填列。（　　）

7. 资产负债表和利润表的结构以及项目的排列方式是一致的。（　　）

8. 资产负债表中的“应收账款”项目应根据“应收账款”和“预收账款”账户所属各明细科目的期末借方余额合计数填列。（　　）

9. 根据重要性要求，资产负债表中资产项目必须将价值大的项目排列在最前面。（　　）

10. 现金流量表是以现金为基础编制的，也包括现金等价物在内，但对于仅涉及非现金项目之间增减变动的业务，一般不予反映。（　　）

四、简答题

1. 简述财务报表的构成。

2. 简述财务报表的编制要求。
3. 资产负债表有何作用？资产负债表的项目如何排列？
4. 利润表有何作用？利润表的内容有哪些？
5. 现金流量表有何作用？现金流量表中的现金流量如何分类？
6. 简述所有者权益变动表的内容及结构。

五、综合业务题

习题一

目的：练习资产负债表、利润表的编制。

资料：自测题四的综合业务题习题七中的表 4 - 12。

要求：根据资料编制资产负债表、利润表（根据涉及的业务有删减），见表 9 - 7、表 9 - 8。

表 9 - 7　资产负债表

会企 01 表

编制单位：　　　　　　　　____ 年__月__日　　　　　　　　单位：　元

资　产	期末余额	年初余额	负债和所有者权益（或股东权益）	期末余额	年初余额
流动资产：		略	流动负债：		略
货币资金			短期借款		
交易性金融资产			交易性金融负债		
应收票据			应付票据		
应收账款			应付账款		
预付款项			预收款项		
其他应收款			应付职工薪酬		
存货			应交税费		
一年内到期的非流动资产			其他应付款		
其他流动资产			一年内到期的非流动负债		
流动资产合计			其他流动负债		
非流动资产：			流动负债合计		
债权投资			非流动负债：		
其他债权投资			长期借款		
长期应收款			应付债券		
长期股权投资			长期应付款		
投资性房地产			预计负债		
固定资产			递延所得税负债		
在建工程			其他非流动负债		
生产性生物资产			非流动负债合计		

续表

资　产	期末余额	年初余额	负债和所有者权益（或股东权益）	期末余额	年初余额
油气资产			负债合计		
无形资产			所有者权益（或股东权益）：		
开发支出			实收资本（或股本）		
商誉			资本公积		
长期待摊费用			减：库存股		
递延所得税资产			盈余公积		
其他非流动资产			未分配利润		
非流动资产合计			所有者权益（或股东权益）合计		
资产合计			负债和所有者权益（或股东权益）合计		

表 9-8　利润表

会企 02 表

编制单位：　　　　　　　　　　____年__月　　　　　　　　　　单位：　元

项　　目	本期金额	上期金额
一、营业收入		略
减：营业成本		
税金及附加		
销售费用		
管理费用		
财务费用		
二、营业利润（亏损以“—”号填列）		
加：营业外收入		
减：营业外支出		
三、利润总额（亏损总额以“—”号填列）		
减：所得税费用		
四、净利润（净亏损以“—”号填列）		
五、每股收益：		
（一）基本每股收益		
（二）稀释每股收益		

习题二

目的：练习资产负债表的编制。

资料：信华工厂 2019 年 10 月 31 日有关总分类账户期末余额如表 9-9 所示。

表 9-9

账户名称	借方余额	账户名称	贷方余额
库存现金	500	短期借款	200 000
银行存款	520 000	应付票据	80 000
应收票据	75 000	应付账款	800 000
应收账款	600 000	应交税费	176 000
其他应收款	5 000	长期借款	1 000 000
原材料	450 000	应付债券	500 000
生产成本	350 000	实收资本	2 500 000
库存商品	300 000	盈余公积	300 000
长期股权投资	400 000	本年利润	485 000
固定资产	3 600 000	坏账准备	2 500
无形资产	350 000	累计折旧	250 000
利润分配	273 000	固定资产减值准备	600 000
		无形资产减值准备	30 000
合　计	6 923 500	合　计	6 923 500

要求：根据资料编制资产负债表（见表 9-10）。

表 9-10　资产负债表

会企 01 表

编制单位：　　　　____年__月__日　　　　单位：　元

资　产	期末余额	年初余额	负债和所有者权益（或股东权益）	期末余额	年初余额
流动资产：		略	流动负债：		略
货币资金			短期借款		
交易性金融资产			交易性金融负债		
应收票据			应付票据		
应收账款			应付账款		
预付款项			预收款项		
其他应收款			应付职工薪酬		
存货			应交税费		
一年内到期的非流动资产			其他应付款		
其他流动资产			一年内到期的非流动负债		
流动资产合计			其他流动负债		
非流动资产：			流动负债合计		
债权投资			非流动负债：		
其他债权投资			长期借款		
长期应收款			应付债券		
长期股权投资			长期应付款		
投资性房地产			预计负债		
固定资产			递延所得税负债		

续表

资　产	期末余额	年初余额	负债和所有者权益（或股东权益）	期末余额	年初余额
在建工程			其他非流动负债		
生产性生物资产			非流动负债合计		
油气资产			负债合计		
无形资产			所有者权益（或股东权益）：		
开发支出			实收资本（或股本）		
商誉			资本公积		
长期待摊费用			减：库存股		
递延所得税资产			盈余公积		
其他非流动资产			未分配利润		
非流动资产合计			所有者权益（或股东权益）合计		
资产合计			负债和所有者权益（或股东权益）合计		

习题三

目的：练习利润表的编制。

资料：沿用自测题六综合业务题习题一的资料。

要求：根据资料编制利润表（见表 9-11）。

表 9-11　利润表

会企 02 表

编制单位：　　　　　　　　　　____年__月　　　　　　　　　　单位：　元

项　　目	本期金额	上期金额
一、营业收入		略
减：营业成本		
税金及附加		
销售费用		
管理费用		
财务费用		
二、营业利润（亏损以“—”号填列）		
加：营业外收入		
减：营业外支出		
三、利润总额（亏损总额以“—”号填列）		
减：所得税费用		
四、净利润（净亏损以“—”号填列）		
五、每股收益：		
（一）基本每股收益		
（二）稀释每股收益		

第十章

账务处理程序

同步思考
参考答案

本章学习目标

通过本章的学习，学生应能够认识账务处理程序的种类，能够描述记账凭证账务处理程序、科目汇总表账务处理程序、汇总记账凭证账务处理程序的特点、步骤、优缺点、适用范围。

重点与难点

1. 记账凭证账务处理程序
2. 科目汇总表的编制方法

引例

一项审计　四人“落马”

2009 年，湖北省随州市审计局对随州市水利水电建筑设计院 2005—2008 年度财务收支情况进行了审计。审计人员仅是粗略翻看了一下被审计单位的财务资料，就发现其存在诸多问题：一是 2006 年 1 月 1 日至 2008 年 12 月 31 日，该设计院每年发生的收入和支出不是按期进行会计核算，而是集中到年底一次性做账；二是资金不正常，2008 年年底该设计院账面显示其货币资金为－35 098.59 元；三是会计凭证中存在大量违规发票和虚假发票。最终查明该单位做假账、设置账外账、套取国家建设资金、私设“小金库”、偷逃税费等，涉及金额近千万元，单位相关负责人存在虚拟支出、贪污公款、收受他人钱物、出借单位资质、私自承揽设计业务、非法牟利等严重违纪违法问题。该设计院院长刘某和副院长郭某、石某、宋某均被依法追究责任。

资料来源：审计署网.

第一节　账务处理程序概述

一、账务处理程序的概念

账务处理程序是指由填制会计凭证到登记账簿，再到编制财务报表的工作程序和方法，具体地说，就是通过一定的步骤或程序将凭证、账簿、报表三者有机结合起来，最终生成并提供有用的会计信息。

账务处理程序主要包括两部分内容：第一，建立凭证、账簿和报表组织体系。其中，凭证组织是指会计凭证的种类、格式及各种凭证之间的关系；账簿组织是指账簿的种类、格式及各种账簿之间的关系；报表组织是指报表的种类、格式及各种报表之间的关系。上述三种组织构成一个完整的体系，其核心是账簿组织。第二，确定记账步骤，即从会计凭证的取得、填制到账簿的登记，再到财务报表的编制这一整个过程的具体步骤。

二、账务处理程序的意义

科学地选择适合本单位的账务处理程序，对于有效地组织会计核算具有重要意义。

（1）确定凭证、账簿及报表之间合理的联系方式，有利于规范会计工作程序，保证会计信息加工过程的严密性。

（2）通过凭证、账簿及报表之间的牵制作用，有利于保证会计记录的完整性、正确性，增强会计信息的可靠性。

（3）通过井然有序的账务处理程序，有利于减少不必要的会计核算环节，提高会计工作效率，保证会计信息的及时性。

三、账务处理程序的种类

在会计实践中，常用的账务处理程序主要有记账凭证账务处理程序、科目汇总表账务处理程序和汇总记账凭证账务处理程序，它们的区别主要表现在登记总账的依据和方法不同。

第二节　记账凭证账务处理程序

一、记账凭证账务处理程序的概念

记账凭证财务处理程序是指对发生的经济业务事项，都要根据原始凭证或汇总原始凭证编制记账凭证，然后直接根据记账凭证逐笔登记总分类账的一种账务处理程序。它是最基本的账务处理程序，其他各种账务处理程序都是在它的基础上发展形成的。

二、记账凭证账务处理程序的特点

记账凭证账务处理程序的特点是直接根据各种记账凭证逐笔登记总分类账。在记账凭证账务处理程序下，记账凭证可以采取一种通用格式记账凭证；也可以采取收款凭证、付款凭证、转账凭证三种格式，即专用格式记账凭证。

账簿组织一般应设置库存现金日记账、银行存款日记账、总分类账和明细分类账。库存现金日记账和银行存款日记账可采用三栏式；总分类账应按总账科目设置，可采用三栏式；明细分类账可根据管理的需要设置，采用三栏式、数量金额式或多栏式。

三、记账凭证账务处理程序的步骤

（1）根据原始凭证或汇总原始凭证编制记账凭证。

（2）根据收款凭证、付款凭证逐笔序时地登记库存现金日记账和银行存款日记账。

（3）根据原始凭证或汇总原始凭证和记账凭证登记各种明细分类账。

（4）根据记账凭证逐笔登记总分类账。

（5）期末，将库存现金日记账、银行存款日记账和各种明细分类账的余额与有关总分类账的余额核对相符。

（6）期末，根据总分类账和明细分类账的记录编制财务报表。

记账凭证账务处理程序如图 10－1 所示。

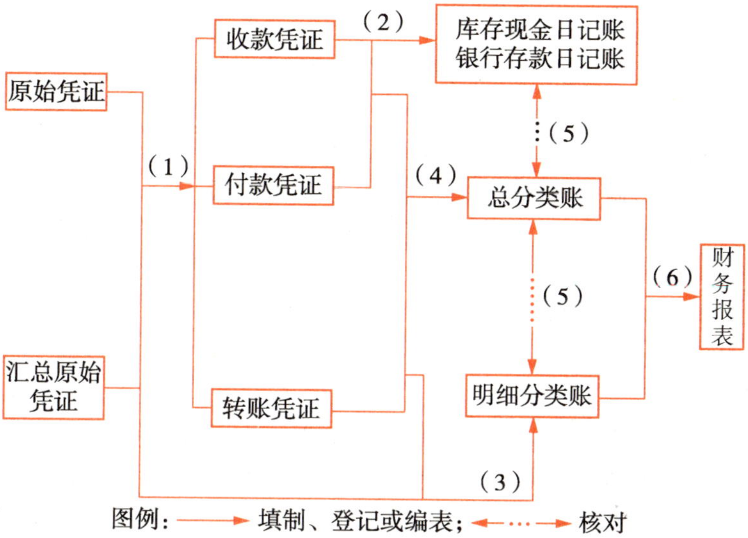

图 10－1 记账凭证账务处理程序

四、记账凭证账务处理程序举例

【例 10－1】 新华工厂 20××年 12 月各总账账户的期初余额见第四章表 4－8，其中，甲材料结存 25 吨，每吨 5 000 元，金额 125 000 元。发出材料按照先进先出法计价。

本月发生的经济业务如下（以第四章【例 4－13】至【例 4－60】的经济业务为内容，并按业务发生的具体时间重新排列顺序）：

（1）1 日，购入不需要安装的设备 10 台，买价 100 000 元，增值税 13 000 元，全部通过开户银行转账支付，设备已运达企业并已验收。

（2）2 日，销售给光明工厂 A 产品 100 件，每件售价 1 000 元，价款 100 000 元，增值税额 13 000 元，款项收到存入银行。

（3）3 日，购入甲材料 10 吨，单价 5 000 元，计买价 50 000 元，增值税 6 500 元；发生运费 1 000 元，增值税 90 元。全部款项已通过开户银行转账支付，材料已验收入库。

（4）4 日，销售给大明工厂 A 产品 10 件，每件售价 1 000 元，价款 10 000 元，增值税额 1 300 元，款项尚未收到；另以现金代垫运费 200 元。

（5）5 日，向宏达工厂购入乙材料 15 吨，单价 2 000 元，计买价 30 000 元，进项税额 3 900 元，增值税专用发票已取得，材料已验收入库，货款尚未支付。

（6）7 日，通过开户银行转账支付前欠宏飞工厂的材料款 104 440 元。

(7) 9 日，销售一批乙材料，售价为 10 000 元，增值税额 1 300 元，款项收到存入银行。

(8) 9 日，结转上述已售乙材料的实际成本 9 000 元。

(9) 10 日，通过银行转账交纳增值税 50 000 元。

(10) 11 日，开出现金支票一张，从银行提取现金 3 000 元。

(11) 12 日，向宏顺工厂购入甲材料 20 吨，每吨 5 000 元，计买价 100 000 元，进项税额 13 000 元，购入乙材料 10 吨，每吨 2 000 元，计买价 20 000 元，进项税额 2 600 元，增值税专用发票已取得，材料在运输途中，货款尚未支付。

(12) 13 日，收到大明工厂偿还的账款 11 500 元存入银行。

(13) 14 日，收到光大工厂预订 100 件 B 产品的货款 100 000 元存入银行。

(14) 15 日，收到上述向宏顺工厂购入材料的运费增值税专用发票，其中运费 1 200 元，增值税 108 元，共计 1 308 元，以现金支付。运费按照材料买价分配。

(15) 15 日，向宏顺工厂购入的材料运到并验收入库。

(16) 15 日，厂部行政管理人员李涛出差，预借差旅费 1 500 元，以现金支付。

(17) 16 日，开出转账支票一张，金额 10 000 元，预付给宏太工厂购买丙材料。

(18) 16 日，以银行存款支付广告费 3 000 元。

(19) 18 日，向宏远工厂购入甲材料 20 吨，每吨 5 100 元，计买价 102 000 元，进项税额 13 260 元，增值税专用发票已取得，材料已验收入库，开出半年期无息商业承兑汇票一张，票面金额 115 260 元。

(20) 19 日，李涛出差回来，报销差旅费 1 460 元，交回现金 40 元，结清前借款项。

(21) 20 日，收到宏太工厂发来的丙材料，增值税专用发票上载明价款 20 000 元，增值税 2 600 元，材料已验收入库。

(22) 20 日，因供货方违反交易合同而获得罚款收入 10 000 元存入银行。

(23) 21 日，开出转账支票一张，金额 12 600 元，补付宏太工厂丙材料款。

(24) 24 日，结算本月应付职工工资 80 000 元，其用途如下：

生产工人工资	50 000 元
其中：制造 A 产品的生产工人工资	30 000 元
制造 B 产品的生产工人工资	20 000 元
车间管理人员工资	8 000 元
企业行政管理人员工资	22 000 元
合　　计	80 000 元

(25) 24 日，向光大工厂发出其预订的 B 产品 100 件，每件售价 2 000 元，价款 200 000 元，增值税额 26 000 元。

(26) 25 日，从银行提取现金 80 000 元，以备发放职工工资。

(27) 25 日，以现金发放职工工资 80 000 元。

(28) 26 日，以银行存款支付下年财产保险费 6 000 元。

(29) 26 日，通过希望工程基金会捐赠 8 000 元，以银行存款支付。

(30) 27 日，销售给大阳工厂 A 产品 90 件，每件售价 1 000 元，价款 90 000 元，增值税额 11 700 元，收到大阳工厂开出的票面金额为 101 700 元的商业承兑汇票一张。

(31) 28 日，收到光大工厂补付的货款 126 000 元。

(32) 31 日，企业会计部门根据仓库转来的发料凭证，汇总各种材料的耗用情况见表

4－4。

（33）31 日，以银行存款支付本月生产车间办公费、水电费 1 600 元，行政管理部门办公费、水电费 2 000 元。

（34）31 日，支付本季度银行借款利息 30 000 元，其中应由本月负担的利息 10 000 元。

（35）31 日，分摊以前支付但应由本月负担的财产保险费 500 元，其中由制造费用负担 200 元，由管理费用负担 300 元。

（36）31 日，按规定计提本月固定资产折旧 8 840 元，其中，车间用固定资产计提折旧 7 680 元，行政管理部门用固定资产计提折旧 1 160 元。

（37）31 日，按照生产工人工资比例分配并结转本月制造费用。

（38）31 日，200 件 A 产品全部完工并验收入库，B 产品月末尚未完工（假设 A、B 产品均是本月投产，期初没有在产品）。有关 A 产品、B 产品生产成本明细账和 A 产品成本计算单见表 4－5 至表 4－7。

（39）31 日，结转 A、B 两种产品的销售成本，A 产品单位成本为 620 元，B 产品单位成本为 1 200 元。

（40）31 日，将闲置固定资产出租，本期租金收入 10 000 元，尚未收到。

（41）31 日，出租固定资产计提折旧 4 000 元。

（42）31 日，按产品销售收入和 5%的税率计算应交纳的消费税。

（43）31 日，计算本月所得税费用。

（44）31 日，将企业本期发生的各损益类账户余额转入“本年利润”账户。

（45）31 日，结转全年净利润。

（46）31 日，按全年净利润的 10%和 20%分别提取法定盈余公积金和任意盈余公积金。

（47）31 日，经股东会决议按出资比例向投资者分配现金股利 110 924 元。

（48）31 日，结转全年已分配利润。

新华工厂采用记账凭证账务处理程序，会计核算过程如下：

（1）根据原始凭证和汇总原始凭证填制记账凭证，如表 10－1 至表 10－53 所示。

表 10－1 付 款 凭 证

贷方科目：银行存款　　　　20××年 12 月 1 日　　　　银付字第 1 号

摘要	借方科目		√	金额										附件 张
	总账科目	明细科目		千	百	十	万	千	百	十	元	角	分	
购入不需安装的设备	固定资产					1	0	0	0	0	0	0	0	
	应交税费	应交增值税（进项税额）					1	3	0	0	0	0	0	
合计					¥	1	1	3	0	0	0	0	0	

财务主管：　　记账：　　出纳：　　复核：　　制单：

表 10-2 收 款 凭 证

借方科目：银行存款　　　　20××年 12 月 2 日　　　　银收字第 1 号

摘要	贷方科目		√	金额									
	总账科目	明细科目		千	百	十	万	千	百	十	元	角	分
销售产品给光明工厂	主营业务收入	A 产品				1	0	0	0	0	0	0	0
	应交税费	应交增值税（销项税额）					1	3	0	0	0	0	0
合计					¥	1	1	3	0	0	0	0	0

附件　张

财务主管：　　记账：　　出纳：　　复核：　　制单：

表 10-3 付 款 凭 证

贷方科目：银行存款　　　　20××年 12 月 3 日　　　　银付字第 2 号

摘要	借方科目		√	金额									
	总账科目	明细科目		千	百	十	万	千	百	十	元	角	分
购甲材料	原材料	甲材料					5	1	0	0	0	0	0
	应交税费	应交增值税（进项税额）						6	5	9	0	0	0
合计						¥	5	7	5	9	0	0	0

附件　张

财务主管：　　记账：　　出纳：　　复核：　　制单：

表 10-4 转 账 凭 证

20××年 12 月 4 日　　　　转字第 1 号

摘要	总账科目	明细科目	√	借方金额										√	贷方金额									
				千	百	十	万	千	百	十	元	角	分		千	百	十	万	千	百	十	元	角	分
销售产品给大明工厂	应收账款	大明工厂					1	1	3	0	0	0	0											
	主营业务收入	A 产品																1	0	0	0	0	0	0
	应交税费	应交增值税（销项税额）																	1	3	0	0	0	0
合计						¥	1	1	3	0	0	0	0				¥	1	1	3	0	0	0	0

附件　张

财务主管：　　记账：　　出纳：　　复核：　　制单：

表 10-5 付 款 凭 证

贷方科目：库存现金　　　　20××年 12 月 4 日　　　　现付字第 1 号

摘要	借方科目		√	金额									
	总账科目	明细科目		千	百	十	万	千	百	十	元	角	分
以现金代大明工厂垫付运费	应收账款	大明工厂							2	0	0	0	0
合计								¥	2	0	0	0	0

附件　张

财务主管：　　记账：　　出纳：　　复核：　　制单：

表 10-6 转 账 凭 证

20××年 12 月 5 日 转字第 2 号

摘要	总账科目	明细科目	√	借方金额										√	贷方金额									
				千	百	十	万	千	百	十	元	角	分		千	百	十	万	千	百	十	元	角	分
购入乙材料	原材料	乙材料					3	0	0	0	0	0	0											
	应交税费	应交增值税（进项税额）						3	9	0	0	0	0											
	应付账款	宏达工厂																3	3	9	0	0	0	0
合计						¥	3	3	9	0	0	0	0				¥	3	3	9	0	0	0	0

附件 张

财务主管： 记账： 出纳： 复核： 制单：

表 10-7 付 款 凭 证

贷方科目：银行存款 20××年 12 月 7 日 银付字第 3 号

摘要	借方科目		√	金额									
	总账科目	明细科目		千	百	十	万	千	百	十	元	角	分
支付前欠宏飞工厂货款	应付账款	宏飞工厂				1	0	4	4	4	0	0	0
合计					¥	1	0	4	4	4	0	0	0

附件 张

财务主管： 记账： 出纳： 复核： 制单：

表 10-8 收 款 凭 证

借方科目：银行存款　　20××年 12 月 9 日　　银收字第 2 号

摘要	贷方科目		√	金额										附件 张
	总账科目	明细科目		千	百	十	万	千	百	十	元	角	分	
收到原材料的销售款	其他业务收入	材料销售					1	0	0	0	0	0	0	
	应交税费	应交增值税（销项税额）						1	3	0	0	0	0	
合计						¥	1	1	3	0	0	0	0	

财务主管：　记账：　出纳：　复核：　制单：

表 10-9 转 账 凭 证

20××年 12 月 9 日　　转字第 3 号

摘要	总账科目	明细科目	√	借方金额										√	贷方金额										附件 张
				千	百	十	万	千	百	十	元	角	分		千	百	十	万	千	百	十	元	角	分	
结转已售乙材料成本	其他业务成本							9	0	0	0	0	0												
	原材料	乙材料																	9	0	0	0	0	0	
合计							¥	9	0	0	0	0	0					¥	9	0	0	0	0	0	

财务主管：　记账：　出纳：　复核：　制单：

表 10-10 付款凭证

贷方科目：银行存款　　　　20××年 12 月 10 日　　　　银付字第 4 号

摘要	借方科目		√	金额									
	总账科目	明细科目		千	百	十	万	千	百	十	元	角	分
交纳增值税	应交税费	应交增值税（已交税金）					5	0	0	0	0	0	0
合计						¥	5	0	0	0	0	0	0

附件　张

财务主管：　　记账：　　出纳：　　复核：　　制单：

表 10-11 付款凭证

贷方科目：银行存款　　　　20××年 12 月 11 日　　　　银付字第 5 号

摘要	借方科目		√	金额									
	总账科目	明细科目		千	百	十	万	千	百	十	元	角	分
提现	库存现金							3	0	0	0	0	0
合计							¥	3	0	0	0	0	0

附件　张

财务主管：　　记账：　　出纳：　　复核：　　制单：

表 10－12 转 账 凭 证

20××年 12 月 12 日　　　　转字第 4 号

摘要	总账科目	明细科目	√	借方金额										√	贷方金额									
				千	百	十	万	千	百	十	元	角	分		千	百	十	万	千	百	十	元	角	分
购材料	在途物资	甲材料				1	0	0	0	0	0	0	0											
	在途物资	乙材料					2	0	0	0	0	0	0											
	应交税费	应交增值税（进项税额）					1	5	6	0	0	0	0											
	应付账款	宏顺工厂															1	3	5	6	0	0	0	0
合计					¥	1	3	5	6	0	0	0	0			¥	1	3	5	6	0	0	0	0

附件　张

财务主管：　　记账：　　出纳：　　复核：　　制单：

表 10－13 收 款 凭 证

借方科目：银行存款　　　　20××年 12 月 13 日　　　　银收字第 3 号

摘要	贷方科目		√	金额									
	总账科目	明细科目		千	百	十	万	千	百	十	元	角	分
收到大明工厂货款	应收账款	大明工厂					1	1	5	0	0	0	0
合计						¥	1	1	5	0	0	0	0

附件　张

财务主管：　　记账：　　出纳：　　复核：　　制单：

表 10－14 收 款 凭 证

借方科目：银行存款　　　　20××年 12 月 14 日　　　　银收字第 4 号

摘要	贷方科目		√	金额										附件张
	总账科目	明细科目		千	百	十	万	千	百	十	元	角	分	
收到光大工厂预付款	预收账款	光大工厂				1	0	0	0	0	0	0	0	
合计					¥	1	0	0	0	0	0	0	0	

财务主管：　　　记账：　　　出纳：　　　复核：　　　制单：

表 10－15 付 款 凭 证

贷方科目：库存现金　　　　20××年 12 月 15 日　　　　现付字第 2 号

摘要	借方科目		√	金额										附件张
	总账科目	明细科目		千	百	十	万	千	百	十	元	角	分	
付材料运费	在途物资	甲材料						1	0	0	0	0	0	
	在途物资	乙材料							2	0	0	0	0	
	应交税费	应交增值税（进项税额）							1	0	8	0	0	
合计							¥	1	3	0	8	0	0	

财务主管：　　　记账：　　　出纳：　　　复核：　　　制单：

表 10-16 转 账 凭 证

20××年 12 月 15 日　　　　转字第 5 号

摘要	总账科目	明细科目	√	借方金额										√	贷方金额									
				千	百	十	万	千	百	十	元	角	分		千	百	十	万	千	百	十	元	角	分
材料入库	原材料	甲材料				1	0	1	0	0	0	0	0											
	原材料	乙材料					2	0	2	0	0	0	0											
	在途物资	甲材料															1	0	1	0	0	0	0	0
	在途物资	乙材料																2	0	2	0	0	0	0
合计					¥	1	2	1	2	0	0	0	0			¥	1	2	1	2	0	0	0	0

附件　张

财务主管：　　记账：　　出纳：　　复核：　　制单：

表 10-17 付 款 凭 证

贷方科目：库存现金　　　　20××年 12 月 15 日　　　　现付字第 3 号

摘要	借方科目		√	金额									
	总账科目	明细科目		千	百	十	万	千	百	十	元	角	分
李涛预借差旅费	其他应收账	李涛						1	5	0	0	0	0
合计							¥	1	5	0	0	0	0

附件　张

财务主管：　　记账：　　出纳：　　复核：　　制单：

表 10-18 付 款 凭 证

贷方科目：银行存款　　　　20××年 12 月 16 日　　　　银付字第 6 号

摘要	借方科目		√	金额										附件 张
	总账科目	明细科目		千	百	十	万	千	百	十	元	角	分	
预付宏太工厂货款	预付账款	宏太工厂					1	0	0	0	0	0	0	
合计						¥	1	0	0	0	0	0	0	

财务主管：　　记账：　　出纳：　　复核：　　制单：

表 10-19 付 款 凭 证

贷方科目：银行存款　　　　20××年 12 月 16 日　　　　银付字第 7 号

摘要	借方科目		√	金额										附件 张
	总账科目	明细科目		千	百	十	万	千	百	十	元	角	分	
支付广告费	销售费用	广告费						3	0	0	0	0	0	
合计							¥	3	0	0	0	0	0	

财务主管：　　记账：　　出纳：　　复核：　　制单：

表 10-20 转 账 凭 证

20××年12月18日　　　　转字第6号

摘要	总账科目	明细科目	√	借方金额										√	贷方金额									
				千	百	十	万	千	百	十	元	角	分		千	百	十	万	千	百	十	元	角	分
购入甲材料	原材料	甲材料				1	0	2	0	0	0	0	0											
	应交税费	应交增值税（进项税额）					1	3	2	6	0	0	0											
	应付票据	宏远工厂															1	1	5	2	6	0	0	0
合计					¥	1	1	5	2	6	0	0	0			¥	1	1	5	2	6	0	0	0

附件　张

财务主管：　　记账：　　出纳：　　复核：　　制单：

表 10-21 收 账 凭 证

借方科目：库存现金　　　　20××年12月19日　　　　现收字第1号

摘要	贷方科目		√	金额									
	总账科目	明细科目		千	百	十	万	千	百	十	元	角	分
收到李涛退回多余借款	其他应收款	李涛								4	0	0	0
合计									¥	4	0	0	0

附件　张

财务主管：　　记账：　　出纳：　　复核：　　制单：

表 10-22 转 账 凭 证

20××年 12 月 19 日　　　　转字第 7 号

摘要	总账科目	明细科目	√	借方金额										√	贷方金额									
				千	百	十	万	千	百	十	元	角	分		千	百	十	万	千	百	十	元	角	分
李涛报差旅费	管理费用	差旅费						1	4	6	0	0	0											
	其他应收款	李涛																	1	4	6	0	0	0
合计							¥	1	4	6	0	0	0					¥	1	4	6	0	0	0

附件　张

财务主管：　　记账：　　出纳：　　复核：　　制单：

表 10-23 转 账 凭 证

20××年 12 月 20 日　　　　转字第 8 号

摘要	总账科目	明细科目	√	借方金额										√	贷方金额									
				千	百	十	万	千	百	十	元	角	分		千	百	十	万	千	百	十	元	角	分
购材料并入库	原材料	丙材料					2	0	0	0	0	0	0											
	应交税费	应交增值税（进项税额）						2	6	0	0	0	0											
	预付账款	宏太工厂																2	2	6	0	0	0	0
合计						¥	2	2	6	0	0	0	0				¥	2	2	6	0	0	0	0

附件　张

财务主管：　　记账：　　出纳：　　复核：　　制单：

表 10-24 收 款 凭 证

借方科目：银行存款　　20××年 12 月 20 日　　银收字第 5 号

摘要	贷方科目		√	金额									
	总账科目	明细科目		千	百	十	万	千	百	十	元	角	分
收到供货方罚款收入	营业外收入						1	0	0	0	0	0	0
合计						¥	1	0	0	0	0	0	0

附件　张

财务主管：　记账：　出纳：　复核：　制单：

表 10-25 付 款 凭 证

贷方科目：银行存款　　20××年 12 月 21 日　　银付字第 8 号

摘要	借方科目		√	金额									
	总账科目	明细科目		千	百	十	万	千	百	十	元	角	分
补付宏太工厂货款	预付账款	宏太工厂					1	2	6	0	0	0	0
合计						¥	1	2	6	0	0	0	0

附件　张

财务主管：　记账：　出纳：　复核：　制单：

表 10-26 转 账 凭 证

20××年 12 月 24 日　　转字第 9 号

摘要	总账科目	明细科目	√	借方金额										√	贷方金额									
				千	百	十	万	千	百	十	元	角	分		千	百	十	万	千	百	十	元	角	分
结算工资	生产成本	A产品					3	0	0	0	0	0	0											
	生产成本	B产品					2	0	0	0	0	0	0											
	制造费用	工资						8	0	0	0	0	0											
	管理费用	工资					2	2	0	0	0	0	0											
	应付职工薪酬																	8	0	0	0	0	0	0
合计						¥	8	0	0	0	0	0	0				¥	8	0	0	0	0	0	0

附件　张

财务主管：　　记账：　　出纳：　　复核：　　制单：

表 10-27 转 账 凭 证

20××年 12 月 24 日　　转字第 10 号

摘要	总账科目	明细科目	√	借方金额										√	贷方金额									
				千	百	十	万	千	百	十	元	角	分		千	百	十	万	千	百	十	元	角	分
向光大工厂发货	预收账款	光大工厂				2	2	6	0	0	0	0	0											
	主营业务收入	B产品															2	0	0	0	0	0	0	0
	应交税费	应交增值税（销项税额）																2	6	0	0	0	0	0
合计					¥	2	2	6	0	0	0	0	0			¥	2	2	6	0	0	0	0	0

附件　张

财务主管：　　记账：　　出纳：　　复核：　　制单：

表 10-28 付 款 凭 证

贷方科目：银行存款　　20××年 12 月 25 日　　银付字第 9 号

摘要	借方科目		√	金额									
	总账科目	明细科目		千	百	十	万	千	百	十	元	角	分
提现	库存现金						8	0	0	0	0	0	0
合计						¥	8	0	0	0	0	0	0

附件　张

财务主管：　记账：　出纳：　复核：　制单：

表 10-29 付 款 凭 证

贷方科目：库存现金　　20××年 12 月 25 日　　现付字第 4 号

摘要	借方科目		√	金额									
	总账科目	明细科目		千	百	十	万	千	百	十	元	角	分
以现金发放工资	应付职工薪酬						8	0	0	0	0	0	0
合计						¥	8	0	0	0	0	0	0

附件　张

财务主管：　记账：　出纳：　复核：　制单：

表 10-30 付款凭证

贷方科目：银行存款　　　　20××年 12 月 26 日　　　　银付字第 10 号

摘要	借方科目		√	金额									
	总账科目	明细科目		千	百	十	万	千	百	十	元	角	分
预付下年度财产保险费	预付账款							6	0	0	0	0	0
合计							¥	6	0	0	0	0	0

附件　张

财务主管：　　记账：　　出纳：　　复核：　　制单：

表 10-31 付款凭证

贷方科目：银行存款　　　　20××年 12 月 26 日　　　　银付字第 11 号

摘要	借方科目		√	金额									
	总账科目	明细科目		千	百	十	万	千	百	十	元	角	分
通过希望工程基金会捐赠	营业外支出							8	0	0	0	0	0
合计							¥	8	0	0	0	0	0

附件　张

财务主管：　　记账：　　出纳：　　复核：　　制单：

表 10-32 转账凭证

20××年 12 月 27 日　　　　转字第 11 号

摘要	总账科目	明细科目	√	借方金额										√	贷方金额									
				千	百	十	万	千	百	十	元	角	分		千	百	十	万	千	百	十	元	角	分
销售产品给大阳工厂	应收票据	大阳工厂				1	0	1	7	0	0	0	0											
	主营业务收入	A 产品																9	0	0	0	0	0	0
	应交税费	应交增值税（销项税额）																1	1	7	0	0	0	0
合计					¥	1	0	1	7	0	0	0	0			¥	1	0	1	7	0	0	0	0

附件　张

财务主管：　　记账：　　出纳：　　复核：　　制单：

表 10-33 收款凭证

借方科目：银行存款　　　　20××年 12 月 28 日　　　　银收字第 6 号

摘要	贷方科目		√	金额									
	总账科目	明细科目		千	百	十	万	千	百	十	元	角	分
收到光大工厂补付货款	预收账款	光大工厂				1	2	6	0	0	0	0	0
合计					¥	1	2	6	0	0	0	0	0

附件　张

财务主管：　　记账：　　出纳：　　复核：　　制单：

表 10-34 转 账 凭 证

20××年 12 月 31 日

转字第 12 $\frac{1}{2}$ 号

摘要	总账科目	明细科目	√	借方金额										√	贷方金额										附件 张
				千	百	十	万	千	百	十	元	角	分		千	百	十	万	千	百	十	元	角	分	
材料领用	生产成本	A产品					8	6	0	0	0	0	0												
	生产成本	B产品					3	0	0	0	0	0	0												
	制造费用	物料费						5	0	0	0	0	0												
	原材料	甲材料															1	0	5	0	0	0	0	0	
	原材料	乙材料																1	6	0	0	0	0	0	
合计					¥	1	2	1	0	0	0	0	0			¥	1	2	1	0	0	0	0	0	

财务主管：　　记账：　　出纳：　　复核：　　制单：

表 10-35 转 账 凭 证

20××年 12 月 31 日

转字第 12 $\frac{2}{2}$ 号

摘要	总账科目	明细科目	√	借方金额										√	贷方金额										附件 张
				千	百	十	万	千	百	十	元	角	分		千	百	十	万	千	百	十	元	角	分	
材料领用	管理费用	物料费						2	0	0	0	0	0												
	原材料	乙材料																	2	0	0	0	0	0	
合计							¥	2	0	0	0	0	0					¥	2	0	0	0	0	0	

财务主管：　　记账：　　出纳：　　复核：　　制单：

表 10-36 付 款 凭 证

贷方科目：银行存款　　　　20××年 12 月 31 日　　　　银付字第 12 号

摘要	借方科目		√	金额									
	总账科目	明细科目		千	百	十	万	千	百	十	元	角	分
支付办公费和水电费	制造费用	办公、水电费						1	6	0	0	0	0
	管理费用	办公、水电费						2	0	0	0	0	0
合计							¥	3	6	0	0	0	0

附件　张

财务主管：　记账：　出纳：　复核：　制单：

表 10-37 付 款 凭 证

贷方科目：银行存款　　　　20××年 12 月 31 日　　　　银付字第 13 号

摘要	借方科目		√	金额									
	总账科目	明细科目		千	百	十	万	千	百	十	元	角	分
支付本季借款利息	财务费用						1	0	0	0	0	0	0
	应付利息						2	0	0	0	0	0	0
合计						¥	3	0	0	0	0	0	0

附件　张

财务主管：　记账：　出纳：　复核：　制单：

表 10-38 转 账 凭 证

20××年 12 月 31 日　　　　转字第 13 号

摘要	总账科目	明细科目	√	借方金额										√	贷方金额									
				千	百	十	万	千	百	十	元	角	分		千	百	十	万	千	百	十	元	角	分
分摊财产保险费	制造费用	保险费							2	0	0	0	0											
	管理费用	保险费							3	0	0	0	0											
	预付账款																			5	0	0	0	0
合计								¥	5	0	0	0	0						¥	5	0	0	0	0

附件　张

财务主管：　记账：　出纳：　复核：　制单：

表 10-39 转 账 凭 证

20××年 12 月 31 日　　　　转字第 14 号

摘要	总账科目	明细科目	√	借方金额										√	贷方金额									
				千	百	十	万	千	百	十	元	角	分		千	百	十	万	千	百	十	元	角	分
计提折旧费	制造费用	折旧费						7	6	8	0	0	0											
	管理费用	折旧费						1	1	6	0	0	0											
	累计折旧																		8	8	4	0	0	0
合计							¥	8	8	4	0	0	0					¥	8	8	4	0	0	0

附件　张

财务主管：　记账：　出纳：　复核：　制单：

表 10-40 转 账 凭 证

20××年 12 月 31 日 转字第 15 号

摘要	总账科目	明细科目	√	借方金额										√	贷方金额								
				千	百	十	万	千	百	十	元	角	分		千	百	十	万	千	百	十	元	角	分
分配并结转制造费用	生产成本	A 产品					1	3	4	8	8	0	0											
	生产成本	B 产品						8	9	9	2	0	0											
	制造费用																	2	2	4	8	0	0	0
合计						¥	2	2	4	8	0	0	0				¥	2	2	4	8	0	0	0

附件 张

财务主管： 记账： 出纳： 复核： 制单：

表 10-41 转 账 凭 证

20××年 12 月 31 日 转字第 16 号

摘要	总账科目	明细科目	√	借方金额										√	贷方金额								
				千	百	十	万	千	百	十	元	角	分		千	百	十	万	千	百	十	元	角	分
结转完工 A 产品成本	库存商品	A 产品				1	2	9	4	8	8	0	0											
	生产成本	A 产品															1	2	9	4	8	8	0	0
合计					¥	1	2	9	4	8	8	0	0			¥	1	2	9	4	8	8	0	0

附件 张

财务主管： 记账： 出纳： 复核： 制单：

表 10-42　转　账　凭　证

20××年 12 月 31 日　　　　转字第 17 号

摘要	总账科目	明细科目	√	借方金额										√	贷方金额									
				千	百	十	万	千	百	十	元	角	分		千	百	十	万	千	百	十	元	角	分
结转已销产品成本	主营业务成本					2	4	4	0	0	0	0	0											
	库存商品	A 产品															1	2	4	0	0	0	0	0
	库存商品	B 产品															1	2	0	0	0	0	0	0
合计					¥	2	4	4	0	0	0	0	0			¥	2	4	4	0	0	0	0	0

附件　张

财务主管：　　　记账：　　　出纳：　　　复核：　　　制单：

表 10-43　转　账　凭　证

20××年 12 月 31 日　　　　转字第 18 号

摘要	总账科目	明细科目	√	借方金额										√	贷方金额									
				千	百	十	万	千	百	十	元	角	分		千	百	十	万	千	百	十	元	角	分
出租固定资产租金未收到	其他应收款						1	0	0	0	0	0	0											
	其他业务收入	出租收入																1	0	0	0	0	0	0
合计						¥	1	0	0	0	0	0	0				¥	1	0	0	0	0	0	0

附件　张

财务主管：　　　记账：　　　出纳：　　　复核：　　　制单：

表 10-44 转 账 凭 证

20××年 12 月 31 日　　　　转字第 19 号

摘要	总账科目	明细科目	√	借方金额										√	贷方金额									
				千	百	十	万	千	百	十	元	角	分		千	百	十	万	千	百	十	元	角	分
计提出租固定资产折旧费	其他业务成本							4	0	0	0	0	0											
	累计折旧																		4	0	0	0	0	0
合计							¥	4	0	0	0	0	0					¥	4	0	0	0	0	0

附件　张

财务主管：　　记账：　　出纳：　　复核：　　制单：

表 10-45 转 账 凭 证

20××年 12 月 31 日　　　　转字第 20 号

摘要	总账科目	明细科目	√	借方金额										√	贷方金额									
				千	百	十	万	千	百	十	元	角	分		千	百	十	万	千	百	十	元	角	分
计算应交消费税	税金及附加	消费税					2	0	0	0	0	0	0											
	应交税费	应交消费税																2	0	0	0	0	0	0
合计						¥	2	0	0	0	0	0	0				¥	2	0	0	0	0	0	0

附件　张

财务主管：　　记账：　　出纳：　　复核：　　制单：

表 10-46　转 账 凭 证

20××年 12 月 31 日　　　　转字第 21 号

摘要	总账科目	明细科目	√	借方金额										√	贷方金额								
				千	百	十	万	千	百	十	元	角	分		千	百	十	万	千	百	十	元	角	分
计算应交所得税	所得税费用						2	5	7	7	0	0	0											
	应交税费	应交所得税																2	5	7	7	0	0	0
合计						¥	2	5	7	7	0	0	0				¥	2	5	7	7	0	0	0

附件　张

财务主管：　　记账：　　出纳：　　复核：　　制单：

表 10-47　转 账 凭 证

20××年 12 月 31 日　　　　转字第 22 号

摘要	总账科目	明细科目	√	借方金额										√	贷方金额								
				千	百	十	万	千	百	十	元	角	分		千	百	十	万	千	百	十	元	角	分
结转收入	主营业务收入					4	0	0	0	0	0	0	0											
	其他业务收入						2	0	0	0	0	0	0											
	营业外收入						1	0	0	0	0	0	0											
	本年利润																4	3	0	0	0	0	0	0
合计					¥	4	3	0	0	0	0	0	0			¥	4	3	0	0	0	0	0	0

附件　张

财务主管：　　记账：　　出纳：　　复核：　　制单：

表 10-48 转 账 凭 证

20××年 12 月 31 日　　　　转字第 23 $\frac{1}{2}$ 号

摘要	总账科目	明细科目	√	借方金额										√	贷方金额									
				千	百	十	万	千	百	十	元	角	分		千	百	十	万	千	百	十	元	角	分
结转费用	本年利润					2	8	0	0	0	0	0	0											
	主营业务成本																2	4	4	0	0	0	0	0
	税金及附加																	2	0	0	0	0	0	0
	其他业务成本																	1	3	0	0	0	0	0
	销售费用																		3	0	0	0	0	0
合计					¥	2	8	0	0	0	0	0	0			¥	2	8	0	0	0	0	0	0

附件　张

财务主管：　　　记账：　　　出纳：　　　复核：　　　制单：

表 10-49 转 账 凭 证

20××年 12 月 31 日　　　　转字第 23 $\frac{2}{2}$ 号

摘要	总账科目	明细科目	√	借方金额										√	贷方金额									
				千	百	十	万	千	百	十	元	角	分		千	百	十	万	千	百	十	元	角	分
结转费用	本年利润						7	2	6	9	0	0	0											
	管理费用																	2	8	9	2	0	0	0
	财务费用																	1	0	0	0	0	0	0
	营业外支出																		8	0	0	0	0	0
	所得税费用																	2	5	7	7	0	0	0
合计						¥	7	2	6	9	0	0	0				¥	7	2	6	9	0	0	0

附件　张

财务主管：　　　记账：　　　出纳：　　　复核：　　　制单：

表 10-50 转账凭证

20××年 12 月 31 日　　　　转字第 24 号

摘要	总账科目	明细科目	√	借方金额 千	百	十	万	千	百	十	元	角	分	√	贷方金额 千	百	十	万	千	百	十	元	角	分
结转全年净利润	本年利润					2	7	7	3	1	0	0	0											
	利润分配	未分配利润															2	7	7	3	1	0	0	0
合计					¥	2	7	7	3	1	0	0	0			¥	2	7	7	3	1	0	0	0

附件　张

财务主管：　　记账：　　出纳：　　复核：　　制单：

表 10-51 转账凭证

20××年 12 月 31 日　　　　转字第 25 号

摘要	总账科目	明细科目	√	借方金额 千	百	十	万	千	百	十	元	角	分	√	贷方金额 千	百	十	万	千	百	十	元	角	分
提取盈余公积金	利润分配	提取法定盈余公积					2	7	7	3	1	0	0											
	利润分配	提取任意盈余公积					5	5	4	6	2	0	0											
	盈余公积	法定盈余公积																2	7	7	3	1	0	0
	盈余公积	任意盈余公积																5	5	4	6	2	0	0
合计						¥	8	3	1	9	3	0	0				¥	8	3	1	9	3	0	0

附件　张

财务主管：　　记账：　　出纳：　　复核：　　制单：

表 10-52 转 账 凭 证

20××年 12 月 31 日　　　　转字第 26 号

摘要	总账科目	明细科目	√	借方金额										√	贷方金额									
				千	百	十	万	千	百	十	元	角	分		千	百	十	万	千	百	十	元	角	分
股东会决议向投资者分配利润	利润分配	应付现金股利				1	1	0	9	2	4	0	0											
	应付股利																1	1	0	9	2	4	0	0
合计					¥	1	1	0	9	2	4	0	0			¥	1	1	0	9	2	4	0	0

附件　张

财务主管：　　记账：　　出纳：　　复核：　　制单：

表 10-53 转 账 凭 证

20××年 12 月 31 日　　　　转字第 27 号

摘要	总账科目	明细科目	√	借方金额										√	贷方金额									
				千	百	十	万	千	百	十	元	角	分		千	百	十	万	千	百	十	元	角	分
结转全年已分配利润	利润分配	未分配利润				1	9	4	1	1	7	0	0											
	利润分配	提取法定盈余公积																2	7	7	3	1	0	0
	利润分配	提取任意盈余公积																5	5	4	6	2	0	0
	利润分配	应付现金股利															1	1	0	9	2	4	0	0
合计					¥	1	9	4	1	1	7	0	0			¥	1	9	4	1	1	7	0	0

附件　张

财务主管：　　记账：　　出纳：　　复核：　　制单：

（2）根据收、付款凭证登记库存现金、银行存款日记账，如表 10－54、表 10－55 所示。

表 10－54　库存现金日记账

20××年		凭证		摘要	对方科目	收入	支出	结余
月	日	种类	号数					
12	1			期初余额				1 000
	4	现付	1	代垫运杂费	应收账款		200	800
				本日合计			200	800
	11	银付	5	提现	银行存款	3 000		3 800
				本日合计		3 000		3 800
	15	现付	2	支付材料运费	在途物资		1 308	2 492
	15	现付	3	李涛借差旅费	其他应收款		1 500	992
				本日合计			2 808	992
	19	现收	1	李涛报销退回余款	其他应收款	40		1 032
				本日合计		40		1 032
	25	银付	9	提现	银行存款	80 000		81 032
	25	现付	4	以现金发放工资	应付职工薪酬		80 000	1 032
				本日合计		80 000	80 000	1 032
	31			本月合计		83 040	83 008	1 032

表 10－55　银行存款日记账

20××年		凭证		摘要	对方科目	收入	支出	结余
月	日	种类	号数					
12	1			期初余额				2 420 000
	1	银付	1	购设备	固定资产等		113 000	2 307 000
				本日合计			113 000	2 307 000
	2	银收	1	收到销货款	主营业务收入等	113 000		2 420 000
				本日合计		113 000		2 420 000
	3	银付	2	购材料	原材料等		57 590	2 362 410
				本日合计			57 590	2 362 410
	7	银付	3	支付宏飞工厂材料款	应付账款		104 440	2 257 970
				本日合计			104 440	2 257 970
	9	银收	2	收到材料销售款	其他业务收入	11 300		2 269 270
				本日合计		11 300		2 269 270
	10	银付	4	交纳增值税	应交税费		50 000	2 219 270
				本日合计			50 000	2 219 270
	11	银付	5	提现	库存现金		3 000	2 216 270
				本日合计			3 000	2 216 270
	13	银收	3	收到大明工厂货款	应收账款	11 500		2 227 770
				本日合计		11 500		2 227 770
	14	银收	4	收到光大工厂预付款	预收账款	100 000		2 327 770
				本日合计		100 000		2 327 770

续表

20××年		凭证		摘要	对方科目	收入	支出	结余
月	日	种类	号数					
	16	银付	6	预付宏太工厂货款	预付账款		10 000	2 317 770
	16	银付	7	付广告费	销售费用		3 000	2 314 770
				本日合计			13 000	2 314 770
	20	银收	5	收到罚款收入	营业外收入	10 000		2 324 770
				本日合计		10 000		2 324 770
	21	银付	8	补付宏太工厂货款	预付账款		12 600	2 312 170
				本日合计			12 600	2 312 170
	25	银付	9	提现	库存现金		80 000	2 232 170
				本日合计			80 000	2 232 170
	26	银付	10	付下年度财产保险费	预付账款		6 000	2 226 170
	26	银付	11	通过希望工程捐赠	营业外支出		8 000	2 218 170
				本日合计			14 000	2 218 170
	28	银收	6	收到光大工厂补付货款	预收账款	126 000		2 344 170
				本日合计		126 000		2 344 170
	31	银付	12	支付办公费、水电费	制造费用等		3 600	2 340 570
	31	银付	13	支付银行借款利息	财务费用等		30 000	2 310 570
				本日合计			33 600	2 310 570
				本月合计		371 800	481 230	2 310 570

（3）根据原始凭证、汇总原始凭证和记账凭证登记明细账。

以下仅通过“原材料——甲材料”“制造费用”明细分类账来说明数量金额式和多栏式明细分类账的登记方法，如表 10－56、表 10－57 所示。由于三栏式明细分类账的登记与总分类账的登记方法相同，这里从略。

表 10－56　原材料明细账

材料编号：（略）　　　　计量单位：吨
材料类别：（略）　　　　最高存量：（略）
材料名称及规格：甲材料　　　　最低存量：（略）

20××年		凭证		摘要	收入			发出			结余		
月	日	种类	号数		数量	单价	金额	数量	单价	金额	数量	单价	金额
12	1			月初余额							25	5 000	125 000
	3	银付	2	购入	10	5 100	51 000				35		176 000
	15	转	5	购入	20	5 050	101 000				55		277 000
	18	转	6	购入	20	5 100	102 000				75		379 000
	31	转	$12\frac{1}{2}$	发出				21	5 000	105 000	54		274 000
				本月发生额及余额	50		254 000	21		105 000	54		274 000

表 10-57　制造费用明细账

20××年		凭证		摘要	工资	物料消耗	财产保险费	折旧费	办公费水电费	合计
月	日	种类	号数							
12	24	转	9	车间管理人员工资	8 000					8 000
	31	转	$12\frac{1}{2}$	车间一般消耗材料		5 000				5 000
	31	银付	12	车间办公费、水电费					1 600	1 600
	31	转	13	车间负担财产保险费			200			200
	31	转	14	车间固定资产折旧				7 680		7 680
	31	转	15	结转制造费用	8 000	5 000	200	7 680	1 600	22 480

（4）根据记账凭证登记总分类账，如表 10-58 至表 10-95 所示。

表 10-58　库存现金

20××年		凭证		摘要	借方	贷方	借或贷	余额
月	日	种类	号数					
12	1			期初余额			借	1 000
	4	现付	1	代垫运杂费		200	借	800
	11	银付	5	提现	3 000		借	3 800
	15	现付	2	付材料运费		1 308	借	2 492
	15	现付	3	李涛预借差旅费		1 500	借	992
	19	现收	1	李涛报销，退回余款	40		借	1 032
	25	银付	9	提现	80 000		借	81 032
	25	现付	4	发放工资		80 000	借	1 032
	31			本月发生额及余额	83 040	83 008	借	1 032

表 10-59　银行存款

20××年		凭证		摘要	借方	贷方	借或贷	余额
月	日	种类	号数					
12	1			期初余额			借	2 420 000
	1	银付	1	购设备等		113 000	借	2 307 000
	2	银收	1	收到光明工厂销货款	113 000		借	2 420 000
	3	银付	2	购甲材料款		57 590	借	2 362 410
	7	银付	3	支付前欠宏飞工厂货款		104 440	借	2 257 970
	9	银收	2	收到材料销售款	11 300		借	2 269 270
	10	银付	4	交纳增值税		50 000	借	2 219 270
	11	银付	5	提现		3 000	借	2 216 270
	13	银收	3	收到大明工厂偿还的货款	11 500		借	2 227 770

续表

20××年		凭证		摘要	借方	贷方	借或贷	余额
月	日	种类	号数					
	14	银收	4	收到光大工厂预付款	100 000		借	2 327 770
	16	银付	6	预付宏太工厂货款		10 000	借	2 317 770
	16	银付	7	支付广告费		3 000	借	2 314 770
	20	银收	5	收到罚款收入	10 000		借	2 324 770
	21	银付	8	补付宏太工厂材料款		12 600	借	2 312 170
	25	银付	9	提现		80 000	借	2 232 170
	26	银付	10	预付下年度财产保险费		6 000	借	2 226 170
	26	银付	11	通过希望工程捐赠		8 000	借	2 218 170
	28	银收	6	收到光大工厂补付货款	126 000		借	2 344 170
	31	银付	12	支付办公费、水电费		3 600	借	2 340 570
	31	银付	13	支付本季度银行借款利息		30 000	借	2 310 570
	31			本月发生额及余额	371 800	481 230	借	2 310 570

表 10-60 应收账款

20××年		凭证		摘要	借方	贷方	借或贷	余额
月	日	种类	号数					
12	1			期初余额			借	1 097 000
	4	转	1	应收大明工厂销货款	11 300		借	1 108 300
	4	现付	1	代大明工厂垫付运费	200		借	1 108 500
	13	银收	3	收到大明工厂货款及运费		11 500	借	1 097 000
	31			本月发生额及余额	11 500	11 500	借	1 097 000

表 10-61 其他应收款

20××年		凭证		摘要	借方	贷方	借或贷	余额
月	日	种类	号数					
12	1			期初余额			借	2 000
	15	现付	3	李涛预借差旅费	1 500		借	3 500
	19	转	7	李涛报销差旅费		1 460	借	2 040
	19	现收	1	收到李涛退回的现金		40	借	2 000
	31	转	18	应收出租固定资产租金	10 000		借	12 000
	31			本月发生额及余额	11 500	1 500	借	12 000

表 10-62　预付账款

20××年		凭证		摘要	借方	贷方	借或贷	余额
月	日	种类	号数					
12	1			期初余额			借	3 000
	16	银付	6	预付宏太工厂材料款	10 000		借	13 000
	20	转	8	收到宏太工厂发来的材料		22 600	贷	9 600
	21	银付	8	补付宏太工厂材料款	12 600		借	3 000
	26	银付	10	支付下年度财产保险费	6 000		借	9 000
	31	转	13	分摊本月的财产保险费		500	借	8 500
	31			本月发生额及余额	28 600	23 100	借	8 500

表 10-63　应收票据

20××年		凭证		摘要	借方	贷方	借或贷	余额
月	日	种类	号数					
12	27	转	11	收到大阳工厂的商业汇票	101 700		借	101 700
	31			本月发生额及余额	101 700		借	101 700

表 10-64　在途物资

20××年		凭证		摘要	借方	贷方	借或贷	余额
月	日	种类	号数					
12	12	转	4	向宏顺工厂购原材料	120 000		借	120 000
	15	现付	2	支付材料的运费	1 200		借	121 200
	15	转	5	材料入库		121 200	平	0
	31			本月发生额及余额	121 200	121 200	平	0

表 10-65　原材料

20××年		凭证		摘要	借方	贷方	借或贷	余额
月	日	种类	号数					
12	1			期初余额			借	400 000
	3	银付	2	购入甲材料	51 000		借	451 000
	5	转	2	从宏达工厂购入乙材料	30 000		借	481 000
	9	转	3	结转已售乙材料成本		9 000	借	472 000
	15	转	5	从宏顺工厂购入材料	121 200		借	593 200
	18	转	6	从宏远工厂购入甲材料	102 000		借	695 200
	20	转	8	从宏太工厂购入丙材料	20 000		借	715 200
	31	转	$12\frac{1}{2}$	生产产品及车间一般耗用		121 000	借	594 200

续表

20××年		凭证		摘要	借方	贷方	借或贷	余额
月	日	种类	号数					
	31	转	$12\frac{2}{2}$	管理部门耗用材料		2 000	借	592 200
	31			本月发生额及余额	324 200	132 000	借	592 200

表 10-66 库存商品

20××年		凭证		摘要	借方	贷方	借或贷	余额
月	日	种类	号数					
12	1			期初余额			借	350 000
	31	转	16	A产品完工入库	129 488		借	479 488
	31	转	17	结转 A、B 产品销售成本		244 000	借	235 488
	31			本月发生额及余额	129 488	244 000	借	235 488

表 10-67 固定资产

20××年		凭证		摘要	借方	贷方	借或贷	余额
月	日	种类	号数					
12	1			期初余额			借	3 900 000
	1	银付	1	购入设备	100 000		借	4 000 000
	31			本月发生额及余额	100 000		借	4 000 000

表 10-68 累计折旧

20××年		凭证		摘要	借方	贷方	借或贷	余额
月	日	种类	号数					
12	1			期初余额			贷	200 000
	31	转	14	计提固定资产折旧		8 840	贷	208 840
	31	转	19	计提出租固定资产折旧		4 000	贷	212 840
	31			本月发生额及余额		12 840	贷	212 840

表 10-69 无形资产

20××年		凭证		摘要	借方	贷方	借或贷	余额
月	日	种类	号数					
12	1			期初余额			借	300 000
	31			本月发生额及余额			借	300 000

表 10-70 短期借款

20××年		凭证		摘要	借方	贷方	借或贷	余额
月	日	种类	号数					
12	1			期初余额			贷	200 000
	31			本月发生额及余额			贷	200 000

表 10-71 应付票据

20××年		凭证		摘要	借方	贷方	借或贷	余额
月	日	种类	号数					
12	18	转	6	开出商业汇票支付材料款		115 260	贷	115 260
	31			本月发生额及余额		115 260	贷	115 260

表 10-72 应付账款

20××年		凭证		摘要	借方	贷方	借或贷	余额
月	日	种类	号数					
12	1			期初余额			贷	800 000
	5	转	2	向宏达工厂购乙材料		33 900	贷	833 900
	7	银付	3	支付前欠宏飞工厂货款	104 440		贷	729 460
	12	转	4	向宏顺工厂购原材料		135 600	贷	865 060
	31			本月发生额及余额	104 440	169 500	贷	865 060

表 10-73 预收账款

20××年		凭证		摘要	借方	贷方	借或贷	余额
月	日	种类	号数					
12	14	银收	4	预收光大工厂货款		100 000	贷	100 000
	24	转	10	向光大工厂发货	226 000		借	126 000
	28	银收	6	收到光大工厂补付货款		126 000	平	0
	31			本月发生额及余额	226 000	226 000	平	0

表 10-74 应付职工薪酬

20××年		凭证		摘要	借方	贷方	借或贷	余额
月	日	种类	号数					
12	24	转	9	结算本月应付工资		80 000	贷	80 000
	25	现付	4	以现金发放工资	80 000		平	0
	31			本月发生额及余额	80 000	80 000	平	0

表 10-75 应付利息

20××年		凭证		摘要	借方	贷方	借或贷	余额
月	日	种类	号数					
12	1			期初余额			贷	20 000
	31	银付	13	支付银行借款利息	20 000		平	0
	31			本月发生额及余额	20 000		平	0

表 10-76 应付股利

20××年		凭证		摘要	借方	贷方	借或贷	余额
月	日	种类	号数					
12	31	转	26	向投资者分配股利		110 924	贷	110 924
	31			本月发生额及余额		110 924	贷	110 924

表 10-77 应交税费

20××年		凭证		摘要	借方	贷方	借或贷	余额
月	日	种类	号数					
12	1			期初余额			贷	53 000
	1	银付	1	购入设备	13 000		贷	40 000
	2	银收	1	销售产品销项税		13 000	贷	53 000
	3	银付	2	购进材料进项税	6 590		贷	46 410
	4	转	1	销售产品销项税		1 300	贷	47 710
	5	转	2	购入材料进项税	3 900		贷	43 810
	9	银收	2	销售材料销项税		1 300	贷	45 110
	10	银付	4	交纳增值税	50 000		借	4 890
	12	转	4	购入材料进项税	13 260		借	18 150
	15	现付	2	购入材料运费进项税	108		借	18 258
	18	转	6	购入材料进项税	15 600		借	33 858
	20	转	8	购入材料进项税	2 600		借	36 458
	24	转	10	销售产品销项税		26 000	借	10 458
	27	转	11	销售产品销项税		11 700	贷	1 242
	31	转	20	计算应交消费税		20 000	贷	21 242
	31	转	21	计算所得税费用		25 770	贷	47 012
	31			本月发生额及余额	105 058	99 070	贷	47 012

表 10-78 长期借款

20××年		凭证		摘要	借方	贷方	借或贷	余额
月	日	种类	号数					
12	1			期初余额			贷	1 000 000
	31			本月发生额及余额			贷	1 000 000

表 10-79 实收资本

20××年		凭证		摘要	借方	贷方	借或贷	余额
月	日	种类	号数					
12	1			期初余额			贷	6 000 000
	31			本月发生额及余额			贷	6 000 000

表 10-80　盈余公积

20××年		凭证		摘要	借方	贷方	借或贷	余额
月	日	种类	号数					
12	31	转	25	提取盈余公积金		83 193	贷	83 193
	31			本月发生额及余额		83 193	贷	83 193

表 10-81　生产成本

20××年		凭证		摘要	借方	贷方	借或贷	余额
月	日	种类	号数					
12	24	转	9	计算并结转本月应付工资	50 000		借	50 000
	31	转	$12\frac{1}{2}$	生产领用材料	116 000		借	166 000
	31	转	15	分配制造费用	22 480		借	188 480
	31	转	16	产品完工结转其生产成本		129 488	借	58 992
	31			本月发生额及余额	188 480	129 488	借	58 992

表 10-82　制造费用

20××年		凭证		摘要	借方	贷方	借或贷	余额
月	日	种类	号数					
12	24	转	9	车间管理人员工资	8 000		借	8 000
	31	转	$12\frac{1}{2}$	车间一般消耗材料	5 000		借	13 000
	31	银付	12	车间办公费、水电费	1 600		借	14 600
	31	转	13	车间负担的财产保险费	200		借	14 800
	31	转	14	车间固定资产折旧	7 680		借	22 480
	31	转	15	分配并结转制造费用		22 480	平	0
	31			本月发生额及余额	22 480	22 480	平	0

表 10-83　主营业务收入

20××年		凭证		摘要	借方	贷方	借或贷	余额
月	日	种类	号数					
12	2	银收	1	销售产品给光明工厂		100 000	贷	100 000
	4	转	1	销售产品给大明工厂		10 000	贷	110 000
	24	转	10	销售产品给光大工厂		200 000	贷	310 000
	27	转	11	销售产品给大阳工厂		90 000	贷	400 000
	31	转	22	结转本年利润	400 000		平	0
	31			本月发生额及余额	400 000	400 000	平	0

表 10－84 其他业务收入

20××年		凭证		摘要	借方	贷方	借或贷	余额
月	日	种类	号数					
12	9	银收	2	销售材料一批		10 000	贷	10 000
	31	转	18	出租固定资产租金		10 000	贷	20 000
	31	转	22	结转本年利润	20 000		平	0
	31			本月发生额及余额	20 000	20 000	平	0

表 10－85 营业外收入

20××年		凭证		摘要	借方	贷方	借或贷	余额
月	日	种类	号数					
12	20	银收	5	供货方违约罚款收入		10 000	贷	10 000
	31	转	22	结转本年利润	10 000		平	0
	31			本月发生额及余额	10 000	10 000	平	0

表 10－86 主营业务成本

20××年		凭证		摘要	借方	贷方	借或贷	余额
月	日	种类	号数					
12	31	转	17	结转已销产品成本	244 000		借	244 000
	31	转	$23\frac{1}{2}$	结转本年利润		244 000	平	0
	31			本月发生额及余额	244 000	244 000	平	0

表 10－87 税金及附加

20××年		凭证		摘要	借方	贷方	借或贷	余额
月	日	种类	号数					
12	31	转	20	销售产品应交消费税	20 000		贷	20 000
	31	转	$23\frac{1}{2}$	结转本年利润		20 000	平	0
	31			本月发生额及余额	20 000	20 000	平	0

表 10－88 管理费用

20××年		凭证		摘要	借方	贷方	借或贷	余额
月	日	种类	号数					
12	19	转	7	李涛报销差旅费	1 460		借	1 460
	24	转	9	管理人员工资	22 000		借	23 460

续表

20××年		凭证		摘要	借方	贷方	借或贷	余额
月	日	种类	号数					
	31	转	$12\frac{2}{2}$	管理部门耗用材料	2 000		借	25 460
	31	银付	12	管理部门办公费、水电费	2 000		借	27 460
	31	转	13	管理部门财产保险费	300		借	27 760
	31	转	14	管理部门固定资产折旧	1 160		借	28 920
	31	转	$23\frac{2}{2}$	结转本年利润		28 920	平	0
	31			本月发生额及余额	28 920	28 920	平	0

表 10-89　财务费用

20××年		凭证		摘要	借方	贷方	借或贷	余额
月	日	种类	号数					
12	31	银付	13	本月银行借款利息	10 000		借	10 000
	31	转	$23\frac{2}{2}$	结转本年利润		10 000	平	0
	31			本月发生额及余额	10 000	10 000	平	0

表 10-90　销售费用

20××年		凭证		摘要	借方	贷方	借或贷	余额
月	日	种类	号数					
12	16	银付	7	支付广告费	3 000		借	3 000
	31	转	$23\frac{1}{2}$	结转本年利润		3 000	平	0
	31			本月发生额及余额	3 000	3 000	平	0

表 10-91　其他业务成本

20××年		凭证		摘要	借方	贷方	借或贷	余额
月	日	种类	号数					
12	9	转	3	结转已售材料成本	9 000		借	9 000
	31	转	19	出租固定资产的折旧费	4 000		借	13 000
	31	转	$23\frac{1}{2}$	结转本年利润		13 000	平	0
	31			本月发生额及余额	13 000	13 000	平	0

表 10－92　营业外支出

20××年		凭证		摘要	借方	贷方	借或贷	余额
月	日	种类	号数					
12	26	银付	11	通过希望工程基金会捐款	8 000		借	8 000
	31	转	$23\frac{2}{2}$	结转本年利润		8 000	平	0
	31			本月发生额及余额	8 000	8 000	平	0

表 10－93　所得税费用

20××年		凭证		摘要	借方	贷方	借或贷	余额
月	日	种类	号数					
12	31	转	21	计算所得税费用	25 770		借	25 770
	31	转	$23\frac{2}{2}$	结转本年利润		25 770	平	0
	31			本月发生额及余额	25 770	25 770	平	0

表 10－94　本年利润

20××年		凭证		摘要	借方	贷方	借或贷	余额
月	日	种类	号数					
12	1			期初余额			贷	200 000
	31	转	22	结转收入		430 000	贷	630 000
	31	转	$23\frac{1}{2}$	结转费用	280 000		贷	350 000
	31	转	$23\frac{2}{2}$	结转费用	72 690		贷	277 310
	31	转	24	结转全年净利润	277 310		平	0
	31			本月发生额及余额	630 000	430 000	平	0

表 10－95　利润分配

20××年		凭证		摘要	借方	贷方	借或贷	余额
月	日	种类	号数					
12	31	转	24	结转全年净利润		277 310	贷	277 310
	31	转	25	提取盈余公积金	83 193		贷	194 117
	31	转	26	向投资者分配现金股利	110 924		贷	83 193
	31	转	27	结转全年已分配利润	194 117	194 117	贷	83 193
	31			本月发生额及余额	388 234	471 427	贷	83 193

（5）将总分类账与所属明细分类账核对，将库存现金日记账、银行存款日记账与总分类账核对，并编制总分类账本期发生额及余额试算平衡表，见表 4－9。

（6）根据总分类账和明细分类账的记录编制财务报表，见表 9－2、表 9－4。

五、记账凭证账务处理程序的优缺点和适用范围

记账凭证账务处理程序的优点是总分类账直接根据记账凭证登记，记账程序简单明了，易于理解；总分类账记录可以详细反映经济业务，便于看账、用账和查账。但是，由于总分类账根据记账凭证逐笔登记，登记总分类账的工作量较大，因而这种账务处理程序适用于规模较小、经济业务比较简单的单位。

⇨ 同步思考

为什么说记账凭证账务处理程序是最基本的账务处理程序？

第三节　科目汇总表账务处理程序

一、科目汇总表账务处理程序的概念

科目汇总表账务处理程序是根据记账凭证定期编制科目汇总表，再根据科目汇总表登记总分类账的一种账务处理程序。

二、科目汇总表账务处理程序的特点

科目汇总表账务处理程序的特点是定期将所有的记账凭证按会计科目汇总编制成科目汇总表，然后再根据科目汇总表登记总分类账。

科目汇总表账务处理程序下，记账凭证可采用通用格式，也可采用专用格式。同时应设置科目汇总表，用于按会计科目定期汇总。总分类账也采用借、贷、余三栏式，但不设"对方科目"专栏，因为科目汇总表中不能反映账户之间的对应关系。总分类账可按每月编制科目汇总表的次数分次登记，也可以月末一次登记。

三、科目汇总表的编制方法

科目汇总表是将一定时期内所有总分类科目的本期借方发生额、贷方发生额进行汇总，编制而成的汇总表。科目汇总表一般是每月汇总一次，业务量大的单位也可以按旬汇总，每月编制一张科目汇总表。

科目汇总表的编制方法是：将一定时期内的全部记账凭证按照相同科目归类，汇总计算出每一科目的本期借方发生额合计数、贷方发生额合计数，填入科目汇总表，根据借贷记账法的记账规则，全部科目的借方发生额合计数应与贷方发生额合计数相等。为了便于编制科目汇总表，使得在分别汇总计算其借方和贷方发生额时不易发生差错，平时填制记账凭证时应尽可能使账户的对应关系保持"一借一贷"，避免"一借多贷""一贷多借""多借多贷"。

四、科目汇总表账务处理程序的步骤

（1）根据原始凭证或原始凭证汇总表编制记账凭证。

（2）根据收款凭证、付款凭证逐笔序时地登记现金日记账和银行存款日记账。

（3）根据原始凭证或汇总原始凭证和记账凭证登记各种明细分类账。

（4）根据记账凭证定期编制科目汇总表。

（5）根据科目汇总表登记总分类账。

（6）期末，将库存现金日记账、银行存款日记账、各种明细分类账的余额与有关总分类账的余额核对相符。

（7）期末，根据总分类账和明细分类账的记录编制财务报表。

科目汇总表账务处理程序如图 10－2 所示。

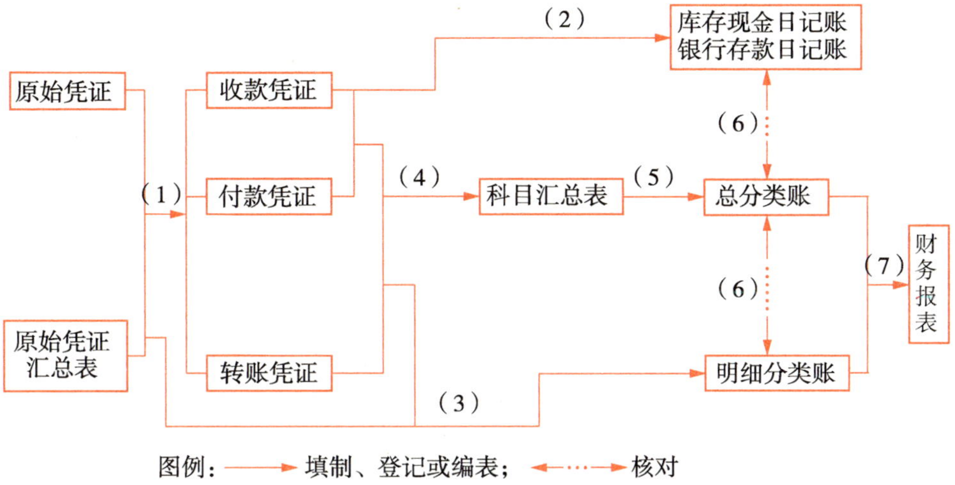

图 10－2　科目汇总表账务处理程序

五、科目汇总表账务处理程序举例

【例 10－2】 沿用【例 10－1】的会计资料，假设新华工厂采用科目汇总表账务处理程序，会计核算过程如下：

（1）编制记账凭证、登记库存现金和银行存款日记账及明细分类账的处理程序，与记账凭证账务处理程序相同。

（2）根据记账凭证编制科目汇总表，如表 10－96 所示。

表 10－96　科目汇总表

20××年 12 月

会计科目	本月合计	
	借方	贷方
库存现金	83 040	83 008
银行存款	371 800	481 230
应收账款	11 500	11 500
其他应收款	11 500	1 500
应收票据	101 700	
预付账款	28 600	23 100
原材料	324 200	132 000
在途物资	121 200	121 200

续表

会计科目	本月合计	
	借方	贷方
库存商品	129 488	244 000
固定资产	100 000	
累计折旧		12 840
无形资产		
短期借款		
应付账款	104 440	169 500
应付票据		115 260
预收账款	226 000	226 000
应付职工薪酬	80 000	80 000
应交税费	105 058	99 070
应付利息	20 000	
应付股利		110 924
长期借款		
实收资本		
盈余公积		83 193
本年利润	630 000	430 000
利润分配	388 234	471 427
生产成本	188 480	129 488
制造费用	22 480	22 480
主营业务收入	400 000	400 000
其他业务收入	20 000	20 000
营业外收入	10 000	10 000
主营业务成本	244 000	244 000
税金及附加	20 000	20 000
其他业务成本	13 000	13 000
营业外支出	8 000	8 000
管理费用	28 920	28 920
财务费用	10 000	10 000
销售费用	3 000	3 000
所得税费用	25 770	25 770
合计	3 830 410	3 830 410

（3）根据科目汇总表登记总分类账，仅以“银行存款”和“应付账款”总分类账户为例，其余账户从略，见表 10－97、表 10－98。

（4）核对会计账目和编制财务报表的方法与记账凭证账务处理程序相同，这里不再赘述。

六、科目汇总表账务处理程序的优缺点和适用范围

科目汇总表账务处理程序的优点是根据科目汇总表登记总分类账，可以大大减轻登记

总分类账的工作量；通过编制科目汇总表，可以进行试算平衡，及时发现错误，从而保证记账工作的质量；通过编制科目汇总表，平时可以按期进行汇总，既有利于为企业管理及时提供信息，又可均衡日常会计核算工作；科目汇总表的编制方法也比较简单，容易掌握。它的缺点是按照相同科目归类编制的科目汇总表只反映各科目的借方本期发生额和贷方本期发生额，不能反映账户的对应关系，不便于查对账目。

科目汇总表账务处理程序一般适用于规模大、经济业务较多的单位。

表 10-97 银行存款

20××年		凭证		摘要	借方	贷方	借或贷	余额
月	日	种类	号数					
12	1			期初余额			借	2 420 000
	31	科汇	1	本月发生额及余额	371 800	481 230	借	2 310 570

表 10-98 应付账款

20××年		凭证		摘要	借方	贷方	借或贷	余额
月	日	种类	号数					
12	1			期初余额			贷	800 000
	31	科汇	1	本月发生额及余额	104 440	169 500	贷	865 060

⇨ 同步思考

请以原材料总账账户登记为例，分析科目汇总表账务处理程序比记账凭证账务处理程序好在哪里。

第四节 汇总记账凭证账务处理程序

一、汇总记账凭证账务处理程序的概念

汇总记账凭证账务处理程序是根据记账凭证分类编制汇总收款凭证、汇总付款凭证和汇总转账凭证，然后根据各类汇总记账凭证登记总分类账的一种账务处理程序。

二、汇总记账凭证账务处理程序的特点

汇总记账凭证账务处理程序的特点是定期将全部记账凭证按收、付款凭证和转账凭证分别归类汇总编制成汇总记账凭证，然后再根据汇总记账凭证登记总分类账。

汇总记账凭证账务处理程序下，记账凭证一般采用专用格式。同时，还须分别设置汇总收款凭证、汇总付款凭证和汇总转账凭证。对于转账业务不多的企业，也可只设置汇总收款凭证和汇总付款凭证，分别汇总收款凭证和付款凭证，而转账凭证则不需汇总。

该账务处理程序下的账簿组织与记账凭证账务处理程序下的账簿组织基本相同。

三、汇总记账凭证的编制方法与总分类账的登记方法

（一）汇总记账凭证的编制方法

（1）汇总收款凭证是指按“库存现金”和“银行存款”科目的借方分别设置编制而成的一种汇总记账凭证。它汇总了一定时期内库存现金和银行存款的收款业务。

汇总收款凭证的编制方法是：将一定时期内全部库存现金和银行存款收款凭证，分别按其对应的贷方科目进行归类，计算出每一贷方科目发生额合计数，填入汇总收款凭证。一般可 5 天、10 天或 15 天汇总一次，月终计算出合计数，据以登记总分类账。

（2）汇总付款凭证是指按“库存现金”和“银行存款”科目的贷方分别设置编制而成的一种汇总记账凭证。它汇总了一定时期内库存现金和银行存款的付款业务。

汇总付款凭证的编制方法是：将一定时期内全部库存现金和银行存款付款凭证，分别按其对应的借方科目进行归类，计算出每一借方科目发生额合计数，填入汇总付款凭证中。一般可 5 天、10 天或 15 天汇总一次，月终计算出合计数，据以登记总分类账。

（3）汇总转账凭证是指按转账凭证中贷方科目分别设置，用来汇总一定时期内转账业务的一种汇总记账凭证。

汇总转账凭证的编制方法是：将一定时期内全部转账凭证按照每一账户的贷方设置并按其对应的借方科目进行归类，计算出每一借方科目发生额的合计数，填入汇总转账凭证。为了便于填制汇总转账凭证，平时填制转账凭证时，应尽可能使账户的对应关系保持“一借一贷”或“一贷多借”，避免“一借多贷”或“多借多贷”。

（二）总分类账的登记方法

总分类账的登记在月终进行，根据汇总收款凭证的合计数，记入总分类账“库存现金”和“银行存款”账户的借方以及有关账户的贷方；根据汇总付款凭证的合计数，记入总分类账“库存现金”和“银行存款”账户的贷方以及有关账户的借方；根据汇总转账凭证的合计数，记入有关总分类账户的贷方和借方。

四、汇总记账凭证账务处理程序的步骤

（1）根据原始凭证或汇总原始凭证编制记账凭证。

（2）根据收款凭证、付款凭证逐笔序时地登记库存现金日记账和银行存款日记账。

（3）根据原始凭证或汇总原始凭证和记账凭证登记各种明细分类账。

（4）根据记账凭证定期编制汇总记账凭证。

（5）根据汇总记账凭证登记总分类账。

（6）期末，将库存现金日记账、银行存款日记账、各种明细分类账的余额与有关总分类账的余额核对相符。

（7）期末，根据总分类账和明细分类账的记录编制财务报表。

汇总记账凭证账务处理程序如图 10 - 3 所示。

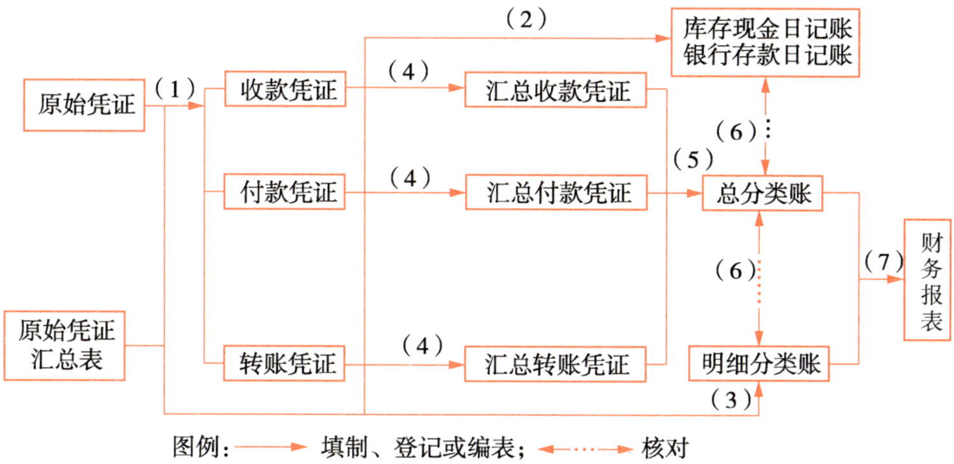

图 10-3 汇总记账凭证账务处理程序

五、汇总记账凭证账务处理程序举例

【例 10-3】 仍沿用【例 10-1】的资料，限于篇幅，仅以“银行存款”“应付账款”总分类账登记为例，说明汇总记账凭证账务处理程序的特点。

(1) 编制记账凭证、登记库存现金和银行存款日记账以及登记明细分类账的处理与记账凭证账务处理程序相同，不再赘述。

(2) 编制汇总收款凭证、汇总付款凭证和汇总转账凭证，见表 10-99 至表 10-101。

表 10-99 汇总收款凭证

借方科目：银行存款　　20××年 12 月　　汇收第 1 号

贷方科目	金额				总账页数	
	1 日—10 日 收款凭证 第 1 号至第 2 号	11 日—20 日 收款凭证 第 3 号至第 5 号	21 日—31 日 收款凭证 第 6 号至第 6 号	合计	借方	贷方
主营业务收入	100 000			100 000		
应交税费	14 300			14 300		
其他业务收入	10 000			10 000		
应收账款		11 500		11 500		
预收账款		100 000	126 000	226 000		
营业外收入		10 000		10 000		
合计	124 300	121 500	126 000	371 800		

表 10-100 汇总付款凭证

贷方科目：银行存款　　20××年 12 月　　汇付第 1 号

借方科目	金额				总账页数	
	1 日—10 日 付款凭证 第 1 号至第 4 号	11 日—20 日 付款凭证 第 5 号至第 7 号	21 日—31 日 付款凭证 第 8 号至第 13 号	合计	借方	贷方
固定资产	100 000			100 000		

续表

借方科目	金额				总账页数	
	1日—10日 付款凭证 第1号至第4号	11日—20日 付款凭证 第5号至第7号	21日—31日 付款凭证 第8号至第13号	合计	借方	贷方
原材料	51 000			51 000		
应交税费	69 590			69 590		
应付账款	104 440			104 440		
库存现金		3 000	80 000	83 000		
预付账款		10 000	18 600	28 600		
销售费用		3 000		3 000		
营业外支出			8 000	8 000		
制造费用			1 600	1 600		
管理费用			2 000	2 000		
财务费用			10 000	10 000		
应付利息			20 000	20 000		
合计	325 030	16 000	140 200	481 230		

表 10-101　汇总转账凭证

贷方科目：应付账款　　20××年12月　　汇转第1号

借方科目	金额				总账页数	
	1日—10日 转账凭证 第2号至第2号	11日—20日 转账凭证 第4号至第4号	21日—31日 转账凭证 第9号至第27号	合计	借方	贷方
原材料	30 000			30 000		
应交税费	3 900	15 600		19 500		
在途物资		120 000		120 000		
合计	33 900	135 600		169 500		

（3）根据汇总收款凭证、汇总付款凭证和汇总转账凭证登记银行存款和应付账款总分类账，如表10-102、表10-103所示。其余总分类账户的登记从略。

表 10-102　银行存款

20××年		凭证		摘要	对方科目	借方金额	贷方金额	借或贷	余额
月	日	字	号						
12	1			期初余额				借	2 420 000
	31	汇收	1		主营业务收入	100 000			
		汇收	1		应交税费	14 300			
		汇收	1		其他业务收入	10 000			
		汇收	1		应收账款	11 500			
		汇收	1		预收账款	226 000			
		汇收	1		营业外收入	10 000			

续表

20××年		凭证		摘要	对方科目	借方金额	贷方金额	借或贷	余额
月	日	字	号						
	31	汇付	1		固定资产		100 000		
		汇付	1		原材料		51 000		
		汇付	1		应交税费		69 590		
		汇付	1		应付账款		104 440		
		汇付	1		库存现金		83 000		
		汇付	1		预付账款		28 600		
		汇付	1		销售费用		3 000		
		汇付	1		营业外支出		8 000		
		汇付	1		制造费用		1 600		
		汇付	1		管理费用		2 000		
		汇付	1		财务费用		10 000		
		汇付	1		应付利息		20 000		
				本月发生额及余额		371 800	481 230	借	2 310 570

表 10-103　应付账款

20××年		凭证		摘要	对方科目	借方金额	贷方金额	借或贷	余额
月	日	字	号						
12	1			期初余额				贷	800 000
	31	汇付	1		银行存款	104 440			
	31	汇转	1		原材料		30 000		
		汇转	1		应交税费		19 500		
		汇转	1		在途物资		120 000		
				本月发生额及余额		104 440	169 500	贷	865 060

（4）核对账目和编制财务报表的方法与记账凭证账务处理程序相同，这里不再赘述。

六、汇总记账凭证账务处理程序的优缺点和适用范围

汇总记账凭证账务处理程序的优点有：由于汇总记账凭证是根据一定时期内的全部记账凭证，按照账户对应关系进行归类、汇总编制的，因此便于了解账户之间的对应关系，了解经济业务的来龙去脉，也便于查对账目；总分类账是根据汇总记账凭证于月终一次入账，减少了登记总分类账的工作量。它的缺点是由于汇总转账凭证按每一贷方科目而不是按业务性质归类汇总，因而不利于会计核算的日常分工；另外，当转账凭证较多时，编制汇总转账凭证的工作量也比较大。

汇总记账凭证账务处理程序一般适用于规模较大、经济业务较多的单位。

同步思考

请以银行存款账户为例，分析科目汇总表账务处理程序与汇总记账凭证账务处理程序在登记总分类账时有哪些不同之处。

贴心提示

企业采用的账务处理程序可以变化吗？

账务处理程序有多种，企业应该选择适合本单位的账务处理程序。如一家公司开始规模较小，注册资本只有人民币 50 万元，主要从事商品批发与零售业务，会计上选择采用了记账凭证账务处理程序。公司后来业务发展很快，注册资本增加到人民币1 000 万元，每年销售额达到 1 亿元，这时如果还采用记账凭证账务处理程序就不合适了，因为根据记账凭证登记总账的工作量太大，可以变化为采用汇总记账凭证账务处理程序或科目汇总表账务处理程序组织单位的会计核算工作。

自测题十

一、单项选择题

1. 下列账务处理程序中，（　　）按记账凭证直接登记总分类账。

A. 记账凭证账务处理程序　　B. 汇总记账凭证账务处理程序

C. 科目汇总表账务处理程序　　D. 日记总账账务处理程序

2. 一般说来，规模不大、经营业务比较简单的企业适用（　　）。

A. 记账凭证账务处理程序　　B. 汇总记账凭证账务处理程序

C. 科目汇总表账务处理程序　　D. 日记总账账务处理程序

3. 各种账务处理程序的主要区别在于（　　）。

A. 登记明细分类账的依据不同　　B. 登记总分类账的依据不同

C. 凭证组织不同　　D. 账簿组织不同

4. 关于汇总记账凭证账务处理程序，下列说法正确的有（　　）。

A. 汇总付款凭证按库存现金、银行存款账户的借方设置，并按其对应的贷方账户归类汇总

B. 汇总收款凭证按库存现金、银行存款账户的贷方设置，并按其对应的借方账户归类汇总

C. 能反映账户之间的对应关系

D. 能起到试算平衡的作用

5. 关于科目汇总表账务处理程序，下列说法正确的有（　　）。

A. 登记总账的直接依据是记账凭证

B. 登记总分类账的直接依据是科目汇总表

C. 编制财务报表的直接依据是科目汇总表

D. 与记账凭证账务处理程序相比较，增加了一道编制汇总记账凭证的程序

6. 在各种不同账务处理程序中，不能作为登记总账依据的是（　　）。

A. 记账凭证　　B. 汇总记账凭证

C. 汇总原始凭证　　D. 科目汇总表

7. 根据科目汇总表登记总账，在简化登记总账工作的同时也起到了（　　）的作用。

A. 简化报表的编制　　B. 反映账户对应关系

C. 简化明细账工作　　D. 发生额试算平衡

8. 财务报表是根据（　　）资料编制的。

A. 日记账、总账和明细账　　B. 日记账和明细分类账

C. 明细账和总分类账　　D. 日记账和总分类账

9. 汇总记账凭证账务处理程序与科目汇总表账务处理程序的相同点是（　　）。

A. 登记总账的依据相同　　B. 记账凭证的汇总方法相同

C. 保持了账户间的对应关系　　D. 简化了登记总分类账的工作量

10. 科目汇总表定期汇总的是（　　）。

A. 每一账户的本期借方发生额　　B. 每一账户的本期贷方发生额

C. 每一账户的本期借、贷方发生额　　D. 每一账户的本期借、贷方余额

11. 汇总转账凭证是按（　　）科目设置的。

A. 借方　　B. 贷方

C. 借方或贷方　　D. 借方和贷方

12. 汇总收款凭证的借方科目可能是（　　）。

A. 库存现金或银行存款　　B. 生产成本或制造费用

C. 固定资产或无形资产　　D. 短期借款或长期借款

13. 关于汇总记账凭证，下列表述正确的是（　　）。

A. 汇总记账凭证是一种原始凭证

B. 汇总记账凭证能起到试算平衡的作用

C. 汇总记账凭证反映了账户之间的对应关系

D. 汇总记账凭证可以详细反映经济业务的发生情况

14. 编制科目汇总表的直接依据是（　　）。

A. 原始凭证　　B. 汇总原始凭证

C. 记账凭证　　D. 汇总记账凭证

15. 账务处理程序的核心是（　　）。

A. 凭证组织　　B. 账簿组织　　C. 记账程序　　D. 报表组织

二、多项选择题

1. 记账凭证账务处理程序中记账凭证可采用（　　）。

A. 收款凭证　　B. 付款凭证　　C. 转账凭证　　D. 汇总转账凭证

2. 科目汇总表账务处理程序的特点有（　　）。

A. 根据记账凭证定期编制汇总记账凭证

B. 根据记账凭证按相同的科目定期归类汇总编制科目汇总表

C. 根据汇总记账凭证登记总账

D. 根据科目汇总表登记总分类账

3. 为了便于填制汇总转账凭证，平时填制转账凭证时，应尽可能使账户的对应关系保持（　　）。

A. 一借一贷　　B. 一借多贷　　C. 一贷多借　　D. 多借多贷

4. 为便于科目汇总表的编制，平时填制记账凭证时，应尽可能避免（　　）的账户对应关系。

A. 一借一贷　　B. 一借多贷　　C. 一贷多借　　D. 多借多贷

5. 各种账务处理程序的相同之处有（　　）。

A. 编制记账凭证的直接依据相同

B. 编制财务报表的直接依据相同

C. 登记总分类账簿的直接依据相同

D. 登记明细分类账簿的直接依据相同

6. 汇总记账凭证的编制应遵循下列原则（　　）。

A. 汇总收款凭证按库存现金、银行存款账户的借方设置，并按其对应的贷方账户归类汇总

B. 汇总付款凭证按库存现金、银行存款账户的贷方设置，并按其对应的借方账户归类汇总

C. 汇总转账凭证应当按照每一账户的贷方分别设置，并按其对应的借方账户归类汇总

D. 汇总转账凭证在转账业务不多的单位也可以不编制

7. 记账凭证账务处理程序、汇总记账凭证账务处理程序和科目汇总表账务处理程序应共同遵循的程序有（　　）。

A. 根据原始凭证、汇总原始凭证和记账凭证登记各种明细分类账

B. 根据记账凭证逐笔登记总分类账

C. 期末，库存现金日记账、银行存款日记账和明细分类账的余额与有关总分类账的余额核对相符

D. 根据总分类账和明细分类账的记录编制报表

8. 下列项目可以根据记账凭证汇总编制的有（　　）。

A. 科目汇总表　　B. 汇总付款凭证

C. 发出材料汇总表　　D. 汇总转账凭证

9. 适用于生产经营规模较大、业务较多的企业的账务处理程序是（　　）。

A. 记账凭证账务处理程序　　B. 科目汇总表账务处理程序

C. 汇总记账凭证账务处理程序　　D. 日记账账务处理程序

10. 各种账务处理程序下，登记明细账的依据可能有（　　）。

A. 原始凭证　　B. 汇总原始凭证

C. 记账凭证　　D. 汇总记账凭证

11. 在不同的账务处理程序下，登记总账的依据可以是（　　）。

A. 记账凭证　　B. 汇总记账凭证
C. 科目汇总表　　D. 汇总原始凭证

12. 不论哪种账务处理程序，在编制财务报表之前都要进行的对账工作是（　　）。
A. 库存现金日记账与总分类账核对
B. 银行存款日记账与总分类账核对
C. 明细分类账与总分类账核对
D. 总分类账之间核对

13. 下列关于科目汇总表账务处理程序的优点有（　　）。
A. 反映内容详细　　B. 简化总分类账登记
C. 便于试算平衡　　D. 能反映账户对应关系

14. 账务处理程序是指（　　）相结合的方式。
A. 会计凭证　　B. 会计账簿
C. 会计科目　　D. 财务报表

三、判断题

1. 账务处理程序就是登记总账的程序。（　　）
2. 账务处理程序的核心是账簿组织。（　　）
3. 汇总记账凭证既能够反映账户之间的对应关系，又能对一定期间所有账户的发生额起到试算平衡的作用。（　　）
4. 记账凭证账务处理程序可以简化总账的登记工作。（　　）
5. 在编制科目汇总表时，为了便于科目归类汇总，一般要求记账凭证中的科目对应关系保持“一借一贷”。（　　）
6. 汇总记账凭证一律按每一账户的贷方设置，并按其对应的借方账户汇总。（　　）
7. 科目汇总表不能反映账户的对应关系。（　　）
8. 企业不论采用哪种账务处理程序，都必须设置日记账、明细分类账和总分类账。（　　）
9. 原始凭证可以作为登记各种账簿的直接依据。（　　）
10. 汇总记账凭证和科目汇总表编制的依据和方法相同。（　　）
11. 采用科目汇总表账务处理程序，总账、明细账和日记账都应根据科目汇总表登记。（　　）
12. 各种账务处理程序的共同点之一是编制报表的依据相同。（　　）
13. 记账凭证账务处理程序的主要特点是将记账凭证分为收款凭证、付款凭证和转账凭证三种记账凭证。（　　）
14. 汇总记账凭证账务处理程序就是将各种原始凭证汇总后编制记账凭证，据以登记总账。（　　）

四、简答题

1. 各种账务处理程序的主要区别是什么？
2. 简述记账凭证账务处理程序的优缺点和适用范围。
3. 简述科目汇总表账务处理程序的优缺点和适用范围。

4. 科目汇总表账务处理程序下如何登记总分类账？

5. 简述汇总记账凭证账务处理程序的优缺点和适用范围。

6. 怎样编制各种汇总记账凭证？汇总记账凭证账务处理程序下如何登记总分类账？

五、综合业务题

习题一

目的：掌握记账凭证账务处理程序的运用。

资料：沿用自测题四综合业务题习题二至六的资料。

要求：根据上述资料编制有关记账凭证、登记库存现金和银行存款日记账、明细分类账和总分类账。

习题二

目的：掌握科目汇总表的编制方法。

资料：沿用自测题四综合业务题习题二至六的资料。

要求：根据上述资料编制本月科目汇总表。

习题三

目的：掌握账务处理程序的运用。

资料：某企业 8 月份发生下列经济业务。

1.8 月 2 日，向银行借入半年期借款 200 000 元。

2.8 月 5 日，生产产品领用材料 320 000 元，车间一般耗用原材料 48 000 元。

3.8 月 8 日，销售产品一批，价款 200 000 元，增值税 26 000 元，收到转账支票并送存银行。

4.8 月 11 日，收到 B 公司前欠货款 300 000 元，已存入银行。

5.8 月 14 日，从银行提取现金 2 000 元备用。

6.8 月 26 日，分配本月工资费用，其中：生产工人工资 60 000 元，车间管理人员工资 20 000 元，行政管理人员工资 20 000 元。

7.8 月 28 日，采购材料一批，价款为 200 000 元，增值税 26 000 元，材料已验收入库，款项以银行存款支付。

8.8 月 28 日，向银行借入 3 年期借款 600 000 元。

9.8 月 28 日，用银行存款支付电视台广告费 60 000 元。

10.8 月 30 日，开出转账支票一张，支付业务招待费 4 000 元。

11.8 月 31 日，结转完工产品成本计 160 000 元。

12.8 月 31 日，结转销售产品成本计 100 000 元。

要求：

1. 根据上述资料编制专用格式记账凭证（收、付款凭证和转账凭证）。

2. 根据上述记账凭证逐笔登记总分类账户（T 形账户）。

3. 根据上述记账凭证分别编制汇总收款凭证、汇总付款凭证（见表 10－104、表 10－105）。

4. 编制本月科目汇总表（见表 10－106）。

表 10－104　汇总收款凭证

借方账户：银行存款　　　　20××年 8 月

贷方账户	金额				总账页数	
	1—10 日	11—20 日	21—31 日	合计	借方	贷方
合计						

表 10－105　汇总付款凭证

贷方账户：银行存款　　　　20××年 8 月

借方账户	金额				总账页数	
	1—10 日	11—20 日	21—31 日	合计	借方	贷方
合计						

表 10－106　科目汇总表

20××年 8 月　　　　单位：　元

会计科目	本期发生额	
	借方	贷方
银行存款		
短期借款		
生产成本		
制造费用		
原材料		
主营业务收入		
应交税费		
应收账款		
库存现金		
管理费用		
应付职工薪酬		
长期借款		
销售费用		
库存商品		
主营业务成本		
合计		

第十一章

会计工作组织

同步思考
参考答案

本章学习目标

通过本章的学习，学生应能够说出会计工作组织的作用、原则，熟悉会计工作的组织形式及会计人员的任职资格、职责权限、法律责任和职业道德要求，掌握企业内部会计管理制度以及内部会计控制的基本要求、内容、方法，掌握会计档案管理要求。

重点与难点

1. 会计人员的任职资格、职责权限、职业道德
2. 内部会计管理制度与内部会计控制
3. 会计档案管理

引例

“炒股高手”落网记

2007 年，山东省德州市审计局经过严谨、细致的审计，发现在一县级村村通自来水工程中，该县主管资金的会计王某利用单位财务管理上的漏洞和职务便利，非法挪用工程建设资金 400 万元进行期货交易的犯罪事实。

2007 年 8 月 7 日，审计组正式开始了对平原县村村通自来水工程的审计工作。按照审计程序，县政府相关领导及县财政局、水务局及有关财务人员向审计组介绍了该县村村通自来水工作开展以及相关财务收支情况。据了解，该县村村通自来水项目分为相家河水库和村内通水工程两部分。水库建设工程成立了专门的建设指挥部，工程资金由县财政局所属的经济开发投资总公司管理，具体工程实施由水务局负责。村内通水工程及资金使用由水务局集中管理。审计组成员在与该县财政局有关人员闲谈时，得知其经济开发投资总公司会计王某是该县一名“炒股高手”，炒股的水平在县里小有名气，机敏的审计人员便将这一情况记在了心里。

掌握基本情况后，审计人员紧锣密鼓地实施了就地审计。经过近一周的排查摸索，审计组发现该项目资金管理较为混乱，账户较多，资金往来错综复杂，投资公司在财务

管理上也存在明显的漏洞，比如财务人员王某集财务主管和记账、出纳于一身，但审计组并没有发现大的违规违纪问题。面对被审计单位提供的资料，审计组成员并未一味相信该资料中的数据，凭借多年审计经验，他们认为该公司王某一人身兼几个角色，作为传闻中的"炒股高手"，炒股的资金量应该不会太少，那么他炒股的钱从哪里来，仅仅靠工资吗？审计组成员带着这一疑问，又展开了下面的工作。

为了能进一步取得突破口，审计人员重点对王某负责的财务账目进行了核对，发现该公司提供的银行对账单中5月份以后的对账单上面没有加盖银行的公章，并且5月份以后的对账单打印日期与前几个月的也不一致。审计组立即将王某叫到了审计室，面对审计人员的发问，王某解释说前4个月是一起打印的，5月份以后的是一起打印的，可能是银行忘了盖章。这一回答显然糊弄不了审计人员，审计组要求其带着对账单去银行加盖公章，但王某语无伦次起来，说银行已经下班了，并且银行一般也不会补盖公章，并信誓旦旦地说这是从银行打印的，绝对不会错，甚至向审计人员叫嚣为什么不相信他。面对这一情况，审计人员表示第二天自己将带着协查通知书去银行查询打印。这时，王某坐不住了，他坚持不让审计人员去打印，并说第二天他再去打印一份送过来。

晚上，审计组召开了碰头会，大家一致认为银行对账单上可能有问题，甚至有可能5月份以后的对账单是人为编造的，因为银行打印的对账单通常都是加盖业务公章的。

第二天上午九点，王某将新打印的对账单送到了审计室，同时向审计组成员认错，说昨天是自己态度不好。审计组成员仔细对银行对账单进行了查对，发现这次的对账单上面多出了两笔业务，一笔400万元是5月8日转出，另一笔380万元和20万元分别于8月13日转入，经询问，王某称这是一笔银行入错户的资金。职业的敏感使他们对这两笔资金的去向疑窦顿生。疑问一：如果是银行入错账户的话，为什么5月8日转错的资金至8月13日才发现，难道银行每个月不对账？疑问二：既然是银行入错户，那为什么转回的资金还分为两笔转入，并且为什么是在审计期间才发现？

审计组又一次将王某叫到了审计室，展开了第二次交锋。王某又解释自己记错了，并且承认前期提供的5月份以后的银行账单是他自己伪造的，原因是他的一个朋友在银行工作，为了拉存款，这位朋友求他帮忙，他便将其经管的资金移出400万元，现在已经归还了，他为了不让别人发现，就自己伪造了5月份以后的银行对账单，并再次承诺自己在这里边仅仅是为了拉存款，并没有其他违规的问题。

但审计组对这一解释并不满意，一般情况下拉存款只需要几天就可以了，但这笔资金却从账面上消失了近100天，并且是在审计组进驻一周后才回到账户，同时王某的两次解释也不一致，审计组随即将该笔大额银行存款的往来流向作为审计重点。

后来审计组通过向9个单位和金融部门查询、取证，最终查明王某于2007年5月8日将400万元资金转入该公司在德州市开设的建设银行账户，并于5月10日、5月15日、5月17日分三笔，每笔90万元，共计270万元转入济南吉华大厦进行期货交易的犯罪事实。王某后来还回的380万元资金是从该县某单位借入的款项，另一笔20万元是其个人存单。王某作茧自缚，最终受到了法律的严惩。

资料来源：审计署网.

第一节　会计工作组织概述

一、会计工作组织的作用

会计是一项复杂、细致的综合性经济管理活动，涉及面广、业务环节多、工作要求高、参与人员多。因此，要做好会计工作，就必须注重会计工作的组织与管理。科学地组织会计工作的作用如下所述。

（一）提高会计工作的质量和效率

会计为经营管理提供的会计信息，要经过从会计凭证、会计账簿到财务报表这样一个周而复始的循环过程。在这个过程中，会计核算通常是借助于一系列专门的方法及相应的手续和程序对数据进行记录、计算、分类、汇总、分析、检查等来完成的。全部过程包括了一系列的程序，需要履行各种手续，各程序及手续之间环环相扣、紧密相连。在任何一个环节上出现了差错，都必然造成整个核算结果不正确或不能及时完成，进而影响整个会计核算工作的质量和效率。所以必须结合会计工作的特点，科学地设置会计机构并配备高素质的会计人员，严格执行会计规范，认真制定内部会计制度，从而保证会计工作质量，提高会计工作效率。

（二）确保与其他经济管理工作协调一致

会计是经济管理的一个重要组成部分，同时它又是为经济管理提供信息的一个信息系统。正确组织会计工作，有利于协调会计工作与其他管理工作之间的关系，保证会计工作与其他经济管理工作分工协作、相互配合，共同完成经济管理的任务。

（三）加强企业内部的经济责任制

经济管理的一个重要手段就是实行各单位的内部经济责任制，而实行内部经济责任制离不开会计，包括科学的经济预测、正确的经济决策以及业绩考评等。科学地组织好会计工作，可以促使企业内部各有关部门管好、用好资金，增收节支，通过提高经营管理水平，达到提高经济效益的目的。

（四）维护财经制度和财经纪律

会计工作是一项错综复杂的系统工作，政策性很强，必须通过核算如实地反映各单位的经济活动和财务收支，通过监督来贯彻执行国家的有关政策、方针、法令和制度。因此，科学地组织会计工作，可以促使各企业更好地贯彻实施各项方针政策，维护财经纪律，为建立良好的社会经济秩序打下基础。

二、会计工作组织的原则

（一）适应本单位特点

由于各个企业所属性质、经营方式、经营规模、业务内容和数量不同，因此在设置会计机构、配备会计人员、建立会计制度时，必须从实际出发，适应企业生产经营的特点和管理要求，以便充分发挥会计的职能和作用。

（二）注意协调与其他经济管理工作的关系

会计工作既有其独立的工作内容和业务范围，又与其他经济管理工作存在着十分密切的联系，即同其他经济管理工作之间既有分工又有协作，具有很强的综合性和政策性。这些特点要求在组织会计工作时，要与其他各项经济管理工作互相配合，互相协调，共同实现经济管理的目标。

（三）以提高工作质量和效率为目标

会计工作以提供有用信息和参与经济管理为目标，会计信息同其他产品一样，有质量方面的要求，所以应当精心设计和科学组织会计工作，保证会计工作质量。会计工作组织，是进行会计工作所必需的，更是提高会计工作效率的必要条件。因而，会计机构的繁简、内部分工的精细等，都必须以提高工作效率为出发点，优化内部组合，减少多余环节，防止出现机构重叠、手续繁杂、重复劳动等不合理现象，力争节约会计工作的时间和费用。

三、会计工作的组织形式

企业会计部门承担哪些会计工作，与企业的其他职能部门、车间、仓库等部门之间如何分工，这些都与会计工作的组织形式有关。为了科学地组织会计工作，就必须根据企业规模的大小、业务的繁简以及企业内部其他各组织机构的设置情况，来确定企业会计工作组织形式。企业会计工作的组织形式，一般分为集中核算和非集中核算两种。

（一）集中核算组织形式

集中核算，就是指企业单位的主要会计核算工作都集中在会计部门进行，单位内部其他各部门不单独核算，只是对发生的经济业务进行原始记录，填制原始凭证并进行适当汇总，定期把原始凭证和汇总原始凭证送到会计部门，由会计部门进行总分类核算和明细分类核算。采用集中核算组织形式，由于核算工作集中在会计部门进行，便于会计人员进行合理的分工，在核算过程中运用现代化手段，可以简化和加速核算工作，提高核算效率，节约核算费用，并可根据会计部门的记录，随时了解企业内部各部门的生产经营活动情况。但是，由于这种方式的核算工作不是直接在企业内部各部门进行，因而各部门的领导不能随时利用核算资料了解和检查本部门的经济工作。

（二）非集中核算组织形式

非集中核算又称为分散核算，是指企业单位内部各部门核算本身发生的经济业务，包括凭证的整理、明细分类账的登记、成本的核算、有关财务报表特别是内部报表的编制和分析等工作，而会计部门只是根据企业内部各部门报来的资料进行总分类核算、编报全企业综合性财务报表，并负责指导、检查和监督企业内部各部门的核算工作。采用非集中核算组织形式，企业内部各部门可以随时利用有关核算资料检查本部门工作，及时发现问题、解决问题。但这种核算组织形式对企业会计部门而言，不便于采用最合理的凭证处理方法，会计人员的合理分工会受到一定的限制，核算的工作总量有所增加，核算费用也会增多。

对于一个企业而言，采用集中核算组织形式还是非集中核算组织形式并不是绝对的，可以单一地选用集中核算或非集中核算组织形式，也可以二者兼而有之，即对某些业务采用集中核算而对另外的业务采用非集中核算。但是，无论是采取哪一种组织形式，企业采购材料物资、销售商品、结算债权债务、现金往来等对外业务都应由会计部门办理。企业在确定应采用的会计工作组织形式时，既要考虑能正确、及时地反映企业的经济活动情况，又要注意简化核算手续，提高工作效率。

第二节　会计机构和会计人员

一、会计机构

会计机构是指各单位内部直接从事和组织领导会计工作的职能部门。建立和健全会计机构，是加强会计工作、保证会计工作顺利进行的重要条件。

（一）会计机构的设置

会计机构的健全与否，会计职能岗位之间是否协调，直接影响到会计工作的质量。《会计法》规定：各单位应当根据会计业务的需要，设置会计机构，或者在有关机构中设置会计人员并指定会计主管人员。没有设置会计机构或者配备会计人员的单位，应当根据《代理记账管理办法》的规定，委托会计师事务所或持有代理记账许可证的代理记账机构代理记账。

1. 单独设置会计机构

一般来说，大中型企业和具有一定规模的行政事业单位，以及财务收支数额较大、会计业务较多的社会团体和其他经济组织，都应单独设置会计机构，如会计（或财务）处、部、科、股、组等，以便及时组织本单位各项经济活动和财务收支的核算，实行有效的会计监督。

2. 不单独设置会计机构，但配备专职会计人员

对于不具备单独设置会计机构的单位，如一些规模较小、财务收支额不大、会计业务较简单的企业、机关、团体、事业单位和个体工商户，为了适应这些单位的内部客观需要和组织结构特点，允许其将会计业务并入其他职能部门，配备会计人员并指定会计主管人员，以保证会计工作的正常进行。

3. 不具备设置会计机构和会计人员条件的，可以实行代理记账

对一些不具备会计工作条件的企业，可以不设置会计机构和会计人员，而请中介机构实行代理记账。这些企业虽然没有自己的会计机构和专职会计人员，但也应指派专人负责会计工作。

（二）会计机构岗位责任制

为了科学合理地组织会计工作，会计机构内部必须合理分工与协作，并在明确分工基

础上建立会计工作岗位责任制。

1. 设置会计工作岗位的原则

（1）满足本单位会计业务需要。由于各单位所属行业性质、自身规模、业务内容和数量以及会计核算与管理的要求不同，会计工作岗位的设置条件和要求也不同。在设置会计工作岗位时，必须结合本单位的实际情况，以满足会计业务需要为原则。

（2）符合内部牵制制度的要求。会计工作可以一人一岗、一人多岗或一岗多人，但必须符合内部牵制制度的要求。出纳人员不得兼管稽核、会计档案保管和收入、费用、债权债务账目的登记工作；财产物资保管与明细账的登记不得由一人兼任；总账与明细账原则上由不同会计人员登记；业务执行人员与稽核人员分离等。

（3）有利于会计人员全面熟悉业务，不断提高业务素质。会计人员的工作岗位应当有计划地轮换，这样可以激励会计人员不断进取，改进工作，也能在一定程度上防止违法乱纪，保护会计人员。

2. 会计岗位设置

以规模较大的企业为例，会计岗位可以分设如下：会计机构负责人、出纳、财产物资核算、工资薪酬核算、成本费用核算、财务成果核算、往来核算、总账报表、稽核、档案管理等。对上述会计岗位，在不违背内部牵制制度的原则下，可灵活安排，人尽其力，岗尽其责。

由于各单位的具体情况不同，以上各个会计工作岗位的工作量也是不一样的。会计机构在确定了内部岗位分工后，还应注意相互配合，做到既有分工又有合作，齐心协力，共同做好会计工作。

二、会计人员

设置了会计机构，还必须配备相应的会计人员。从事会计工作的人员，应当遵守《中华人民共和国会计法》和国家统一的会计制度等法律法规，具备良好的职业道德，按照国家有关规定参加继续教育，具备从事会计工作所需要的专业能力。

因发生与会计职务有关的违法行为被依法追究刑事责任的人员，单位不得任用或聘用其从事会计工作。单位应当根据有关法律法规、内部控制制度要求和会计业务需要设置会计岗位，明确会计人员职责权限。

（一）会计人员的职责和工作权限

1. 会计人员的职责

（1）进行会计核算。进行会计核算，及时地提供真实可靠、能满足有关各方需要的会计信息，是会计人员最基本的职责，也是做好会计工作最起码的要求。会计人员进行会计核算的经济业务事项包括：款项和有价证券的收付；财物的收发、增减和使用；债权债务的发生和结算；资本、基金的增减；收入、费用、成本的计算；财务成果的计算和处理；需要办理会计手续和会计核算的其他事项。

（2）实行会计监督。依据国家有关法律法规，会计人员应对本单位经济活动进行会计监督，如对不真实、不合法的原始凭证，有权不予受理，并向单位负责人报告；对记载不准确、不完整的原始凭证，予以退回，并要求更正补充；对违反国家统一的财政、财务、会计制度规定的财务收支，不予办理；发现账簿记录与实物、款项及有关资料不相符的，应当按照规定及时处理，无权自行处理的，应当立即向单位负责人报告，请求查明原因并作出处理。各单位必须按照法律和国家规定接受财政、审计、税务等机关的监督，如实提供会计凭证、会计账簿、财务报表和其他会计资料以及有关情况，不得拒绝、隐匿、谎报。

（3）制定本单位办理会计事务的具体办法。国家制定统一的会计法规只对会计工作管理和会计事务处理办法做出一般规定。各单位要依据国家颁发的会计法规，结合本单位的特点和需要，建立、健全本单位内部使用的会计事项处理办法。例如，会计科目的设置及其使用方法的规定；会计人员岗位责任制；内部牵制和稽核制度；分级核算、分级管理办法和费用开支报销手续办法等。

（4）参与拟订经济计划、业务计划，编制预算和财务计划并考核、分析其执行情况。各单位编制的经济计划或业务计划是指导该单位经济活动或业务活动的主要依据，也是会计人员编制财务计划的重要依据，会计人员参与经济计划、业务计划的制订，不仅有利于编制切实可行的财务计划，而且可以发挥会计人员联系面广泛、经济信息灵通的优势，在拟订经济、业务计划方面起到参谋作用。

（5）办理其他会计事务。

2. 会计人员的工作权限

为了保障会计人员能够顺利地履行职责，有关法规对他们赋予了必要的工作权限，主要有以下几方面：

（1）有权要求本单位有关部门、人员认真执行国家批准的计划、预算，遵守国家财经纪律和财务会计制度。如果有关人员违反，会计人员有权拒绝付款、拒绝报销或拒绝执行，并向本单位领导人报告。对于弄虚作假、营私舞弊、欺骗上级等违法乱纪行为，会计人员必须拒绝执行，并向本单位领导人或上级机关、财政部门报告。会计人员对于违反制度、法令的事项，不拒绝执行，又不向领导或上级机关、财政部门报告的，应同有关人员负连带责任。

（2）有权参与本单位计划、预算的编制，制定定额，签订经济合同，参加有关的生产、经营管理会议；有权了解本单位的生产经营情况。

（3）有权监督、检查本单位有关部门的财务收支、资金使用和财产保管、收发、计量、检验等情况。涉及的部门要提供资料，如实反映情况。

为了保证会计人员行使工作权限，各级领导和有关人员要支持会计人员行使工作权限。本单位领导、上级机关和财政部门对会计人员反映的有关损害国家利益、违反财经纪律等问题，要认真及时地调查处理。如果反映的情况属实，不及时采取措施加以纠正，由领导人和上级机关负责。如果有人对会计人员坚持原则、反映情况进行刁难、阻挠或打击报复，上级机关要查明情况，严肃处理，情节严重的，要予以党纪国法制裁。

（二）会计专业技术职务

会计专业职务是区分会计人员从事业务工作的技术等级，会计人员依据学历、从事会计工作的年限、业务水平和工作成绩，并通过专业技术职务资格考试或评审后，可以确定专业技术职务。目前会计专业职务分为正高级会计师、高级会计师、会计师、助理会计师。正高级会计师、高级会计师为高级职务，会计师为中级职务，助理会计师为初级职务。

自1986年国家实施《会计专业职务试行条例》以来，初级、中级会计专业技术资格通过全国统一考试来获得，初级会计专业技术资格考试科目为“初级会计实务”“经济法基础”两个科目，中级会计专业技术资格考试科目为“中级会计实务”“财务管理”“经济法基础”三个科目。高级会计专业技术资格以前是通过评审来取得的，2003年财政部联合人事部开始在浙江、湖北两省进行高级会计师资格考评结合试点工作，考试科目为“高级会计实务”，通过“高级会计实务”考试的人员，再参加当地高级会计师评审委员会评审取得高级会计师资格，目前高级会计师考评结合在全国常态进行。各级国家机关对会计专业职务实行任命制，各企事业单位对会计专业职务一般实行聘任制。

会计人员参加各层级职称评价需要具备的统一标准条件为：遵守《中华人民共和国会计法》和国家统一的会计制度等法律法规，具备良好的职业道德，无严重违反财经纪律的行为，热爱会计工作，具备相应的会计专业知识和业务技能，按照要求参加继续教育。

除了上述必须达到的标准条件外，还应分别具备以下标准条件。

1. 助理会计师

（1）基本掌握会计基础知识和业务技能。

（2）能正确理解并执行财经政策、会计法律法规和规章制度。

（3）能独立处理一个方面或某个重要岗位的会计工作。

（4）具备国家教育部门认可的高中毕业（含高中、中专、职高、技校）以上学历。

2. 会计师

（1）系统掌握会计基础知识和业务技能。

（2）掌握并能正确执行财经政策、会计法律法规和规章制度。

（3）具有扎实的专业判断和分析能力，能独立负责某领域会计工作。

（4）具备博士学位；或具备硕士学位，从事会计工作满1年；或具备第二学士学位或研究生班毕业，从事会计工作满2年；或具备大学本科学历或学士学位，从事会计工作满4年；或具备大学专科学历，从事会计工作满5年。

3. 高级会计师

（1）系统掌握和应用经济与管理理论、财务会计理论与实务。

（2）具有较高的政策水平和丰富的会计工作经验，能独立负责某领域或一个单位的财务会计管理工作。

（3）工作业绩较为突出，有效提高了会计管理水平或经济效益。

（4）有较强的科研能力，取得一定的会计相关理论研究成果，或主持完成会计相关研究课题、调研报告、管理方法或制度创新等。

（5）具备博士学位，取得会计师职称后，从事与会计师职责相关工作满2年；或具备硕士学位，或第二学士学位或研究生班毕业，或大学本科学历或学士学位，取得会计师职称后，从事与会计师职责相关工作满5年；或具备大学专科学历，取得会计师职称后，从事与会计师职责相关工作满10年。

4. 正高级会计师

（1）系统掌握和应用经济与管理理论、财务会计理论与实务，把握工作规律。

（2）政策水平高，工作经验丰富，能积极参与一个单位的生产经营决策。

（3）工作业绩突出，主持完成会计相关领域重大项目，解决重大会计相关疑难问题或关键性业务问题，提高单位管理效率或经济效益。

（4）科研能力强，取得重大会计相关理论研究成果，或其他创造性会计相关研究成果，推动会计行业发展。

（5）一般应具有大学本科及以上学历或学士以上学位，取得高级会计师职称后，从事与高级会计师职责相关工作满 5 年。

省级高端会计人才培养工程毕业学员，视同具备前述第（1）至第（4）项标准条件，满足第（5）项条件，即可申报评审正高级会计师职称。全国高端会计人才培养工程毕业学员，按程序由正高级职称评审委员会认定取得正高级会计师职称。

（三）会计机构负责人或会计主管人员

企业、事业、行政机关单位的会计机构负责人或会计主管人员，是各单位会计工作的领导者和组织者。会计机构负责人或会计主管人员的任职资格，应当具备会计师以上专业技术职务资格或者从事会计工作 3 年以上经历。同时必须具备以下基本条件：

（1）坚持原则，廉洁奉公。

（2）熟悉国家财经法律、法规、规章和方针、政策，掌握本行业业务管理的有关知识。

（3）有较强的组织能力。

（4）身体状况能够适应本职工作的要求。

此外，《会计基础工作规范》规定国有企业任用会计人员应当实行回避制度。单位领导人的直系亲属不得担任本单位的会计机构负责人、会计主管人员。会计机构负责人、会计主管人员的直系亲属不得在本单位会计机构中担任出纳工作。

（四）总会计师

总会计师是个行政职位，而不是会计人员专业技术职务。国有的和国有资产占控股地位或者主导地位的大、中型企业必须设置总会计师。总会计师必须是取得会计师任职资格后，主管一个单位或者单位内的一个重要方面的财务会计工作时间不少于三年的会计人员。《总会计师条例》明确规定：总会计师是单位行政领导成员，协助单位主要行政领导人工作，直接对单位主要行政领导人负责；总会计师组织领导本单位的财务管理、成本管理、预算管理、会计核算和会计监督等方面的工作，参与本单位重要经济问题的分析和决策，并具体组织本单位执行国家有关财经法律、法规、方针、政策和制度，保护国家财产。

1. 总会计师的基本职责

（1）编制和执行预算、财务收支计划、信贷计划，拟定资金筹措和使用方案，开辟财源，有效地使用资金；进行成本费用预测、计划、控制、核算、分析和考核，督促本单位有关部门降低消耗、节约费用、提高经济效益；建立、健全经济核算制度，利用财务会计资料进行经济活动分析；承办单位主要行政领导人交办的其他工作。

（2）负责对本单位财会机构的设置和会计人员的配备、会计专业技术职务的设置和聘任提出方案；组织会计人员的业务培训和考核；支持会计人员依法行使职权。

（3）协助单位主要行政领导人对企业的生产经营、行政事业单位的业务发展以及基本建设投资等问题作出决策；参与新产品开发、技术改造、科技研究、商品（劳务）价格和工资奖金等方案的制定；参与重大经济合同和经济协议的研究、审查。

2. 总会计师的工作权限

（1）对违反国家财经法律、法规、方针、政策、制度和有可能在经济上造成损失、浪费的行为，有权制止或者纠正；制止、纠正无效时，提请单位主要行政领导人处理。

（2）有权组织本单位各职能部门、直属基层组织的经济核算、财务会计和成本管理方面的工作。

（3）主管审批财务收支工作。除一般的财务收支可以由总会计师授权的财会机构负责人或者其他指定人员审批外，重大的财务收支须经总会计师审批或者由总会计师报单位主要行政领导人批准。

（4）预算与财务收支计划、成本和费用计划、信贷计划、财务专题报告、会计决算报表须经总会计师签署；涉及财务收支的重大业务计划、经济合同、经济协议等在单位内部须经总会计师会签。

（5）会计人员的任用、晋升、调动、奖惩应当事先征求总会计师的意见；财会机构负责人或者会计主管人员的人选，应当由总会计师进行业务考核，依照有关规定审批。

企业的总会计师由本单位主要行政领导人提名，政府主管部门任命或者聘任；免职或者解聘程序与任命或者聘任程序相同。

（五）注册会计师

注册会计师是经国家批准执行会计查账验证业务和会计咨询业务的人员，注册会计师从事的工作属于公共会计范畴，与在机关、企事业单位从事会计工作的一般会计人员相比，两者有以下不同之处：

（1）注册会计师必须参加并通过全国统一考试，考试合格后加入会计师事务所，执业两年后，方可向注册会计师协会申请注册；一般会计人员在企业实行聘用或任命。

（2）注册会计师接受委托办理业务；一般会计人员只为本单位办理会计工作。

（3）注册会计师以独立的第三者办理业务，具有法定地位，以较高的专业水平和业务质量取信于社会，为社会经济服务；而一般会计人员以单位职工的身份为企业服务。

（4）注册会计师接受委托承办的业务范围较广；一般会计人员只限于本单位的业务。

（5）注册会计师依据法律、行政法规，在委托约定书规定的范围内，根据一定的原则、依据承办业务；而一般会计人员根据国家规定的法规、会计准则、本单位领导的要求开展工作。

（六）会计人员的职业道德规范

会计人员职业道德规范的主要内容包括：

（1）爱岗敬业。会计人员应当热爱本职工作，努力钻研业务，使自己的知识和技能适应从事会计工作的要求。

（2）诚实守信。会计人员在会计工作中应当遵守职业道德，树立良好的职业品质、严谨的工作作风，严守工作纪律。

（3）熟悉法规。会计人员应当熟悉财经法律、法规、规章和国家统一的会计制度，并结合会计工作进行广泛宣传。

（4）依法办事。会计人员应当按照会计法律、法规和国家统一会计制度规定的程序和要求进行会计工作，保证所提供的会计信息合法、真实、准确、及时、完整。

（5）客观公正。会计人员在办理会计事务中，应当实事求是、客观公正。

（6）保守秘密。会计人员应当保守本单位的商业秘密，除法律规定和单位领导人同意外，不能私自向外界提供或者泄露单位的会计信息。

（七）会计人员的法律责任

1. 违反《会计法》的法律责任

会计人员违反《会计法》的行为主要有：

（1）不依法设置会计账簿。

（2）私设会计账簿。

（3）未按照规定填制、取得原始凭证或者填制、取得的原始凭证不符合规定。

（4）以未经审核的会计凭证为依据登记会计账簿或者登记会计账簿不符合规定。

（5）随意变更会计处理方法。

（6）向不同的会计资料使用者提供的财务会计报告编制依据不一致。

（7）未按照规定使用会计记录文字或者记账本位币。

（8）未按照规定保管会计资料，致使会计资料毁损、丢失。

（9）未按照规定建立并实施单位内部会计监督制度，拒绝依法实施监督或者不如实提供有关会计资料及有关情况。

会计人员如果有上述行为之一的，由县级以上人民政府财政部门责令限期改正，可以对单位并处 3 000 元以上 5 万元以下的罚款；对其直接负责的主管人员和其他直接责任人员，可以处以 2 000 元以上 2 万元以下的罚款；属于国家工作人员的，还应当由其所在单位或者有关单位依法给予行政处分。

2. 违反《刑法》的法律责任

（1）伪造、变造会计凭证、会计账簿，编制虚假财务会计报告，构成犯罪的，依法追究刑事责任。尚不构成犯罪的，由县级以上人民政府财政部门予以通报，可以对单位并处 5 000 元以上 10 万元以下的罚款；对其直接负责的主管人员和其他直接责任人员，可以处 3 000 元以上 5 万元以下的罚款；属于国家工作人员的，还应当由其所在单位或者有关单位依法给予撤职直至开除的行政处分；其中的会计人员，五年内不得从事会计工作。

（2）隐匿或者故意销毁依法应当保存的会计凭证、会计账簿、财务会计报告，构成犯罪的，依法追究刑事责任。尚不构成犯罪的，由县级以上人民政府财政部门予以通报，可以对单位并处 5 000 元以上 10 万元以下的罚款；对其直接负责的主管人员和其他直接责任人员，可以处以 3 000 元以上 5 万元以下的罚款；属于国家工作人员的，还应当由其所在单位或者有关单位依法给予撤职直至开除的行政处分；其中的会计人员，五年内不得从事会计工作。

（3）授意、指使、强令会计机构、会计人员及其他人员伪造、变造会计凭证、会计账簿，编制虚假财务会计报告或者隐匿、故意销毁依法应当保存的会计凭证、会计账簿、财务会计报告，构成犯罪的，依法追究刑事责任。尚不构成犯罪的，可以对单位处 5 000 元以上5万元以下的罚款；属于国家工作人员的，还应当由其所在单位或者有关单位依法给予降级、撤职直至开除的行政处分。

⇨ 同步思考

你认为会计人员应具备哪些基本职业道德？

第三节　内部会计管理制度和内部会计控制建设

一、内部会计管理制度

企业根据《会计法》的统一规定，结合自身业务特点和内部管理的需要，建立、健全相应的内部会计管理制度，既是会计基础工作规范化的要求，又是安全、合理、高效组织会计工作的重要保证。

（一）制定内部会计管理制度的原则

企业制定内部会计管理制度应当遵循下列原则：

（1）应当执行法律、法规和国家统一的财务会计规定。

（2）应当体现本单位的生产经营、业务管理的特点和要求。

（3）应当全面规范本单位的各项会计工作，建立、健全会计基础，保证会计工作的有序进行。

（4）应当科学、合理，便于操作和执行。

（5）应当定期检查执行情况。

（6）应当根据管理需要和执行中的问题不断完善。

（二）内部会计管理制度的内容

企业应当建立以下内部会计管理制度。

1. 会计人员岗位责任制度

会计人员岗位责任制度的主要内容包括：会计人员的工作岗位设置；各会计工作岗位的职责和标准；各会计工作岗位的人员和具体分工；会计工作岗位轮换办法；对各会计工作岗位的考核办法。

2. 账务处理程序制度

账务处理程序制度的主要内容包括：会计科目及其明细科目的设置和使用；会计凭证的格式、审核要求和传递程序；会计核算方法；会计账簿的设置；编制财务报表的种类和要求；单位会计指标体系。

3. 内部牵制制度

内部牵制制度的主要内容包括：内部牵制制度的原则；组织分工；出纳岗位的职责和限制条件；有关岗位的职责和权限。

4. 稽核制度

稽核制度的主要内容包括：稽核工作的组织形式和具体分工；稽核工作的职责、权限；审核会计凭证和复核会计账簿、财务报表的方法。

5. 原始记录管理制度

原始记录管理制度的主要内容包括：原始记录的内容和填制方法；原始记录的格式；原始记录的审核；原始记录填制人的责任；原始记录签署、传递、汇集要求。

6. 定额管理制度

定额管理制度的主要内容包括：定额管理的范围；制定和修订定额的依据、程序和方法；定额的执行；定额考核和奖惩办法等。

7. 计量验收制度

计量验收制度的主要内容包括：计量检测手段和方法；计量验收管理的要求；计量验收人员的责任和奖惩办法。

8. 财产清查制度

财产清查制度的主要内容包括：财产清查的范围；财产清查的组织；财产清查的期限和方法；对财产清查中发现问题的处理办法；对财产管理人员的奖惩办法。

9. 财务收支审批制度

财务收支审批制度的主要内容包括：财务收支审批人员和审批权限；财务收支审批程序；财务收支审批人员的责任。

10. 成本核算制度

成本核算制度的主要内容包括：成本核算的对象；成本核算的方法和程序；成本分析等。

11. 财务会计分析制度

财务会计分析制度的主要内容包括：财务会计分析的主要内容；财务会计分析的基本要求和组织程序；财务会计分析的具体方法；财务会计分析报告的编写要求等。

二、内部会计控制

内部控制是指为了合理保证企业经营管理合法合规、资产安全、财务报告及相关信息真实完整，提高经营效率和效果，促进企业实现发展战略，由企业董事会、监事会、经理层和全体员工共同实施的一系列控制活动。

内部会计控制是内部控制的重要组成部分，是既立足于会计，又不限于会计而实施的一系列控制方法、措施和程序及其动态改进过程。

（一）内部会计控制的基本要求

单位内部会计控制应当遵循以下基本要求：

（1）记账人员与经济业务事项和会计事项的审批人员、经办人员、财物保管人员的职责权限应当明确，并相互分离、相互制约。

（2）重大对外投资、资产处置、资金调度和其他重要经济事项的决策和执行的相互监督、相互制约的程序应当明确。

（3）财产清查的范围、期限和组织程序应当明确。

（4）对会计资料定期进行内部审计的办法和程序应当明确。

（二）内部会计控制的方法

内部会计控制的方法主要包括：不相容职务分离控制、授权审批控制、会计系统控制、预算控制、财产保护控制等。

1. 不相容职务分离控制

不相容职务分离控制要求企业按照不相容职务相分离的原则，合理设置会计及相关工作岗位，明确职责权限，形成相互制衡机制，防止舞弊或错误行为的发生。不相容职务主要包括授权批准、业务经办、会计记录、财产保管、稽核检查等职务。

2. 授权审批控制

授权审批控制要求企业明确规定涉及会计及相关工作的授权审批的范围、权限、程序、责任等内容，单位内部的各级管理层必须在授权范围内行使职权和承担责任，经办人员也必须在授权范围内办理业务。

3. 会计系统控制

会计系统控制要求企业依据《会计法》和其他有关法规，制定适合本单位的会计制度，明确会计凭证、会计账簿和财务会计报告的处理程序，建立和完善会计档案保管和会计工作交接办法，实行会计人员岗位责任制，保证会计资料真实完整。

4. 预算控制

预算控制要求企业实行全面预算管理制度，加强预算编制、执行、分析、考核等环节的管理，明确预算项目，建立预算标准，规范预算的编制、审定、下达和执行程序，及时分析和控制预算差异，采取改进措施，确保预算的执行。

5. 财产保护控制

财产保护控制要求企业建立财产日常管理制度和财产清查制度，采取定期盘点、财产记录、账实核对、实物保管等措施，确保各种财产的安全完整，严格限制未经授权的人员接触和处置财产。

（三）内部会计控制的内容

内部会计控制的内容主要包括：货币资金、采购与付款、销售与收款、工程项目、对外投资、成本费用、担保、固定资产、存货等经济业务的会计控制。

1. 货币资金业务的内部会计控制

企业应当对货币资金收支和保管业务建立严格的授权批准制度，加强岗位分工控制，办理货币资金业务的不相容岗位应当分离，相关机构和人员应当相互制约，确保货币资金的安全。

2. 采购与付款业务的内部会计控制

企业应当合理设置采购与付款业务的机构和岗位，建立和完善采购与付款的会计控制程序，加强请购、审批、合同订立、采购、验收、付款等环节的会计控制，堵塞采购环节的漏洞，减少采购风险。

3. 销售与收款业务的内部会计控制

企业应当在制定商品或劳务等的定价原则、信用标准和条件、收款方式等销售政策时，充分发挥会计机构和人员的作用，加强合同订立、商品发出和账款回收的会计控制，避免或减少坏账损失。

4. 工程项目的内部会计控制

企业应当建立规范的工程项目决策程序，明确相关机构和人员的职责权限，建立工程项目投资决策的责任制度，加强工程项目的预算、招投标、质量管理、价款支付、竣工决算等环节的会计控制，防范决策失误及工程发包、承包、施工、验收等过程中的舞弊行为。

5. 对外投资业务的内部会计控制

企业应当建立规范的对外投资决策机制和程序，通过实行重大投资决策集体审议联签等责任制度，加强投资项目立项、评估、决策、资产投出、投资持有、投资处置等环节的会计控制，严格控制投资风险。

6. 成本费用的内部会计控制

企业应当建立成本费用控制系统，做好成本费用管理的各项基础工作，制定成本费用预算，分解成本费用指标，控制成本费用差异，考核成本费用指标的完成情况，落实奖罚措施，降低成本费用，提高经济效益。

7. 担保业务的内部会计控制

企业应当加强对担保业务的会计控制，严格控制担保行为，建立担保决策程序和责任制度，明确担保原则、担保标准和条件、担保责任等相关内容，加强对担保合同订立的管理，及时了解和掌握被担保人的经营和财务状况，防范潜在风险，避免或减少可能发生的损失。

8. 固定资产业务的内部会计控制

企业应当建立固定资产管理的岗位责任制度，制定固定资产业务流程，对固定资产的取得与验收、日常保管、处置和转移等各个环节进行控制。

9. 存货业务的内部会计控制

企业应当建立存货管理的岗位责任制度，对存货的取得、验收、入库、保管、领用、发出及处置等各个环节进行控制，防止存货被盗、毁损和流失。

⇨ 同步思考

你认为内部会计控制的目标是什么？

第四节　会计档案和会计工作交接

一、会计档案及其管理

会计档案是我国档案体系的重要组成部分，是各单位的重要档案之一。会计档案是指单位在进行会计核算等过程中接收或形成的，记录和反映单位经济业务事项的，具有保存价值的文字、图表等各种形式的会计资料，包括通过计算机等电子设备形成、传输和存储的电子会计档案。会计档案是记录和反映经济业务的重要史料和证据，是总结经验、进行决策所需要利用的重要资料，也是进行财务检查、审计检查的重要资料。

（一）会计档案的范围

会计档案的范围包括会计凭证、会计账簿、财务会计报告和其他会计资料四部分。

1. 会计凭证

会计凭证包括原始凭证和记账凭证。

2. 会计账簿

会计账簿包括总账、明细账、日记账、固定资产卡片和其他辅助性账簿。

3. 财务会计报告

财务会计报告包括月度、季度、半年度和年度财务会计报告。

4. 其他会计资料

其他会计资料包括银行存款余额调节表、银行对账单、纳税申报表、会计档案移交清册、会计档案保管清册、会计档案销毁清册和会计档案鉴定意见书。

（二）会计档案的管理

1. 会计档案的归档

各单位每年形成的会计档案，应当由会计机构按照归档的要求，负责整理立卷，装订成册，并编制会计档案保管清册。当年形成的会计档案，在会计年度终了后，可暂由会计机构保管一年，期满之后应当由会计机构编造清册，移交本单位档案机构统一保管。因工作需要确需推迟移交的，应当经单位档案管理机构同意。单位会计管理机构临时保管会计档案最长不超过三年。临时保管期间，会计档案的保管应当符合国家档案管理的有关规定，且出纳人员不得兼管会计档案。

2. 会计档案的使用与查阅

单位应当严格按照相关制度利用会计档案，在进行会计档案查阅、复制、借出时履行登记手续，严禁篡改和损坏。单位保存的会计档案一般不得对外借出，确因工作需要且根据国家有关规定必须借出的，应当严格按照规定办理相关手续。会计档案借用单位应当妥善保管和利用借入的会计档案，确保借入会计档案的安全完整，并在规定时间内归还。

3. 会计档案的保管期限

会计档案的保管期限分为永久、定期保管两类。定期保管期限从会计年度终了后的第一天算起。各类会计档案具体保管期限如表 11-1、表 11-2 所示。

表 11-1 企业和其他组织会计档案保管期限表

序号	档案名称	保管期限	备注
一	会计凭证		
1	原始凭证	30 年	
2	记账凭证	30 年	
二	会计账簿		
3	总账	30 年	

续表

序号	档案名称	保管期限	备注
4	明细账	30 年	
5	日记账	30 年	
6	固定资产卡片		固定资产报废清理后保管 5 年
7	其他辅助性账簿	30 年	
三	财务会计报告		
8	月度、季度、半年度财务会计报告	10 年	
9	年度财务会计报告	永久	
四	其他会计资料		
10	银行存款余额调节表	10 年	
11	银行对账单	10 年	
12	纳税申报表	10 年	
13	会计档案移交清册	30 年	
14	会计档案保管清册	永久	
15	会计档案销毁清册	永久	
16	会计档案鉴定意见书	永久	

表 11-2　财政总预算、行政单位、事业单位和税收会计档案保管期限表

序号	档案名称	保管期限			备注
		财政总预算	行政单位事业单位	税收会计	
一	会计凭证				
1	国家金库编送的各种报表及缴库退库凭证	10 年		10 年	
2	各收入机关编送的报表	10 年			
3	行政单位和事业单位的各种会计凭证		30 年		包括：原始凭证、记账凭证和传票汇总表
4	财政总预算拨款凭证和其他会计凭证	30 年			包括：拨款凭证和其他会计凭证
二	会计账簿				
5	日记账		30 年	30 年	
6	总账	30 年	30 年	30 年	
7	税收日记账（总账）			30 年	
8	明细分类、分户账或登记簿	30 年	30 年	30 年	
9	行政单位和事业单位固定资产卡片				固定资产报废清理后保管 5 年
三	财务会计报告				
10	政府综合财务报告	永久			下级财政、本级部门和单位报送的保管 2 年
11	部门财务报告		永久		所属单位报送的保管 2 年
12	财政总决算	永久			下级财政、本级部门和单位报送的保管 2 年

续表

序号	档案名称	保管期限			备注
		财政总预算	行政单位事业单位	税收会计	
13	部门决算		永久		所属单位报送的保管 2 年
14	税收年报（决算）			永久	
15	国家金库年报（决算）	10 年			
16	基本建设拨、贷款年报（决算）	10 年			
17	行政单位和事业单位会计月、季度报表		10 年		所属单位报送的保管 2 年
18	税收会计报表			10 年	所属税务机关报送的保管 2 年
四	其他会计资料				
19	银行存款余额调节表	10 年	10 年		
20	银行对账单	10 年	10 年	10 年	
21	会计档案移交清册	30 年	30 年	30 年	
22	会计档案保管清册	永久	永久	永久	
23	会计档案销毁清册	永久	永久	永久	
24	会计档案鉴定意见书	永久	永久	永久	

4. 会计档案的销毁

单位应当定期对已到保管期限的会计档案进行鉴定，并形成会计档案鉴定意见书。经鉴定，仍需继续保存的会计档案，应当重新划定保管期限；对保管期满，确无保存价值的会计档案，可以销毁。经鉴定可以销毁的会计档案，应当按照以下程序销毁：

（1）单位档案管理机构编制会计档案销毁清册，列明拟销毁会计档案的名称、卷号、册数、起止年度、档案编号、应保管期限、已保管期限和销毁时间等内容。

（2）单位负责人、档案管理机构负责人、会计管理机构负责人、档案管理机构经办人、会计管理机构经办人在会计档案销毁清册上签署意见。

（3）单位档案管理机构负责组织会计档案销毁工作，并与会计管理机构共同派员监销。监销人在会计档案销毁前，应当按照会计档案销毁清册所列内容进行清点核对；在会计档案销毁后，应当在会计档案销毁清册上签名或盖章。

另外，电子会计档案的销毁还应当符合国家有关电子档案的规定，并由单位档案管理机构、会计管理机构和信息系统管理机构共同派员监销。保管期满但未结清的债权债务会计凭证和涉及其他未了事项的会计凭证不得销毁，纸质会计档案应当单独抽出立卷，电子会计档案单独转存，保管到未了事项完结时为止。

二、会计工作交接

会计工作交接，是指会计人员调动工作或者离职时与接管人员办清交接手续的制度。办理好会计工作交接，有利于分清移交人员和接管人员的责任，保证会计工作的前后衔接。

（一）交接前的准备工作

会计人员工作调动或者离职，必须将本人所经管的会计工作全部移交给接替人员。没有办清交接手续的，不得调动或离职。会计人员办理移交手续前，必须及时做好以下准备工作：

（1）已经受理的经济业务尚未填制会计凭证的，应当填制完毕。

（2）尚未登记的账目，应当登记完毕，结出余额，并在最后一笔余额后加盖经办人员印章。

（3）整理应当移交的各项资料，对未了的事项写出书面材料。

（4）编制移交清册，列明应当移交的会计凭证、会计账簿、财务报表、印章、现金、有价证券、支票簿、发票、文件、其他会计资料和物品等内容；实行会计电算化的单位，从事该项工作的移交人员应在移交清册上列明会计软件及密码、会计软件数据磁盘（磁带等）及有关资料、实物等内容。

（5）会计机构负责人、会计主管人员移交时，还必须将全部财务会计工作、重大财务收支和会计人员的情况等，向接替人员详细介绍。

（二）交接的基本程序

1. 移交点收

交接双方必须就交接的所有财物、资料等按照移交清册逐项点收交接，在全部交接完毕后由双方签字盖章。

2. 专人监督

在会计人员办理交接手续时，必须有人监交，以起督促、公正作用。一般会计人员交接，由单位会计机构负责人、会计主管人员负责监交；会计机构负责人、会计主管人员交接，由单位领导人负责监交，必要时可由上级主管部门派人会同监交。监交完成后，监督人在移交清册签名盖章。移交清册一式三份，交接双方各执一份，存档一份。

⇨ 同步思考

为什么要统一规定会计档案的保管办法？

贴心提示

小企业可以不设会计机构吗？

小企业可以不设会计机构，但是应该配备专职会计人员，或者请有资质的、从事代理记账服务的中介机构代理记账。不能像下面的例子一样，为了节省开支而惹出麻烦。

单先生和朋友于2017年年末共同出资开设了一家小公司，共投资100 000元，因为公司业务较少，再加上为了减少费用，公司决定不请会计，由单先生记账。2017年年末公司没有发生其他业务，只记录了银行存款100 000元。2018年取得收入120 000元，支付了各种办公费28 000元，购置了计算机等设备30 000元，一年房屋租金22 000元，支付工资40 000元，单先生记了银行存款日记账，公司2018年年末银行存款账面余额还是100 000

元。单先生认为公司一年下来没有赚钱，可是税务人员检查认为该公司有偷税嫌疑。

自测题十一

一、单项选择题

1. 直接从事和组织领导会计工作的职能部门是（　　）。

A. 会计机构　　B. 会计人员　　C. 会计法规　　D. 总会计师

2. 会计机构负责人或会计主管人员的任职资格，应当具备会计师以上专业技术职务资格或者从事会计工作（　　）年以上经历。

A. 1　　B. 2　　C. 3　　D. 5

3. 进行会计核算，实行会计监督，属于会计人员的（　　）。

A. 权限　　B. 职责　　C. 职业道德　　D. 任务

4. 会计人员对于违反制度、法令的事项，不拒绝执行又不向领导或上级机关、财政部门报告的，应（　　）。

A. 不负任何责任　　B. 单独承担责任

C. 同有关人员一起负连带责任　　D. 承担全部责任

5. 根据会计档案管理办法规定，库存现金日记账和银行存款日记账的保管年限为（　　）年。

A. 10　　B. 15　　C. 25　　D. 30

二、多项选择题

1. 会计工作的组织方式有（　　）。

A. 集中核算　　B. 非集中核算　　C. 独立核算　　D. 非独立核算

E. 全面核算

2. 会计人员的职业道德主要包括（　　）。

A. 敬业爱岗　　B. 依法办事　　C. 客观公正　　D. 保守秘密

E. 熟悉法规

3. 内部会计控制的方法主要包括（　　）。

A. 不相容职务相互分离控制　　B. 授权批准控制

C. 预算控制　　D. 电子信息技术控制

E. 风险控制

4. 出纳人员不得兼管（　　）工作。

A. 稽核　　B. 会计档案保管

C. 收入账目的登记　　D. 费用账目的登记

E. 债权债务账目的登记

5. 定期保管的会计档案的保管期限有（　　）年。

A. 3　　B. 5　　C. 10　　D. 20

E. 30

三、判断题

1. 制定内部会计管理制度既要执行法律、法规和国家统一规定，又要体现本单位生产经营、业务管理的特点和要求。（　）

2. 会计记录和财产保管职务属于不相容职务。（　）

3. 财产保全控制要求企业限制未经授权的人员对财产的直接接触。（　）

4.《会计法》规定：不具备条件设置会计机构，或者不具备在有关机构中设置会计人员的单位，应当委托经批准设立的从事会计代理记账业务的中介机构代理记账。（　）

5. 在会计人员较少的单位，出纳可以兼管稽核、会计档案保管和收入、支出、费用、债权债务账目的登记工作。（　）

6. 企业可以根据企业特点和管理要求对某些业务采用集中核算，而对另一些业务采用非集中核算。（　）

7. 从事会计工作的人员，必须取得大专以上会计类专业学历。（　）

四、简答题

1. 简述会计工作组织的作用和原则。
2. 简述会计工作的组织形式。
3. 简述会计人员的职责和权限。
4. 简述会计人员职业道德包括的主要内容。
5. 内部会计控制包括哪些内容?
6. 简述会计档案包含的内容。

参考书目

1. 中华人民共和国财政部. 企业会计准则. 北京：经济科学出版社，2006.

2. 中华人民共和国财政部. 企业会计准则——应用指南. 北京：中国财政经济出版社，2006.

3. 财政部会计司编写组. 企业会计准则讲解. 北京：人民出版社，2010.

4. 朱小平，徐泓. 初级会计学. 北京：中国人民大学出版社，2005.

5. 娄尔行. 基础会计. 上海：上海财经大学出版社，2002.

6. 陈少华. 会计学原理. 厦门：厦门大学出版社，2002.

7. 邵瑞庆. 会计学原理. 上海：立信会计出版社，2006.

8. 银样军，肖淑兰，张流柱. 基础会计. 长沙：中南大学出版社，2007.

9. 张慧. 会计基础. 北京：中国纺织出版社，2007.

10. 王来群. 基础会计学. 北京：清华大学出版社，2007.

11. 查尔斯·亨格瑞，瓦特·哈里森，米切尔·罗宾逊. 会计学. 王化成，等译. 北京：中国人民大学出版社，1997.

12. 周小芬. 基础会计. 北京：清华大学出版社，2007.

13. 稻盛和夫. 稻盛和夫的实学. 曹岫云，译. 北京：东方出版社，2011.

14. 商亚平，金宏义. 会计学基础. 大连：东北财经大学出版社，2010.

15. 汪一凡. 原来会计可以这样学. 上海：立信会计出版社，2010.

16. 中瑞岳华会计师事务所技术部. 计学撮要. 上海：立信会计出版社，2011.

17. 会计从业资格无纸化考试辅导教材组. 会计基础. 大连：东北财经大学出版社，2014.

18. 程淮中. 会计职业基础. 北京：高等教育出版社，2014.

19. 徐哲，王柏慧，李贺 . 基础会计 . 上海：立信会计出版社，2019.

图书在版编目（CIP）数据

会计学基础/孙凤琴，谢新安主编. --5版. --北京：中国人民大学出版社，2020.6
21世纪高职高专精品教材. 会计系列
ISBN 978-7-300-27956-5

Ⅰ.①会… Ⅱ.①孙…②谢… Ⅲ.①会计学-高等职业教育-教材 Ⅳ.①F230

中国版本图书馆CIP数据核字（2020）第029224号

"十三五"职业教育国家规划教材
21世纪高职高专精品教材·会计系列
会计学基础（第五版）
孙凤琴　谢新安　主　编
Kuaijixue Jichu

出版发行	中国人民大学出版社		
社　　址	北京中关村大街31号	**邮政编码**	100080
电　　话	010－62511242（总编室）		010－62511770（质管部）
	010－82501766（邮购部）		010－62514148（门市部）
	010－62515195（发行公司）		010－62515275（盗版举报）
网　　址	http://www.crup.com.cn		
经　　销	新华书店		
印　　刷	北京溢漾印刷有限公司	**版　　次**	2008年8月第1版
规　　格	185 mm×260 mm　16开本		2020年6月第5版
印　　张	19	**印　　次**	2021年11月第4次印刷
字　　数	451 000	**定　　价**	48.00元